农民工住房理论、实践与政策

吕 萍 等著

中国建筑工业出版社

图书在版编目（CIP）数据

农民工住房理论、实践与政策/吕萍等著．—北京：中国建筑工业出版社，2011.10
ISBN 978-7-112-13686-5

Ⅰ．①农… Ⅱ．①吕… Ⅲ．①民工－住房政策－研究－中国 Ⅳ．①F299.233.1

中国版本图书馆 CIP 数据核字（2011）第 210964 号

农民工及其住房是城市化进程中一个不可规避的问题。本书是对作者多年从事的我国农民工住房问题理论与实践相结合研究成果的全面和系统总结。全书不仅从理论上探讨了农民工的地域迁移规律和特点、农民工流动对住房市场和住房保障的影响，也总结了各地近些年关于农民工住房有关政策的模式和运行效果；不仅呈现了大量的实际调研和分析成果、提出了分析理论与模型，也得出了解决农民工住房问题的思路和政策建议。对于业内研究住房市场和住房保障问题是一本难得的参考书籍。

* * *

责任编辑：赵梦梅
责任设计：赵明霞
责任校对：张 颖 关 健

农民工住房理论、实践与政策
吕 萍 等著
*
中国建筑工业出版社出版、发行（北京西郊百万庄）
各地新华书店、建筑书店经销
北京红光制版公司制版
世界知识印刷厂印刷
*
开本：787×960 毫米 1/16 印张：17¾ 字数：357 千字
2012 年 1 月第一版 2012 年 1 月第一次印刷
定价：**39.00** 元
ISBN 978-7-112-13686-5
（21447）

版权所有 翻印必究
如有印装质量问题，可寄本社退换
（邮政编码 100037）

前　言

20 世纪末就开始关注农民工问题，不过，将农民工问题与我的研究方向结合起来，却已是 2005 年的事情了，主要缘于参加住建部主持的关于农民工居住状况的调研项目。在这六年里，我和我的研究团队赴北京、重庆、广州、成都、西安、东莞、长沙等地深入农民工生活，了解他们的居住和就业等状况。在与他们的交往中，我深切地感受到，农民工住房状况十分严峻、令人担忧，改善农民工居住状况阻碍很多、难度很大。

在调查中，我们发现绝大部分农民工在城市的居住条件很差，抑或聚居在城乡结合部和城中村中，抑或合伙居住在条件简陋、空间狭小、租金低廉的临时住房里，流而不动、迁而无着。农民工这种候鸟式的生活状况，使得我国的城镇化质量难以提高，农民工自身的身心健康、生存发展、子女教育等权益也难以得到保障，城乡经济社会的协调可持续发展受到极大制约。农民工的城镇住房问题，成为农民工进城并逐步实现定居的关键问题之一，已经影响了我国城镇化进程和全面建设小康社会目标的实现。当前，改革进入了攻坚阶段，出现了很多难以克服的困难。在这个时候，更要抓住重点，解决突出问题，不能让农民工住房问题一直都是个问题。

2005 年，解决进城务工农民住房问题首次被列入原建设部的工作重点之一。2006 年国发 5 号文指出，要“多渠道改善农民工居住条件”。2007 年 12 月，《关于改善农民工居住条件的指导意见》专门就农民工居住问题制定了措施。这一系列举措，起到了一定作用，但农民工居住状况及其深层次原因仍有待探究。

2007 年开始，我承担了国家社会科学基金资助项目“农民工住房政策经济分析与政策体系构建”，借助于项目支持，我们对农民工住房的认识和研究更进了一步。2010 年项目顺利结题，本书就是在该项目基础上形成的研究成果。全书基于政策系统分析的视角，多维度、多路径对农民工住房问题进行了研究。全面分析了农民工住房需求特征和农民工住房政策供给约束条件，构建了农民工住房政策的理论研究框架；同时，广泛搜集整理了地方政策规定、采用了大量的一手数据，这一成果不仅支撑了本课题的研究，也能为今后相关课题的研究提供了数据支持。

要解决好我国农民工的住房问题，要把握两个基本点。一是，要正视城市化过程中大量农村剩余劳动力向城市流动迁移且这一过程仍在持续的现实，从平等而不是排斥的角度，在有长远政策设计的基础上，逐步完善农民工居住条件；二是，要综合采取政府扶持、企业和市场力量支持、农民工自身维持等多种手段，加大适合农民工特点的住房建设力度。此外，如何将农民工居住问题，与农民工的社会保障、就业、子女教育、农村耕地和宅基地等问题衔接起来，实现政策的有序运转，也是本书需要回答的重大问题。本书对农民工的消费、社会及居住空间分布进行了全面分析，探求政策可能或可行的施力点，以及农民工自身因素在政策执行链中的最终角色等，对于农民工住房等问题的研究和解决具有实际指导意义，对于加速我国工业化、城市化的进程以及促进人力资源的优化配置等将产生积极的影响。区分探索不同地区的城镇化和产业化特征的差异性，并提出依据地域差异区别给定相应的政策，对各地制定和采用适合的农民工住房政策也具有重要借鉴意义。

在研究成果即将付梓之际，我要感谢我的研究团队及庞大的保障支撑团队，感谢李晓龙、张锋、刘霞、刘美霞等，他们积极参与课题研究、多方协调实地调研，使课题得以顺利进行；感谢周滔、甄辉、丁富军、方璐、马异观等，他们的巨大付出是成就本书的重要基础；感谢黄靖、彭章、杜佳明、张帆、刘昱、孙志波、韩娟、张蕊、沈佳庆以及所有参与调研、研讨和写作的师生们，这本书是大家共同努力的成果。还要感谢成都市住建委保障办、广州市住建委保障办、青岛市住建委保障办等单位领导的支持和帮助，他们的实践经验是本研究的宝贵源泉；感谢中国建筑工业出版社编辑的辛勤工作，使本书能够按时、保质完成。

虽然在成稿的前期，我们做了大量的案头工作和实践调研，但由于本人能力有限，同时农民工住房问题涵盖的研究领域太宽、涉及的实践层面太广，书中难免有些错漏之处，敬请广大读者批评指正，也希望能得到一些宝贵意见和建议，共同探讨有关问题。

2011 年 7 月于中国人民大学求是楼

目　录

第1篇　问题提出

第2篇　经济分析

第3篇 实践探索

第4篇 政策构建

第 1 篇

问题提出

第 1 章　绪　　论

1.1　研究背景

农民工是我国经济和社会体制改革的产物。家庭联产承包责任制的推行、乡镇企业与私营经济的兴起、外资的涌入和户籍制度的放松等，催生了大量农村剩余劳动力走向城市，他们在我国工业化和城镇化进程中扮演着至关重要的角色，同时也引发了一系列包括农民工城市住房在内的农民工问题。

农民工住房问题，主要指进入城市就业的农民工群体，在城市有居住需求，但依靠自身力量难以解决在城市的住房困难而产生的矛盾。农民工以及农民工住房的具体内涵将在后文中详细界定。农民工住房是农民工问题的一个重要方面，作为农民在城市生活的物质基础条件，它影响到农民工居住权、城市生活质量、子女教育、城市融入、婚姻等一系列问题的解决。住房是农民工群体再社会化和身份重构的重要物质基础，它有利于农民工学习和接受城市的社会规范，并培养符合城市社会的信仰、兴趣、需要、动机、情操、能力、气质与性格等个性。从某种意义上说，农民工住房问题的研究与解决对于实现我国的工业化、城镇化、现代化而言，有其客观必然性。

1.1.1　农民工基本状况

农民工广泛分布在国民经济的各个行业，主要包括加工制造业、建筑业、采掘业，第三产业中的环卫、家政、餐饮等服务业，亦工亦农、亦城亦乡。我国农民工总体状况表现为以下几个方面：

（1）总体规模

农民工数量庞大，增长迅速。根据国家统计局农民工统计监测调查，截至2008 年年底，全国农民工总量为 22542 万人[1]；其中，外出农民工[2]数量为

---

[1] 国家统计局 .2008 年末全国农民工总量为 22542 万人［EB/OL］. 国家统计局网站，http://www.stats.gov.cn/was40/gjtjj_detail.jsp? searchword=%C5%A9%C3%F1%B9%A4&channelid=5705&record=61，2009-03-25.

[2] 根据国家统计局的界定，“外出农民工”是指在本乡镇以外从业 6 个月以上的农民工，但在年末数据中包含外出不满 6 个月的农民工。这一界定，与我们报告中其他地方对“外出农民工”的界定有所不同。由于各地在制定农民工政策时均以农民工户籍是否在本市范围内有所区别，因此，为便于政策分析和构建，除 1.1.3.1 节外，其他各处所称“外出农民工”，均指“在户口所在地级市（或副省级市、直辖市）以外地区务工的农民工”。具体界定，参见 1.3.2.1 节。

14041万人。2009年度全国农民工总量为22978万人，其中外出农民工14533万人，比上年增加492万人，增长3.5%❶。

据国家统计局抽样调查，1978～1998年的20年间，农村外出就业人数从不足200万人扩张到6500万人❷。2003年，我国农村劳动力外出务工人员为1.1亿，比2002年增长了8.6%；2005年为1.2亿，比2003年增长了3.8%❸（图1-1）。

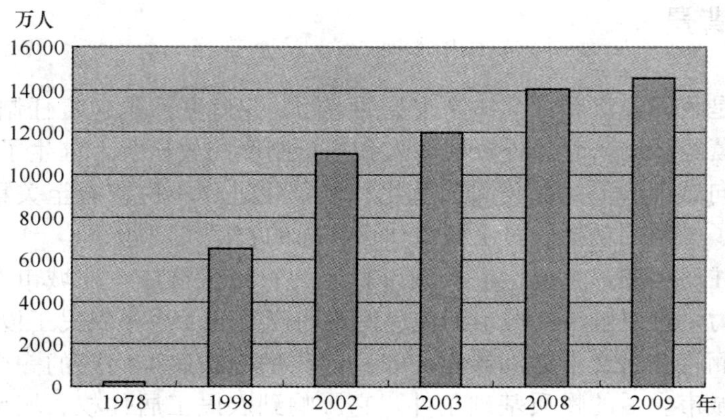

图1-1 我国外出农民工数量变化趋势图

数据来源：国家统计局农村劳动力流动就业情况调查，劳动和社会保障部农村劳动力就业情况统计，2009年农民工监测调查报告。

农民工总量占农村劳动力的比例大。2009年农民工总量为22978万人，占到全国农村劳动力的近一半。举家全迁进城进镇的数量不断加大。2009年举家进城的外出务工人员已达2966万人，占外出务工农民工总数的20.4%。农村劳动力的大规模流动的前提是人多地少的现状造成的剩余劳动力的增多，国家对农业投入的不足也弱化了农业生产对劳动力的消化能力，农民工对沿海经济发达地区的大城市劳务市场和劳动力构成有着相当大的影响。

（2）区域分布

农民工外出务工以东部地区为主。从输入地看，2009年在东部地区务工的外出农民工为9076万人，占全国外出农民工人数的62.5%；在中部地区务工的外出农民工为2477万人，占全国外出农民工人数的17%；在西部地区务工的外

❶ 国家统计局农村司. 2009年农民工监测调查报告［EB/OL］. 国家统计局网站，http://www.stats.gov.cn/tjfx/fxbg/t20100319_402628281.htm，2010-03-19.

❷ 张红宇. 城乡统筹亟须关注的四个问题［EB/OL］. 三农数据网，http://www.sannong.gov.cn/njlt/gnwz/200307070214.htm，2003-07-04.

❸ 数据来源：国家统计局。转引自刘军，陈兰. 当前农民工流动就业数量、结构与特点［J］. 新华文摘，2006（3）：121-123.

出农民工为2940万人，占全国外出农民工人数的20.2%。在东部地区务工的农民工有减少的趋势，外出农民工开始向中西部地区转移。

在省内务工和跨省外出的农民工比重相当，但后者有增加的趋势。在外出农民工中，到户籍所在省以外务工的农民工为7441万人，占51.2%；2009年，在省内务工的农民工为7092万人，占48.8%，在省内务工的比重比2008年上升2.1个百分点❶。在外出农民工中，住户中有人外出的农民工11567万人，比上年增加385万人，增长3.4%；举家外出农民工2966万人，增加107万人，增长3.7%（表1-1）。

农民工数量　　单位：万人　**表1-1**

	2009年	2008年	增减	增长（%）
农民工总量	22978	22542	436	1.9
1. 外出农民工	14533	14041	492	3.5
（1）住户中外出农民工	11567	11182	385	3.4
（2）举家外出农民工	2966	2859	107	3.7
2. 本地农民工	8445	8501	−56	−0.7

数据来源：国家统计局2009年农民工监测调查报告。

分地区看，东部地区农民工以在省内务工为主，中、西部地区农民工大多数在省外务工。

外出农民工主要流向地级以上大中城市。从外出农民工就业的地点看，在直辖市务工的农民工占9.1%，在省会城市务工的农民工占19.8%，在地级市务工的农民工占34.4%，在县级市务工的农民工占18.5%，在建制镇务工的农民工占13.8%，在其他地区务工的占4.4%。在地级以上城市务工的农民工占63.3%，比上年略降0.3个百分点❷。

（3）从业特征❸

农民工的就业结构表现出主要集中于劳动密集型行业的特点，以从事制造业、建筑业和服务业为主。在外出农民工中，从事制造业的农民工所占比重最大，占39.1%；其次是建筑业，占17.3%；服务业占11.8%，住宿餐饮业和批发零售业各占7.8%，交通运输仓储邮政业占5.9%。从事制造业的农民工比上年下降2.6个百分点，建筑业、批发零售业、服务业、住宿餐饮业等均有所增长。

---

❶ 国家统计局农村司.2009年农民工监测调查报告［EB/OL］. 国家统计局网站，http://www.stats.gov.cn/tjfx/fxbg/t20100319_402628281.htm，2010-03-19.

❷ 国家统计局农村司.2009年农民工监测调查报告［EB/OL］. 国家统计局网站，http://www.stats.gov.cn/tjfx/fxbg/t20100319_402628281.htm，2010-03-19.

❸ 同❶、❷

外出农民工绝大多数以受雇形式从业。在外出农民工中，以受雇形式从业的农民工占93.6%，自营者占6.4%。

(4) 个体禀赋[1]

农民工个体禀赋的主要特征是：普遍为适龄劳动人口，受教育程度较低，男性多于女性。

外出农民工以青年男性为主，已婚者占多数。从性别看，男性外出农民工占65.1%，女性占34.9%。从年龄看，外出农民工以青壮年为主。其中，16～25岁占41.6%，26～30岁占20%，31～40岁占22.3%，40～50岁占11.9%，50岁以上的农民工占4.2%。从婚姻状况看，已婚的外出农民工占56%，未婚的占41.5%，其他占2.5%。

大多数农民工来源地经济社会发展滞后，受教育程度不高，以初中文化程度的占多数。在外出农民工中，文盲占1.1%，小学文化程度占10.6%，初中文化程度占64.8%，高中文化程度占13.1%，中专及以上文化程度占10.4%。

农民工劳动技能单一，就业能力较差。从外出农民工接受技能培训的情况看，51.1%的外出农民工没有接受过任何形式的技能培训。文化程度越低接受过技能培训的比例也越低，在文盲半文盲农民工中接受过技能培训的占26.3%，小学文化程度的农民工接受过技能培训的占35.5%，初中文化程度的农民工接受过培训的占48%，高中和中专以上文化程度的农民工接受过技能培训的比例分别为54.8%和62.5%。

(5) 收入与消费特征[2]

农民工大部分从事非正规、低报酬的临时性职业，劳动力价格被扭曲，生存型消费占主导。

受雇者的收入和自营者的收入差异明显，在大中城市务工的农民工收入水平相对较高。受雇人员月均收入1389元，自营人员的月均收入为1837元。在东部地区务工的农民工月均收入1422元，在中部地区务工的农民工月均收入1350元，在西部地区务工的农民工月均收入1378元。从务工地点看，在直辖市务工的农民工平均月收入为1569元，在省会城市务工的农民工平均月收入1425元，在地级市、县级市和建制镇务工的农民工平均月收入分别为1402元、1359元和1348元。从不同地区务工收入的增幅来看，西部地区的增长要快于东部和中部地区（表1-2）。

不同行业收入水平差别较大，制造业、服务业和住宿餐饮业收入水平偏低，批发零售业和采矿业收入增长相对较慢。从农民工从事的几个主要行业看，收入

---

[1] 国家统计局农村司. 2009年农民工监测调查报告［EB/OL］. 国家统计局网站，http://www.stats.gov.cn/tjfx/fxbg/t20100319_402628281.htm，2010-03-19.

[2] 同[1]

水平较高的是交通运输业、采矿业和建筑业的农民工，月均收入分别为1671元、1640元和1625元；收入较低的分别是住宿餐饮业、服务业和制造业的农民工，月均收入分别为1264元、1276元和1331元。

农民工在不同地区的月均收入水平　　单位：元　**表1-2**

	2009年	2008年
全国	1417	1340
东部地区	1422	1352
中部地区	1350	1275
西部地区	1378	1273

数据来源：国家统计局2009年农民工监测调查报告。

由于收入较低，而在城市中生活消费又较高，导致农民工大部分消费为生存型消费。根据调查，有一半左右的农民工每月支出占月收入的比重达40%以上，有14.01%的农民工每月支出占月收入的比重达70%以上，2.42%的农民工不得不把钱全部花光。不同地区农民工收入及支出存在一定差异，但大体趋势相似（表1-3）。

跨区域流动农民工收入和消费支出比较　　单位：元/人·月　**表1-3**

		在东部地区务工	在中部地区务工	在西部地区务工
东部地区外出劳动力	收入	892	1115	1337
	生活消费支出	311	349	427
	收入结余	580	766	910
中部地区外出劳动力	收入	698	682	717
	生活消费支出	282	224	235
	收入结余	416	458	482
西部地区外出劳动力	收入	723	859	688
	生活消费支出	322	283	248
	收入结余	401	576	440

资料来源：国务院研究室课题组．中国农民工调研报告［M］．北京：中国言实出版社，2006：106.

1.1.2　农民工住房现状

长期在城市务工，越来越多的农民工最终会选择在城市居住；然而，由于农民工的收入较低，没有基本的社会保障，且具有较大的流动性，在住房的易获得性、住房的购买力等方面都与城镇居民有着巨大的差距。目前我国农民工的住房问题可概括为以下几个方面：

（1）房源构成复杂

农民工群体大多生活在城市的边缘，从事的工种类型差异较大，获得住房的途径复杂多样，从当地人手中租住住房的比例很高。

从成都、西安和东莞调查的结果来看，在成都和西安，农民工从当地人手中租住住房的比例均最高；而在制造业发达的东莞市，单位提供的集体宿舍和老板提供的住处比例超过自行租住的比例（表1-4）。

成都、西安、东莞农民工住房对照表　　表1-4

住房来源	成都市		西安市		东莞市	
	有效频数	百分比（%）	有效频数	百分比（%）	有效频数	百分比（%）
自有房屋	19	2.12	1	0.08	0	0.00
建筑工棚（或活动房）	114	12.74	229	18.91	59	9.64
单位（或老板）提供	224	25.03	302	24.94	223	36.44
政府提供的租赁性住房	8	0.89	0	0.00	0	0.00
从当地人手中租住	454	50.73	412	34.02	126	20.59
住在亲戚家	27	3.02	11	0.91	12	1.96
其他	49	5.47	38	3.14	5	0.82

数据来源：成都市、西安市和东莞市的问卷调查。

成都调研结果显示，自行从当地人手中租住的比较最高，达到50.73%；其次是单位（或老板）提供的集体宿舍，25.03%的农民工居住；居住工地工棚（或活动房）、住在亲友家的分别为12.74%、3.02%；自有房屋的仅占1.95%；享受政府提供租赁住房的，仅0.89%；还有5.47%的农民工选择其他住房途径（图1-2）。

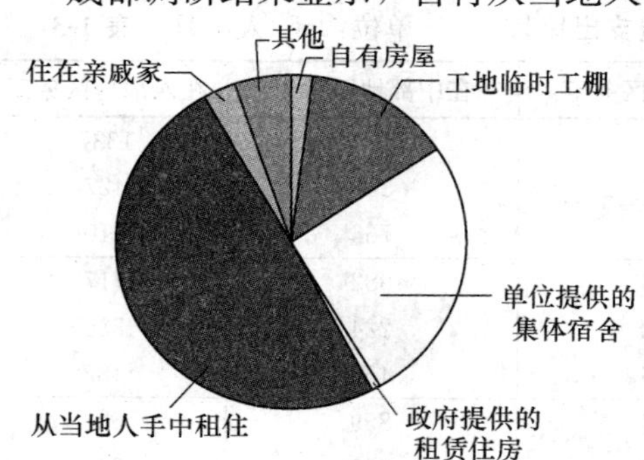

图1-2　成都市农民工住房来源图

数据来源：成都市的问卷调查。

通过进一步的调查发现，在享受政府租赁住房的8名农民工中，有5名是被政府征地后长期未转为城镇户口的农民工，有3名是嫁给城镇居民的农村户籍女性农民工。在其他住房途径中，有居住在工作地点的（商铺、餐馆等的隔间），也有往返于城郊之间的。拥有自有住房的农民工仅19人，这些人来蓉时间长，基本上都是从事自营劳动的小业主。

（2）住房空间拥挤，居住条件不佳

农民工在城里一般没有自己的住房，居住空间狭小，人均占用住房面积较小。成都调研结果显示，对于没有自购房的农民工，人均居住面积为8.16m^2，不足城市居民人均居住面积的1/3❶。其中，50岁以上农民工人均居住面积最小，

❶　2006年，城镇居民人均建筑面积27.1m^2。数据来源于中经网统计数据库。

仅为 5.52m²；38～50 岁农民工人均居住面积 7.52m²；23～37 岁农民工人均居住面积 7.71m²；22 岁以下农民工人均居住面积最大，为 11.15m²。根据调研人员走访得到的数据，22 岁以下农民工对自己居住面积的估计通常过大，因此，农民工人均居住面积实际上很可能低于 8.16m²。人均居住面积小于 1m² 的被访者达 1.24%。调查发现，有一个大约 5m² 的工棚中甚至居住了 8 个人。

这些农民工大多群居在廉价而不卫生的陋房里，房屋设施简陋、缺乏安全保证，经常是十几个农民工挤在一间临时搭建的简易工棚中，有的甚至住在楼梯间。如图 1-3 所示，被访者多与人合住。仅 37.62%的农民工住在 1～2 个人的房屋中，高达 6.81%的农民工居住在 10 人或多于 10 人的房间中。调查发现，有些工棚入住人数甚至高达 30 人，卫生条件非常差。

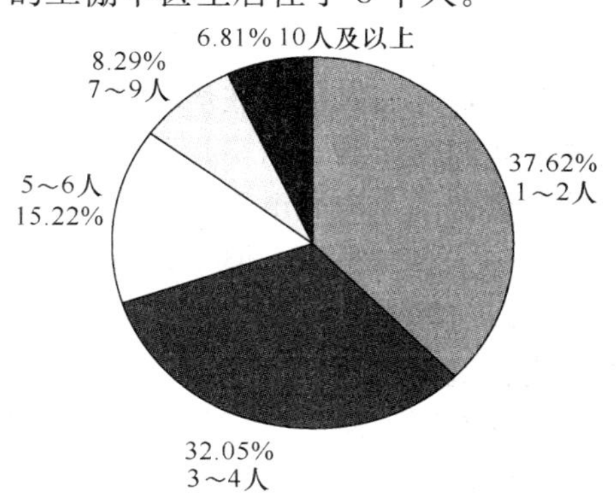

图 1-3 房屋居住人数分布图

数据来源：成都市的问卷调查。

(3) 周边环境恶劣，治安条件较差

农民工大多居住在城中村、城乡结合部，街道纵横交错，建筑密度极高，治安条件不太好。周围水、气、声环境较差、绿化情况以及治安状况等往往比较差。尤其是建筑工人，往往居住在污水横流、机器轰鸣、尘土飞扬的工棚内，居住环境极为恶劣。

各地农民工的住房状况令人担忧，已引起政府高度重视。2005 年，解决进城务工农民住房问题首次被列入原建设部的工作重点之一。2006 年国发 5 号文指出：要"多渠道改善农民工居住条件"。2007 年 12 月，五部委发布《关于改善农民工居住条件的指导意见》，专门就农民工住房问题制定办法。国家制定的一系列保障农民工权益、改善农民工居住条件的政策，尽管对解决农民工住房有一定促进作用，但情况依然不容乐观。

在我国经济社会快速转型的时期，农民工向城市的迁移呈快速持续的增长态势。如何解决好农民工住房问题，给农民工公平的国民待遇，对于促进改革发展稳定具有十分重要的意义。

1.2 研究意义

第一，开展农民工住房问题研究，对于构建和谐社会具有重要的理论意义。住房既是人的基本权利，也是人发展的基本条件。随着构建"和谐社会"战略方针的深入贯彻，农民工在经济发展和城市建设中的重要性逐渐得到社会各界认同，采取切实可行的措施以保障农民工更好地融入到他们所在的城市社会中，已成为许多有识之士的共识。建立面向农民工的住房保障制度，让农民工拥有良好的居住条件，与城市市民共享社会发展成果，是我国建设和谐社会、发展社会经济的题中应有之意。对于一个不断走向富裕、走向公正的社会而言，“住有所居”是全民性的社会生存权利，是社会公平的重要体现，是构建和谐社会的重要组成部分。

第二，开展农民工住房问题研究，对于加速我国工业化、城镇化的进程具有重要的实践意义。当前，我国正处于工业化、城镇化快速发展时期，关键是实现农村剩余劳动力向城市现代产业部门转移，让农民工在城市安居乐业是促成这种转移的一个重要手段。但是，由于农民工缺乏在城市买房置业的能力，居住条件差，难以对城市产生归属感，最终可能返回农村。农民工住房问题阻碍了我国的工业化、城镇化进程。解决农民工住房问题，促使农民工在城市安居乐业，可以缩小城乡差别，使农民工逐步改变传统思维观念，接受城市生活方式及提高自身素质，最终实现高质量的城镇化。研究并解决农民工住房问题，对促进我国的工业化、城镇化目标的实现有重要意义。

第三，开展农民工住房问题研究，对解决“三农”问题、促进农村劳动力转移具有重要实践意义。我国“三农”问题的一个重要原因是我国农村劳动力的大量剩余，要促成农民工从农村走向城市，就必须解决他们进入城市的后顾之忧，住房是其中最重要的一项生存性保障。因而，研究并解决农民工住房问题，有助于促使农民工彻底从农村转移出来，并有助于“三农”问题的解决。

第四，开展农民工住房问题研究，对促进农民工市民化具有重要的实践意义。城市是现代物质文明、政治文明、精神文明的代表，城市社会的工作方式和生活方式相对于农村社会而言无疑具有多方面的优越性。农民工的出现，创造了一代新型农民，他们接受着城市现代文明，缓慢地向市民转化。研究农民工住房问题，是开展农民工市民化研究的基础；解决农民工住房问题，有助于农民工在城市享受到安全、适用的住所，减少与城市社会的鸿沟，促进其与城市文明的融合。

第五，开展农民工住房问题研究，是提升城市环境、促进城市经济发展的重要举措。农民工的住房问题与城市的可持续发展息息相关。其一，农民工住房缺乏催生了城中村和城乡结合部违法违章建筑的蔓延，不利于房地产市场的健康发展；其二，农民工住所居住环境差，公共卫生设施不完善，治安状况不好，直接导致城市环境的相对恶化，对城市的可持续发展造成冲击；其三，住房问题会影响农民工工作效率，降低城市对劳动力资源的吸引。研究并解决农民工的住房问题，改变其目前的住房状况，对城市的可持续发展有推动和保障作用。

1.3 基本概念界定

1.3.1 农民工

Chris Hann（1971）在其“三个世界的农民工”中对第一、二、三世界中普遍存在的农民工现象进行了对比研究。在国内，“农民工”一词由张雨林教授在1984年提出。

李培林❶（1996）对“流动民工”这个概念作了如下界定：一是在地域上从农村流向城市、从欠发达地区向较发达地区转移；二是在职业上从农业向工商服务等非农产业的流动；三是在阶层上从低收入的农业劳动者阶层向比其高的职业收入阶层流动。

陆学艺❷（2004）从四个维度来认识和界定农民工。一是职业的维度，农民工从事的是非农职业或以非农职业为主要职业，绝大部分的劳动时间投入到非农活动，主要的收入也来自非农活动。二是制度身份的维度，尽管他们是非农从业者，但户籍身份是农民，与具有非农户籍身份的城市居民有着明显的身份差别。三是劳动关系的维度，农民工属于被雇佣者，雇佣他们的可以是个体户、私营企业主或外企老板，也可以是国有企事业单位或集体单位，其他拥有农业户口身份、从事非农活动、但不被他人雇佣的人不属于农民工，而应该是个体工商户、私营企业主等。四是地域维度，即他们来自农村，是农村人口。因此认为，农民工是指拥有农业户口、被雇佣去从事非农业活动的农村人口。这一界定相对比较周密。

李辉敏❸（2006）认为，农民工是指农民身份还未能得以转换而又在城镇从事非农业生产经营的被雇佣群体；简洁地说，农民工就是有着农民身份的工人。他把农民工分为两大类：一类是离土又离乡的农民工，他们在城市的厂矿、机关、商业、服务业劳动；另一类是离土不离乡的农民工，他们在本村或附近村镇的乡镇企业、工厂、商店、机关劳动，居住在农村。

张跃进等❹（2007）认为，“农民工”这一概念兼具社会身份和社会职业的意义，是社会身份和社会职业的结合体。其中，“农民”表明的是他们的社会身份，“工”代表的是农民工从事的职业。“农民工”概念与农民、流动人口、民工、新工人、新农民、新市民等概念既有密切联系，又有本质的区别，“农民工”

---

❶ 李培林．流动民工的社会网络和社会地位，社会学研究，1996（4）：42-52.

❷ 陆学艺．当代中国社会流动［M］．北京：社会科学文献出版社，2004：307-308.

❸ 李辉敏．农民工是工人阶级的重要组成部分［J］．中国特色社会主义研究，2006（2）：18-20.

❹ 张跃进，蒋祖华．“农民工”的概念及其特点研究初探［J］．江南论坛，2007（8）：16-19.

概念既符合进城务工人员的身份，又能表明其职业，界定准确，概念明确。

以上对农民工概念的界定虽然侧重各异，却有着基本相似或相近的认识，即“农民工”是具有以下特征的人群：第一，农民工具有农村户籍。这是判断农民工的最主要根据之一。户口制度及附加其上的各种保障等，形成了身份完全不同的两类人群：城市人和农村人，农民工属于农村人。第二，由农村进入城镇，但未放弃农民身份。农民工进入城市后，并没有放弃农村集体经济组织成员权，他们在农村拥有宅基地、自留地与承包地，参与分享农村集体收益等，对于继续进城务工还是回到农村具有自由决定权。第三，在城镇范围内从事非农产业。在城镇被各类型的企事业单位雇佣，或者在城镇范围内从事自营业务等。

由于农民工户籍所在地、进城务工时间长短、个体禀赋差异等原因，农民工内部也产生了较大分异。

第一，从农民工的来源地来看，可以分为本地农民工和外来务工人员。成都市、嘉兴市、长沙市、北京市等地制定了相应政策鼓励本地农民工进入城市务工，并在解决他们就业、居住等问题上探索经验。为便于后面的政策分析和构建，本报告中所称的“本地农民工”，是指在户口所在城市（该城市可以是地级市、副省级市或直辖市）行政范围内务工的农民工；“外出农民工”的概念与“本地农民工”相对应，是指在户口所在城市行政范围以外务工的农民工；“外来农民工”与“外出农民工”具有相同的内涵。由于省、市之间在经济发展上的竞争关系，相互之间形成了严实的行政壁垒，外来农民工的居住等权益一直得不到城市政府的关注。课题组将重点研究外来农民工的住房问题。

第二，从收入水平的角度来看，农民工内部收入水平存在差异，一小部分收入较高和绝对大部分低收入。农民工大多从事加工制造业、建筑业、采掘业、环卫、家政、餐饮等劳动密集型产业，收入水平低；但也有少量农民工进入城市后，从事自营业务，收入水平可以基本满足其在城市的居住和生活。研究将重点关注低收入农民工。

第三，从职业性质来看，可以分为拥有相对稳定工作的农民工和高流动性农民工，也可以分为拥有正当职业和非正当职业的农民工。流动性过高，为农民工提供居住条件的成本也相对较高，但可以通过要求雇工企业来解决农民工居住问题，因此，将根据农民工流动性程度来给予其不同住房政策。从事非正当职业的农民工，不仅不是城市需要的、而且还可能是城市需要打击的对象，这一部分农民工将不在政策研究的考虑之内。

综合以上分析，本报告中的政策对象主要是具有农村户籍的、在城市从事正当非农产业的、低收入的农民工。

近年来，新生代农民工成为农民工研究中广受关注的一个特殊群体，他们正在成为外出务工农民工的主力军，当前和今后相当长时间内将成为产业工人的主体。关于新生代农民工的界定，学界曾有过争论。在提出“新生代农民工”概念之前，陈星博[1]（2003）曾提出过“青年农民工”，刘开明[2]（2003）认为应该称他们为“第二代农民工”。对于“新生代”所指代的对象也有不同理解，赵芳（2003）曾经总结出“新生代”的四种内涵[3]。

较早提出“新生代农民工”概念的是王春光[4]（2001），他认为，20世纪90年代中期以后，流动人口出现代际差异，这时外出务工的农民工在流动动机和社会特征表现出不同以往农民工的特点，他将这一类人称为“新生代农民工”。后来王春光[5]（2003）又对这一概念进行了修正，认为应该包含两个含义：一层含义是他们年龄在25岁以下；另一层含义就是他们不是第二代农村流动人口，而是介于第一代和第二代之间过渡性的农村流动人口。2010年中央一号文件提出，要“采取有针对性的措施，着力解决新生代农民工问题”，第一次在政府正式文件中提到新生代农民工。随后，国新办将“新生代农民工”界定为1980年以后出生的农民工。

综上所述，本研究中的新生代农民工是指1980年以后出生的、现已满16岁[6]的农民工。

1.3.2 农民工住房

农民工住房是指在城市范围内或城市边缘区，农民工务工期间居住的能够满足基本居住需求的住房。农民工住房是农民工在城市中生存、发展以及实现劳动力再生产最基本的消费资料和物质基础之一。房屋的提供者可以是政府、企业，也可以是城市居民个体等社会力量，甚至是城市周边的农村居民。农民工住房的特点主要可以概括为：租金或成本较低、居住条件较差、分布较为分散。

由于我国城市住房市场实际上是一系列的参与者在现有制度下的集中行动，这些集中行动的结果在空间上就表现为住房的所有权模式、社区变迁、住房价格与住房质量。各地政府对农民工城市住房问题关注较少，城市中的经济适用房、

---

[1] 陈星博．结构挤压与角色缺位——社会转型期我国城市青年农民工群体中“问题化”倾向研究［J］．改革，2003（4）：105-110.

[2] 刘开明．边缘人［M］．北京：新华出版社，2003：204、205.

[3] 赵芳．“新生代”，一个难以界定的概念——以湖南省青玄村为例［J］．社会学研究，2003（6）。赵芳总结出的四种内涵是：一是将之等同于第一代独生子女（池福安，1998）或曰第五代、“新人类”（沈杰，2001）；二是将之等同于青年人（吕杰，1995）；三是指特定人群，如出生于一个特定年限的作家群（金汕、孟固，1997）；四是指称20世纪90年代外出务工经商的农民流动人口（王春光，2000/2001）。

[4] 王春光．新生代农村流动人口的社会认同与城乡融合的关系［J］．社会学研究，2001（3）：63-76.

[5] 罗霞，王春光．新生代农村流动人口的外出动因与行动选择［J］．浙江社会科学，2003（1）：109-113.

[6] 由于使用16岁以下童工不符合国家相关法律法规，故将农民工界定在16岁（含）以上。

廉租房也基本不对他们开放，再加上农民工“生存型”的工资收入，目前，他们在城市的居住主要有以下几种：企业在单位修建的集体宿舍或工棚、少数地方政府修建的各种农民工安置区、村镇、街道等集体组织建造农民工居住点、农民工自身寻找（租赁）的各种落脚点、少数农民工在城市中购买的商品房等。

农民工住房的实体形态、属性及特点 **表 1-5**

实体形态	属　性	特　点
集体宿舍或工棚	雇主建设或租用第三方的房屋 租金往往在农民工薪酬中扣除	主要分布于有一定雇员规模的建筑业、制造业及餐饮、娱乐等服务业
农民工公寓	政府组织修建，租赁第三方房屋，改建已有公房 往往政府会补贴租金 申请需经过审核程序，有一定门槛	只在部分地方地区出现，不普遍
集体组织建造农民工居住点	村镇、街道等集体组织建造 通常利用闲置的影剧院、旧办公楼、旧厂房等，以及利用村集体宅基地建设 零租于农民工或整租于企业	在沿海地区较普遍
开发商投资建设农民工住宅	开发商投资建设或改建 零租于农民工或整租于企业	价格往往为市场租赁价格
农民工自身寻找（租赁）的各种落脚点	自己租赁城市居民或郊区农民的住房 投亲靠友 从事家政服务的，一般居住在雇主家中	在城市中零散分布，常见于打零工或服务业的农民工
（购买）商品房	直接在城市住房市场中购买	仅见于少部分收入高，积蓄多的农民工，比例小

绝大多数农民工由于收入低，极少能够进入城市住房交易市场。因而，农民工住房市场主要是指以农民工为权属受让方的住房租赁市场，也包含极小范围的住房交易市场。根据农民工住房来源和实体形态特征，农民工住房市场可以分为非正规住房市场和正规住房市场。非正规住房市场中的住房，主要是不符合法律法规规定向农民工出租或出售的住房以及违规搭建的房屋、危旧房、棚户区住房等。从住房来源来说，主要包括城中村、城乡结合部农民或村集体建造的住房、城市旧城区待改造住房、棚户区住房等。正规住房市场中的住房一般由开发商等组织开发建设，也包含部分城镇居民家庭自建房。对于农民工来说，其住房来源以非正规市场的租赁房为主。除从市场中获得住房外，农民工还可能从政府、用工企业、亲戚朋友等非市场途径获得住房。

1.4 研究方法和数据

1.4.1 主要采用的研究方法

1.4.1.1 实证分析与规范分析

作为研究方法，实证分析与规范分析相对应，实证分析是对客观现象的描述和判断，规范分析是对理想状态的推断和分析。本研究在构建农民工住房政策过程中，既对农民工住房政策、政策构建现实环境进行实证研究，又在分析政策构建约束的基础上，探讨了农民工住房政策构建的理想环境。

1.4.1.2 定量分析与定性分析结合

本研究采用了定量分析、定性分析相结合的方法。如：在对农民工迁移特征的分析中，采用数据、模型量化了农民工迁移的地域分异，同时用定性分析方法解释了该分异产生的原因；在分析农民工群体内部分异时，定性描述了农民工群体分异的影响因素和表征，同时采用了数量分析手段建立分析模型，使问题能够严谨而清晰。在分析农民工住房需求特征时，也采用了定量分析与定性分析相结合的方法。

1.4.1.3 案例分析

本研究分析了农民工迁移行为、住房需求特征等，检验这些行为和特征的最有力的无疑是活生生的事实。在实证分析过程中，除大量引用具体数据说明研究观点外，本研究还采用了个案分析的方式，选取若干具有代表性和典型性的地区性案例，对其进行深入分析，力求“窥斑见豹”，通过案例检验分析结论并找出解决思路。尤其是在分析农民工个体特征的时候，研究采用了大量农民工个案。

1.4.2 数据来源

课题组收集了大量的第一手资料和统计数据。在西安市、东莞市、成都市等城市和中西部六个主要的农民工输出省份开展了问卷调查，在广州市、天津市、成都市和北京市进行了个案访谈。课题组还曾赴长沙市、南京市、苏州市等地了解农民工住房状况和政府相应的政策措施。除此之外，还收集了各类统计年鉴中的部分数据，作为研究的数据基础。

1.4.2.1 一手数据

（1）与相关政府部门座谈

课题组先后调查及走访的地点遍布西安市、东莞市、成都市、重庆市、北京市和广州市，另外，还调查了南京市、长沙市、苏州市和天津市。为详细了解地方政府在解决农民工住房问题中的政策设计过程、具体政策内容和政策效果等，课题组先后与长沙市、苏州市、成都市、广州市住房建设和住房管理部门、园区管委会座谈，并调查和走访了部分农民工公寓。

（2）西安市、东莞市和成都市的问卷调查

为获得与农民工基本情况、住房状况、住房消费等相关的数据，课题组分别于2007年11月、2008年1月，赴西安市（西部地区代表）和东莞市（东部地区代表）开展了问卷调查。

由于两次调查目的相同，主要是了解农民工的住房状况，故使用了相同的调研问卷，总共获得有效样本数量1823份。其中，西安市有效问卷1211份，东莞市612份；主要选择在相应城市的农民工比较集中的地方进行偶遇调查，适当兼顾农民工所从事不同的建筑业、服务业、加工业等职业，以尽可能地保证资料的代表性与覆盖性。西安市和东莞市调研问卷发放的地域分布如表1-6所示。

西安市和东莞市调研问卷发放的地域分布 **表1-6**

调查地点	聚居区属性	分布的地级市
西安市	城中村	北火巷、东等驾坡村
	老城区	道北地区
	城市新区（包括工业区、开发区等）	曲江新区
	建筑工地	南通建筑安装公司草场坡工地、西安城建草场坡工地、华西一建城运村工地
	城市居民社区	—
东莞市	城中村	胜和、元美
	老城区	—
	城市新区（包括工业区、开发区等）	虎门寨工业区、南栅工业区、新联工业区
	建筑工地	东莞市寮步建筑工程公司厚街工地
	城市居民社区	胜和社区

2009年8月中旬，课题组赴成都市主要就农民工对住房政策满意度及住房需求进行了调查。共发放问卷983份，其中A卷（针对未购房农民工设计的问卷）964份，B卷（针对已购房农民工设计的问卷）19份；有效问卷共计903份，A卷885份，B卷18份；总有效率为91.86%。被调查人群覆盖各年龄层，涵盖农民工从事的各行各业，囊括了成都本地和外地农村来蓉务工人员。问卷发放地包括农民工集中的建筑工地、产业园区、商业城（街）以及劳务市场等，这些地点是在综合考虑成都市农民工聚集情况、职业性质等基础上确定的。具体调查问卷发放的地域分布如表1-7所示。

成都调查问卷发放的地域分布 表 1-7

聚居区属性	具体调研地点
城市居民社区（零散租住）	青羊区成温立交桥周边地区、川大及周边
城乡结合部	机投镇、青龙场立交桥周边地区、高新区、五桂桥汽车站、五块石汽车站、营门口立交桥周边地区、二仙桥周边地区、锦江区劳务市场
郊 县	郫县
建筑工地	中海、万科、成都人居置业工地

三次调研的基本内容有共同之处，包括农民工的社会经济特征、收入及消费情况、住房现状、住房消费倾向等，也有不同之处，即成都的调查强调了对住房政策的认识，总体来看基本上能够反映了当前农民工城市生活的状况和住房现状以及住房诉求等。

（3）中西部六个主要农民工输出地的问卷调查

2010年寒假期间（2010年2月），课题组组织了来自河南、安徽、湖北、湖南、江西、四川六省的33名同学回乡调研，主要了解农民工农村宅基地和承包地状况。调研采用分层整体非概率抽样。共发放问卷1221份，有效问卷共计1158份，有效率为94.84%。被调查人群覆盖各年龄层，涵盖各行各业。为了解返乡农民工和新生代农民工的想法，调查中还专门针对返乡农民工和新生代农民工设计了部分问题。

调研问卷发放的地域分布如表1-8所示。

六省调研问卷发放的地域分布 表 1-8

省份	问卷发放数量	分布的地级市
河南	154	商丘市、安阳市、濮阳市、信阳市、驻马店市
安徽	181	合肥市、巢湖市、六安市、淮北市
湖北	219	荆门市、宜昌市、孝感市、黄冈市、黄石市
湖南	207	张家界市、衡阳市、株洲市、永州市、邵阳市
江西	238	南昌市、赣州市、九江市、宜春市
四川	222	成都市、绵阳市、德阳市、广安市、资阳市

（4）专题访谈

除了在问卷调查过程中与部分农民工深入访谈外，课题组还专门安排了四次访谈。第一次是赴天津了解农民工住房现状、收入和消费情况、住房政策需求等；第二次是在北京市唐家岭地区，了解政府城中村改造和拆迁给农民工所带来的影响、农民工对拆迁的看法以及他们今后的居住选择等；第三次是在北京市区，了解农民工身份认同感、城市适应性、城市归属感等；第四次是在广州市，了解广州市城中村改造的特点及其对农民工居住空间的影响等。

1.4.2.2 二手数据

报告中使用的二手数据主要包含两类。一类数据来自公开出版物或政府公开发布的统计数据，主要是各类统计年鉴，包括历年的《中国统计年鉴》、《中国城市统计年鉴》、《中国农村统计年鉴》、《中国劳动统计年鉴》、《中国人口和就业统计年鉴》等；另一类二手数据是各地政府相关政策文件，为详细了解各地做法并从中总结经验，课题组查阅了大量网络文献❶，搜集了各地在解决农民工住房问题上的主要做法和相关政策文件。

1.5 研究内容、技术路线和创新

1.5.1 研究内容

农民工住房问题不仅是个经济问题，还是个复杂的社会问题和政治问题，既涉及住房政策，也包括户籍制度、土地制度等。解决农民工住房问题是个综合性工程。因而，本研究将着力对农民工住房问题进行经济分析，并在此基础上构建农民工城市住房政策体系。

（1）经济分析。包括理论分析和实证分析两个大的方面。首先，从理论上构建经济增长、农民工流动以及城市住房市场之间的关系模型，进而分析不同经济发展区域农村剩余劳动力市场与住房市场变化趋势，以及不同类型农民工涌入对城市住房市场的冲击。在此基础上，分别就地区差异、农民工类型差异对不同地区、不同农民工住房需求的影响开展理论与实证分析。此外，考虑到农民工的某些住房需求行为受到年龄因素的显著影响，加之农民工住房政策的动态性等，还将对新生代农民工及其住房需求特征进行了研究。

（2）地方实践。在详尽分析国家层面和地方层面（主要是城市层面）主要政策实践的基础上，对各地探索解决农民工住房困难的模式进行总结，归纳出当前解决农民工住房的四种探索类型：准市民化型、公共租赁型、园区配建型、市政改造型。深入分析广州市和重庆市改善农民工居住条件的不同方式以及广州佳大时代公寓和长沙江南公寓两个农民工公寓项目的成败经验教训。在此基础上，概括和分析了各种模式的特点以及经验和教训。

（3）政策环境。研究解决农民工住房问题面临的环境约束，讨论了农民工住房政策体系构建的相关外围政策环境。提出以“和谐社会发展理念”为指导、以城乡一体化和行政管理体制改革为依托、以流入地城市为平台的政策环境体系，

❶ 课题组查询了多个城市的建设委员会、住房保障部门、社会保障部门、公安部门等部门的官方网站，搜集了大量政策文件。课题组查询的城市主要包括北京市、天津市、上海市、重庆市、广州市、深圳市、杭州市、成都市、长沙市、嘉兴市等。

指出优化政策环境的指标或路径。

（4）政策构建。本篇分为总体性政策设想、差异化政策体系构建和相关配套政策完善三个部分。在充分吸收上述研究成果的基础上，提出农民工住房政策构建的目标取向和三个基本原则，从近期、中期和远期三个层面提出农民工住房政策设想，作为总体指导性政策。由于各地区经济发展水平、产业主导类型以及农民工类型等差异，研究还分类构建了差异化的农民工城市住房政策体系。最后，就如何完善相关配套措施提出对策。

1.5.2　技术路线

按照研究内容的要求，本研究的技术路线如图1-4所示。

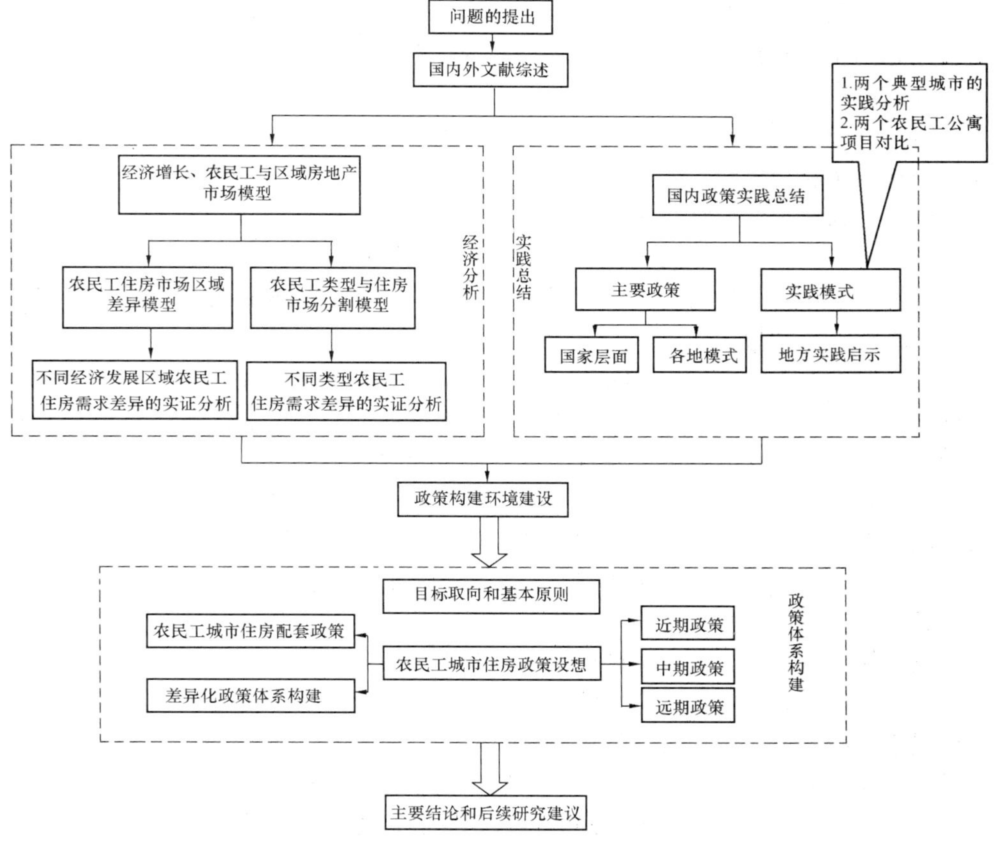

图1-4　研究技术路线

按照“农民工特征—农民工住房需求的经济分析—现有政策实践总结—政策构建环境分析—政策取向及体系构建”的思路进行研究，探索农民工住房问题的解决途径。

基于全国多个城市的问卷调查与实地走访资料，根据农民工的地域迁移分异和群体内部分异性状，分别分析不同经济发展区域和不同农民工类型的农民工住房需求特征。同时，在详尽分析国家层面和地方层面（主要是城市层面）主要政策实践的基础上，总结各地探索解决农民工住房困难的模式。在政策体系构建中，综合考虑农民工住房需求特征和政策环境约束两方面因素，提出改善和逐步解决农民工城市住房问题的近期、中期和远期政策，并针对不同地区类型构建差异化的农民工城市住房政策体系。最后，提出完善城乡统筹政策、户籍政策、农民工城市住房的土地供应政策、农村土地政策等配套政策的具体方法。

1.5.3 可能的创新

本研究从农民工住房需求特征和政策实践两个方面入手，系统研究了农民工住房问题的制度和社会经济影响因素，并构建农民工住房政策。可能的创新点主要体现在以下几方面：

（1）基于三部门模型理论分别构建了农民工住房市场区域差异模型和农民工类型与住房市场分割模型，用于解释农民工住房需求的区域差异和内部差异。

（2）将农民工住房需求特征与经济增长、产业结构发展联系起来，从经济增长和产业结构升级两个维度来讨论农民工住房的区域分布特征研究框架，提出农民工住房需求区域差异的吸引力－吸纳力模型，尝试对我国农民工住房需求的区域特征进行探索性分析。

（3）对农民工群体的内部分异进行度量，并据此分析农民工住房需求特征。根据城市社会空间理论等构建针对农民工群体的内部分异度量体系，对农民工群体进行甄别与区分，研究成果符合实际且具有新意。

（4）系统分析了新生代农民工住房需求特征。在实地调研的基础上，从新生代农民工人口学特征、意识与空间特征、消费特征等多方面入手，结合农民工住房需求特征，系统研究了新生代农民工住房需求的特殊性。

（5）全面掌握和梳理了国家层面的农民工住房政策以及全国主要大中城市解决农民工住房问题的实践，并就相关经验和主要模式进行系统总结和研究。

（6）对部分城市农民工住房政策实践进行实地调研，并挑选了典型案例，分别从城市层面和项目层面进行深入分析。

（7）与城乡统筹发展、区域产业结构等相结合，构建可持续的、动态的农民工城市住房政策体系，反映出不同区域和不同农民工群体的住房需求差异。

第2章　国内外研究综述

2.1　国外研究综述

国外对农民工这一现象的研究较早。Chris Hann (1971)❶ 在其“三个世界的农民工”一章中对第一、二、三世界中普遍存在的农民工现象进行了对比研究。Chris Hann 指出虽然在不同政治经济环境的国家中，农民工的差异较大，但是这些农民工在迁移动机等方面的相似性更值得人们关注。

对于劳动力迁移的研究，国外无论在理论还是在实证方面均较为成熟；并且不少学者（Solinger❷，1995；Chan❸，1996；Roberts❹，1997;）认为中国现阶段的农民工现象与国外的劳动力迁移现象十分相似，因此国外的这些研究对中国的农民工问题具有较高的参考价值。除此之外，由于几乎所有发达国家都经历过农村劳动力大规模流动的过程，在其定居转移的历史过程中，出现了许多涉及住房的问题，如低收入人群、特殊群体等的住房问题等，与此相关的研究对为我国农民工住房问题的分析亦提供了良好的借鉴。

根据国外学者不同的侧重点与研究内容，分几个方面综述如下。

2.1.1　关于区域间劳动力迁移驱动力的研究

国外对于区域间劳动力迁移驱动力的理论研究已较为成熟，较具有代表性的理论主要有新古典经济理论、二元制劳动力市场分割理论、世界体系理论。

新古典经济理论认为区域间劳动力的迁移是由劳动力市场在空间的供需不均衡引起的。这一理论起源于英国的地理学家 Ravenstein 提出的“推拉理论”（1885❺，

---

❶ Shanin Teodor, Chris Hann. Peasants and Peasant Societies [M] . Oxford: Blackwell , 1971.

❷ Solinger, D. J. China's Urban Transient in the Transition from Socialism to the Collapse of the Communist “Urban Public Goods Regime” [J] . Comparative Politics, 1995, 27 (02): 127-146.

❸ Chan, K. W. Post-Mao China: A Two-Class Society in the Marking [J] . International Journal of Urban and Regional Research, 1996, 20 (01): 134-150.

❹ Roberts, K. D. China' s “Tidal Wave” of Migrant Labor: What Can we Learn from Mexican Undocumented Migration to the United State? [J] . International Migration Review, 1997, 31 (02): 249-293.

❺ Ravenstein, E. G. 1885. The Laws of Migration. Journal of the Royal Statistical Society, 48: 167-235.

1889[1])，即迁出地的“推动作用”与迁入地的“拉动作用”共同影响了劳动力在区域间的流动。具体来说即是，迁入地（一般为经济发达地区）相比较于迁出地（一般为经济落后地区）而言，具有更有利的经济环境，如更高的工资水平、更多的就业机会等。因此，一方面，迁出地不良的经济状况“推动”了人口的流动，另一方面，由于迁入地发达的经济状况对这些人群具有较强的吸引力，因此同时会“拉动”人口流动。这两股力量同时作用，从而引起了区域间大规模的劳动力迁移。之后的很多学者对这一理论进行了更加深入的研究，较具有代表性的是Lee，E.（1966）的人口迁移理论以及Todaro（1969）的收入预期模型。Lee，E.[2]（1966）认为在劳动力迁移过程中，除了迁出地的推动作用以及迁出地的拉动作用，还有许多的阻碍因素及劳动力的个人特征将对不同劳动力的迁移决策起到重要的作用。其中，阻碍因素包括空间阻碍、政治阻碍、心理阻碍等；个人特征包括劳动力的年龄、性别、社会层次、受教育水平、对迁入地的了解程度等。Todaro[3]（1969）在他的收入预期模型中指出，当在迁入地的预期收入高于在迁出地的收入时，劳动力便会在区域间发生转移。具体而言，尽管当迁入地中失业现象仍旧十分严重，准备流向迁入地的劳动力还是可以作出合理的决策，即依赖于其对未来收入的预期。而影响预期收入的因素有两个，一是地区间的实际工资差异，二是在迁入地谋取就业机会的可能性。这一模型能够较为合理地解释在一地区的当地居民失业率较高的情况下，为什么仍旧会有源源不断的外来务工人员涌入该地区。

随着世界人口迁移格局的变化，新古典经济理论在解释一些新出现的现象时显得具有一定的局限性，因此诞生了一些新的理论。二元制劳动力市场分割理论（Piore，[4] 1979）认为，在迁入地（城市地区或者发达国家）的劳动力市场中，存在着市场分割的现象，即存在着工资福利待遇优越的主导部门的同时，亦存在着工资福利待遇差、工作环境恶劣、工作性质危险、社会地位低下、工作不稳定的次要部门。这两个部门之间劳动力的流动非常少。一般地，本地劳动力大都集中在主导部门，且不屑于处于社会底层的次要部门的职位，从而导致次要部门的劳动力供给长期不足。因此这些次要部门的职位只能靠外来的劳动力进行供给，由此导致了劳动力在地区间的迁移。根据这一理论，这种迁移是一种长期的经济现象，不论是在经济繁荣期还是在萧条期。Yaw A. Debrah[5]（2002）在对亚太

[1] Ravenstein，E. G. 1889. The Laws of Migration. Journal of the Royal Statistical Society，52：241-305.

[2] Lee，E. A Theory of Migration［J］. Demography，1966，03（01）：47-57.

[3] Todaro，M. A Model of Labor Migration and Urban Unemployment in Less Developed Countries［J］. American Economic Review，1969，59（01）：138-148.

[4] Piore，M. Birds of Passage：Migrant Labor and Industrial Societies［M］. Cambridge：Cambridge University Press，1979.

[5] Yaw A. Debrah. Migrant Workers in Pacific Asia（Studies in Asia Pacific Business）［M］. UK：Frank Cass Publishers，2002.

若干国家和地区的劳动力迁移的研究支撑了这一理论，即在上世纪 90 年代亚洲金融危机爆发之后，仍旧存在着大规模的劳动力向较为发达地区转移。并且 Yaw A. Debrah 认为在不同的国家，次要部门职位的劳动力供给不足的原因是不同的。在大部分较为发达的国家，由于这些次要部门职位已长期依赖于其他国家劳动力的供给，因此，由于劳动力市场分割，经济萧条不会对这些职位的劳动力供给来源产生太大的影响；而在一些新兴的国家，由于生活质量以及教育水平的提高，次要部门职位对于本地劳动力的吸引力越来越小，由此出现了这些部门本地劳动力供给的不足。

另外，世界体系理论（Amin[1] 1974；Frank[2]，1978；Wallerstein[3]，1979；Sassen[4]，1988）亦尝试对国家间劳动力迁移的原因进行分析。这一理论是基于马克思的思想而创建的一套国际关系及社会理论。该理论认为，在世界体系中，存在着核心国和边陲国，其中核心国是指工业化、城市化程度较高的发达国家，而边陲国是指较为贫穷并以出口原材料为主的发展中国家。随着经济全球化，国家间的竞争日益加剧，边陲国成为了核心国的附属国。一方面，核心国的资本渗透到了边陲国，控制了土地、原材料和劳动力市场；而另一方面，边陲国的劳动力、原材料等开始向核心国流动。而劳动力的迁移便发生在这一过程中，即劳动力迁移是在一个单一的体系而并非两个不同的体系中进行的。

2.1.2 对于不同外来人口聚居区及居住状况的相关研究

国外学者认为外来人口聚居区主要表现为贫民窟、城市边缘区等不同形式。

（1）贫民窟

贫困人口在特定空间聚居并形成贫民窟是世界性的问题。根据英国地理学者 Susan Mayhew 的定义，贫民窟是“穷人住宅的聚集地，通常以混居和拥挤为特征”[5]。贫民窟问题自 19 世纪始，困扰了西方发达国家长达一个多世纪。

关于贫民窟的社会经济构成，一些研究认为贫困阶层聚居区一般具有“大量非法居住者、异质性的物质空间和多元化的土地安排”三个特征，[6] 并不断受到

---

[1] Amin，S. Accumulation and Development：A Theoretical Model [J]. Review of African Political Economy，1974，01：9-26.

[2] Frank，A. G. Dependent Accumulation and Underdevelopment [M]. London：Macmillan，1978.

[3] Wallerstein，I. The Capitalist World Economy [M]. Cambridge：Cambridge University Press，1979.

[4] Sassen，S. The Mobility of Labor and Capital：A Study of International Investments and Labor Flow [M]. Cambridge：Cambridge University Press，1988.

[5] Susan Mayhew. Oxford Dictionary of Geography [M]. 上海：上海外语教育出版社，2001：453-455.

[6] Gill-Chin Lim. Housing Policies for the Urban Poor in Developing Countries [J]. Journal of American Planning Association，1987，(2)：176-185.

制度化的偏见和歧视[1]。不论是在机构方面还是在基本经济设施方面均显现出机构或设施的缺失或低质量[2]。但是也有研究质疑区内人群并非均质，一般会包括黑人、西班牙裔和白人，是多样化的人种和种族的混合，同时尽管大多数居民技术和收入水平低、工作时间短，他们并不都是公共资助的受益者，也参与劳动力市场，并未完全与主流社会隔绝[3]。

城市贫困阶级聚居区的空间分布和演化特征亦一直是研究热点。在怀特(White) 构建的21世纪城市模型中，贫困阶层聚居在CBD周边的停滞发展地带，部分与绅士化区域相连，少数民族聚居区呈现扇弧型插入中心区[4]。但这一空间分布特征并不适用于所有发达和发展中国家。英国中等城市低、中收入和最低收入阶层分布在城市外围边缘区[5]，考虑到政府在城市发展、贫民窟清理、绅士化以及种族隔离方面的介入，只有部分少数民族聚居区位于中心区附近，紧邻绅士化区域。由于现代交通工具的相对普及和郊区化的过度蔓延，澳大利亚主要城市出现贫困阶层由市中心向郊区集聚的趋势[6]。

在对贫民窟的研究中，一些学者指出，贫民窟通常是农村人口迁往城市的第一个目的地[7]，认为选择居住贫民窟是这些迁移人口的理性行为[8]。新近流向城市的农民由于多数缺乏培训和技术，很难马上获得稳定的工作和收入，其生活方式和习俗也往往遭到当地人的歧视，难以融入城市社区，只好聚集在贫民窟。贫民窟的存在，一方面具有积极的意义，它为新移民提供了一个调整和适应的场所[9]，并且“充满希望的”贫民窟是有能力自己进行社会改善并最终与社会整合；但另一方面，那些“失望的”贫民窟，由于普遍受到社会歧视而不积极进取，将对社会构成威胁，是国家发展的障碍，必须引起重视，并且应采取监视、控制和抚慰的策略。

（2）城市边缘区

---

[1] Peter Marcuse, Ronald van Kempen (Editor). Globalizing cities: a new spatial order? [M]. Oxford: Blackwell, 2000.

[2] Douglas S. Massey. The age of extremes: concentrated affluence and poverty in the twenty-first century [J]. Demography, 1996, (4): 395-412.

[3] Jargowsky Bane, Mary Jo Bane. Ghetto poverty among blacks in the 1980s [J]. Journal of Policy Analysis and Management, 1991, (2): 288-310.

[4] Michael J. White. American Neighborhoods and Residential Differentiation [M]. New York: Russell Sage Foundation, 1987.

[5] Peter Mann. An Approach to Urban Sociology [M]. London: Rutledge, 1965.

[6] Blair Badcock. Unfairly Structured Cities [M]. Oxford: Blackwell, 1984.

[7] Anderson, Nels. The slum: a project for study [J]. Social Forces, 1928, 7 (1): 785-792.

[8] Costello, Michael A.. Slums and squatter areas as entrepots for rural-urban migrants in a less develop society [J]. Social Forces, 1987, (66) 2: 215-220.

[9] Abu-Lughod, Janet. Migrant adjustment to city life: the Egyptian Case [J]. American Journal of Sociology, 1961, 7 (1): 86-91.

德国地理学家 Harbert Louis 在 1936 年从城市形态学的角度提出了城市边缘区这一概念，即某些原属于城市外围的地区被城市的扩展所侵吞，成为市区的一部分，并成为了大量流动人口聚居地。Andrews 在 1942 年提出的“乡村—城市边缘带”包括了 Louis 所说的城市边缘区，他认为这才是整个城乡过渡带。R. G. Pryor 于 1968 年根据 Andrews 的思路，明确定义了“乡村—城市边缘带”❶，即为位于中心城的连续建成区与非农土地利用的纯农业腹地之间，兼具有城市和乡村两方面的特征，进城农民在这里聚居，人口密度低于中心城，但高于周围的农村地区。20 世纪 70 年代，Canter 首次将城乡边缘带的传统形态学研究与城市建设周期、地理理论及社会资本相联系，探讨城市边缘带的空间结构及演变机制。20 世纪 80 年代，Canter 和 Wheatley 又开始注意到传统城乡边缘区研究已经不能适应地区的功能变化，提出了新的观点和方法❷：由于城市边缘区是介于城市和乡村之间的独特区域，土地利用具有综合性，故应从多方面研究城乡边缘区的演变，特别注重城乡边缘人口和社会特征的城乡过渡性。

西方学者在 20 世纪 80 年代发现，东南亚地区发生的快速城市化与西方国家经历的城市化过程有很大不同（McGee，1989）。在东南亚地区出现了一种特殊的城市边缘区，西方学者称之为“Desakota❸ region”，指的是农业活动与非农业活动的高度混合、很多流动人口与当地人口混合居住、延伸于城市核心之间的廊状区域❹。McGee 和 Ginsburg 在以我国东南沿海城市深圳市龙华镇为例的研究中，指出我国东南沿海地区存在典型“Desakota”区域。

2.1.3　国外解决贫困人口、外来移民劳动力住房问题的相关研究

国外贫困人口住房问题研究已经形成了“过程—互动—行动”的完整体系，且从早期侧重概念界定、分类及分布特征等的过程研究转到侧重影响因素、形成机制的互动研究，深刻分析了居住流动对城市贫困聚居形成和发展演变的影响，在民主政治和文化保护背景下探讨少数民族和外来移民贫困聚居的形成和演变。

（1）解决贫困人口住房问题的相关研究

帮助贫困人口解决住房问题是一个国家公共政策的重要组成部分，各国的发展历程和具体做法不尽相同，主要可归纳为以下四种模式。

首先，是政府直接出资，开发廉价住房模式。

---

❶ R. G. Pryor. Delininy the Rural-urban Fringe [J]. Social Forces，1968，407：15-18.

❷ Canter，Wheatley. Land Uses and Social Areas：19-century change in the small town [J]. Transaction of the Institute of British Geographers，1979，(4)：19、20.

❸ Desakota 为印度尼西亚语的英译，意为城乡混合。

❹ N. Cinsburg，B. Koppel，T. G. McGee. The Extended Metropolis：Settlement Transition in Asia [M]. Honolulu：University of Hawaii Press，1989：3-25.

新加坡是解决外来人口和低收入者住房问题的成功典范。新加坡自1960年独立以来，政府就实施了“居者有其屋”政策，1960年成立了建屋发展局（HDB，Housing Development Board），大规模建造公共住房，并推行公共租屋计划。由于建造的房屋不含土地成本和各种配套费，使建屋局建房越多，亏损越大，为弥补建屋发展局的亏损，政府每年要从积累的税收中拿出5亿～10亿新元补贴建屋发展局，其实质是政府将这笔钱补给了购房的中低收入者[1]。建屋发展局建造了大量环境优美、配套完善、经济适用的组屋，并以十分优惠的价格出售给中低收入家庭（中低收入者的购房价可降低20%～50%左右）。

巴西、阿根廷两国政府对贫民窟进行的改造，是由两国联邦政府出资，城市政府负责出地、承担建设基础设施和具体操作，并依靠当地社区管理人员和贫民窟家庭共同完成的一项综合改造计划。20世纪60年代以后，巴西政府通过国家住所银行资助城市房屋建设，解决了一定的住房问题。20世纪80年代后，由于政府公共住房发展资金不足，停止了国家住房计划，城市政府担任起提供公共住房的责任，最终归于失败。

泰国在其工业化发展时期，成立了房屋署和政府房屋银行，试图解决日益严峻的贫民窟住房压力。但由于政府在住房建设、贫民窟改造等多次建屋计划中停止资助，解决贫民窟居民住房政策作用有限，甚至逐渐成为一种选举口号[2]。

其次，是政府间接出资，现金补贴住房模式。

对于那些从市场上直接租赁住房较为困难的低收入居民，德国政府可负担其实际交纳租金与可承受租金的差额。可承受租金一般按照家庭收入的25%确定。该政策虽在不干扰市场规律的前提下，提高了低收入者的支付能力，但是与此同时，却无法抑制租金的上涨，从而变相增加了政府的财政负担。

英国在住房福利中设置了防止因住房支出而沦为贫困居民的机制，规定居民在享受标准住房福利时，如果扣除自付房租后，其实际收入低于贫困线，社会保障部还会提供资金再次进行住房补贴，与贫困救助的资金渠道相同，以体现该项福利的性质。

第三，是政府间接援助，配套优惠租售模式。

二战后，日本农村人口大量向城市转移，日本政府推出一系列公共房屋政策。专司低收入者住房问题的两大类部门为：特别负责解决中心城市中等及偏下收入家庭住房问题的“公团住宅”和负责解决本地区低收入者住房问题的“公营住宅”。二者原则上通过减税费形式，并以优惠的租金和成本价向低收入家庭出

[1] Loo Lee Sim, Shi Yu and Sun Sheng Han. Public Housing and Ethnic Integration in Singapore [J]. Habitat International, 2003, 27 (7): 293-307.

[2] Geinwen Giles. The Autonomy of Thai Housing Policy, 1945-1996 [J]. Habitat International, 2003 (27): 231.

租、出售住房。其中由政府财政提供的信贷资金最多，占 62.1%，从民间融资的占 15.3%，政府拨款的占 0.9%，各种以政府担保发放的住宅债券占 21.7%。该政策由于政府不直接介入开发、且建房融资渠道多元化，使得政府财政负担较小。

最后，是因势转换，综合保障模式。

美国对于低收入者住房问题的实践经历了从提供住房到提供资助的转变过程。初期的以供给为导向（supply oriented）的公共住房政策，由于导致贫困和低收入家庭在特定空间过度集中，社区成员长期被孤立在正规就业、主流机构和主流行为之外，因此遭到不少学者的疑问和批评。他们认为公共住房减少了贫困人口自由选择居住地点的机会❶，未根本改善他们的就业机会和经济状况。因此，1970 年代美国住房和城市发展法案（Housing and Urban Development Act 1970）进行实验，验证以需求为导向（demand oriented）的住房计划的灵活性❷。之后实施的芝加哥 Gautreaux 实验亦发现以需求为导向的住房计划对于成人雇佣以及儿童受教育等多方面均具有优势。1990 年美国住房提供法案（1990 Housing Act Provision）支持这个计划延伸到其他 6 个城市，名为“搬向机会”(Moving to Opportunity)。一系列的实验带来解决贫困人口住房政策的转变，即由政府的实物配租到到提供补贴资助。有学者评价这种实验和政策转变在空间分散和种族融合方面是相当成功的❸。除此之外，解决低收入、少数民族住户在住房方面所受的歧视也是美国住房政策的重要内容❹。自 20 世纪 60 年代以来，美国联邦政府出台了一系列的法律和规定以打击住房市场的歧视行为，主要包括了 1968 年颁布并于 1988 年修订的禁止住房市场中歧视行为的《公平住房法》、分别于 1975 年和 1977 年通过的旨在解决住房抵押贷款市场中歧视行为的《抵押贷款公式法》和《社区再投资法》。另外，美国住房与城市发展部亦同时在全国范围内进行住房市场中的种族歧视审查和研究，这些研究不仅衡量了房地产市场中种族歧视的程度、反映了歧视行为的变化特征，并且对法律和政策的实施效果进行了检验。总体而言，这些政策对于消除住房市场中的歧视行为起到了一定的积极作用。

这些政策实践模式对我国农民工住房问题解决途径的选择具有较大的启示。

---

❶ Alexander. Housing the Poor: The Case for Heroism [M]. Cambridge: Ballinger Publishing Company, 1978.

❷ Raymond J. Struyk, Marc Bendick Jr. (editors). Housing Vouchers for the Poor: Lessons from a National Experiment [M]. Washington D. C: The Urban Institute Press, 1981.

❸ Chester Hartman. On Poverty and Racism, We Have Had Little to Say [J]. Journal of American Planning Association, 1994, (2): 158-159.

❹ 阿列克斯·施瓦兹. 美国住房政策 [M]. 北京：中信出版社，2008.

第一，在以上几种模式中，政府直接出资需要大量的政府投入，政府间接出资或援助可以一定程度上减轻政府的财政压力。当前，我国国民经济持续快速发展，城镇居民收入水平不断提高，居民迫切希望改善住房条件，提高住房质量；城镇化进程不断加快，大量新就业职工和农民工进入大中城市。在城镇现有居民住房问题尚未得到很好解决的情况下，政府直接出资解决农民工住房问题，其财力肯定是无法支承的。因而，间接出资或提供援助是当前我国政府较好的选择。

第二，日本、新加坡等国国土面积小、移民人数少，由中央政府解决移民住房问题取得了成功；德国凭借其丰富的资源条件和有效的政府执行力成功解决了城市住房福利问题；泰国政府在提供公共住房的计划中多次停止资助，导致政策成为选举口号；在城市资金不足的情况下，巴西将重任下放给城市政府，公共住房政策失败。显然，在政策供给主体的问题上，我国很难借鉴日本和新加坡的经验，也不具备德国的资源条件；但是泰国和巴西等发展中国家的失败，则给我们一些启示：单纯依靠资金紧张的城市政府来解决农民工住房问题，显然是不行的。

第三，对于解决模式的选择，应当根据城市发展状况，因时而异，因地制宜。从美国的实践来看，各种模式没有绝对的优劣，都能在一定时期缓解移民住房问题，关键是要根据农民工的收入水平和城镇住房市场发展状况适时调整。

（2）解决移民劳动力住房问题的相关研究

Turner（1968）在他的首创模型中针对处于城市化进程中的国家，提出了移民安置的两阶段说：在城市中心贫民区租房的初步安置和随后通过在城市边缘地带自建房屋或非法占地的再安置。具体地，随着收入水平的提高，出于对居住稳定性或所有权的考虑，外来务工人员会搬离市中心贫民区，开始修建处于城市边缘的简陋棚户，并为了舒适起见逐渐将其改造为更加坚固的房屋。从贫民区的房客到棚户的所有者，外来务工人员住房状况将不断改善。Turner 认为，住房作为一种必需品被所有公民享有是一种权利，而不仅仅是为部分人享有；并且，比较当局和设计者来说，使用者更了解自己的需要。因此，他反对当时政府的一般解决办法，认为无论是以盈利为目的的从事住房建设的私人部门还是公共部门，建设的住房由于标准和成本太高，均为城市贫困人口所不能负担，因而提出主要以“使用动机”为目的进行住房建设的“第三部门”概念[1]。Diane Diacon[2]（2008）对近年来由欧盟国家涌入英国的外来务工人员的住房问题进行了较系统的分析。Diane Diacon 等认为现阶段英国的外来务工人群，与过去相比，不仅数量更大，并且内部构成亦更复杂。在外来移民面临的种种经济、社会、文化等问

[1] 周佳．“自助安置”与农民工子女简易学校的扶持［J］．比较教育研究，2004（9）：53-57.

[2] Diane Diacon，Ben Pattison，Jim Vine. Home from Home：Addressing the Issues of Migrant Workers’ Housing［M］. The Building and Social Housing Foundation（BSHF），2008.

题中，住房问题最为突出，且这一问题对社区的发展具有很大的影响。因此，这对这一问题，Diane Diacon 等从如下四个方面提出了诸多政策建议：增强住房的可选择性，解决无家可归问题（Homeless）；提高住房质量和建筑标准；促进社区的融合；促进政策的施行。这些具体的政策在执行层面上又可具体落实到中央政府、地方政府以及其他一些机构。

2.2　国内研究综述

2.2.1　农民工定居迁移及融入城市相关研究

（1）定居迁移的驱动力

高国力等[1]（1995）认为影响我国农民工迁移的重要因素之一是区域经济发展不平衡，即区域经济收入差距促使了农民工实现定居迁移。经济发展水平越高，农民工迁移越活跃且迁移水平也越高。同时，农民工所追求的理想就业机会，除了与经济增长速度有关外，主要依靠当地就业结构。就业结构又是与当地的经济结构紧密相关的。因此，区域经济结构差异也是研究农民迁移的一个重要变量。

蔡昉[2]（1996）曾从具有较低务农收入的农民最有可能做出迁移决策这一角度出发，得出了预期收入差距是影响我国农民工迁移决策的重要因素的结论。但他2002年的一项研究又得出了与自己早年的研究相矛盾的一个结论，蔡昉等[3]（2002）通过对相对经济地位变化假说的验证，认为无论从宏观的中西部区域差异层面，还是从微观的不同收入水平农户层面考察，Todaro 预期收入差距假说在我国都不太适用，我国农民工的迁移决策实际上是预期收入差距假说和相对经济地位变化假说双重作用的结果。

制度因素对我国农民工迁移决策的影响最为深刻与本质，是国内学者们关注的焦点。蔡昉[4]（2001）认为正在进行的市场化改革放松了对农民迁移的控制，但传统的发展战略以及户籍制度安排对劳动力自由流动的障碍依然存在。这种情况下，无论是预期收入还是人力资源禀赋对迁移决策的解释都是不充分的，在某

---

[1] 高国力，季任钧．区域经济发展过程中的人口迁移研究——以广东省珠江三角洲地区为例［J］．经济地理，1995（2）：76-82.

[2] 蔡昉．特征与效应——山东农村劳动力迁移考察［J］．中国农村观察，1996（2）：51-56.

[3] 蔡昉，都阳．迁移的双重动因及其政策含义——检验相对贫困假说［J］．中国人口科学，2002（4）：1-7.

[4] 蔡昉．劳动力迁移的两个过程及其制度障碍［J］．社会学研究，2001（4）：44-51.

种程度上，制度改革在促进劳动力迁移方面更为重要。但王毅杰[1]（2004）等少数学者认为，即使外部制约环境（如户籍制度）有所调整，也难以改变城市政府对作为非辖区居民的农民工的要求暂时置之不理（如合法权益保障、享受义务教育及政治参与等权利）和城市居民对农民工的社会歧视，这一切都限制着农民工通过建立社会网络而融入城市社会，并进一步形成对农民的挤压，迫使农民工只得依赖原有社会关系维持自身生存与生活。

（2）融入城市社会阻滞力

不少学者从“社会网络”角度来分析农民工城市融入度低。渠敬东[2]（2001）指出，农民工的社会网络是围绕着血缘、地缘和业缘等同质关系构成，并影响农民工生活世界的建构过程。大量的调查显示，在农民工的生活中，乡土社会网络起着重要作用，这在很大程度上直接减少了他们与城市居民的交往和互动，不利于他们融入城市社会。李培林[3]（1996）指出，流动民工在社会位置变动中对血缘、地缘关系的依赖，可以降低交易费用，节约成本，相对于他们可以利用的社会资源来说，是一种非常理性的行为选择。这种以初级群体为基础的社会网络在经济上和精神上的支持能使刚进城的农民工很快适应环境，但是，在另一方面却强化了农民工生存的“亚社会”生态环境，保护了其身上所具有的传统观念和小农意识，阻碍着其对城市的认同与归属。

同样，农民工的文化素质低，思想价值观念落后，生活方式传统也不利于其融入到城市社会生活中去[4]。其中，农民与土地关系是阻碍农民工与城市融合的重要因素，农村土地承包制度在提供基本生活保障的同时，也成为农民工联系农村的“脐带”，使农民工融入城市面临着巨大的退出成本[5]。一些学者做了相应的实证研究，如张时玲[6]（2006）、朱考金[7]（2003）通过调查发现，农民工的自身素质和“过客”心理在很大程度上也制约着其城市融入。

另外，学界普遍认为户籍制度和建立在其之上的各种制度构成了流动人口融入城市社会的制度性障碍。任远和邬民乐[8]（2006）指出，在城市现有的制度安

[1] 王毅杰，高燕．社会经济地位、社会支持与流动农民身份意识［J］．市场与人口分析，2004（2）：1-5.

[2] 渠敬东．生活世界中的关系强度——农村外来人口的生活轨迹［A］//柯兰君．都市里的村民：中国大城市的流动人口［C］．北京：中央编译出版社，2001：36.

[3] 李培林．流动民工的社会网络和社会地位［J］．社会学研究，1996（4）：42-52.

[4] 江立华．论农民工在城市的生存与现代性［J］．郑州大学学报（哲学社会科学版），2004（1）：74-77.

[5] 马广海．农民工的城市融入问题［J］．山东省农业管理干部学院学报，2001（3）：67-69.

[6] 张时玲．农民工和城市社会的关系分析［J］．黄冈师范学院学报，2006（4）：28-32.

[7] 朱考金．城市农民工的心态与观念——以南京市600例样本的频数分析为例［J］．社会，2003（9）：10-12.

[8] 任远，邬民乐．城市流动人口的社会融合：文献评述［J］．人口研究，2006（3）：87-94.

排下，流动人口面对的是一系列有别于城市居民的制度，如就业、社会保障、教育制度等。这些二元化的城市制度根源于城市的二元化户籍状况。在这个意义上，户籍制度已经超越其本身单纯的人口登记和统计的功能，成为上述城市制度的“鸥体”，并成为制度性排斥的基础性制度。熊彩云[1]（2007）以人口迁移的推拉理论为基础，对影响我国农民工城市定居迁移决策的农村拉力和城市推力因素进行了实证分析，亦得出了相似的结论，即我国农民工定居迁移的阻力主要来自于城市以户籍制度为核心的系列制度推力。消除制度障碍、促进农民工城市定居迁移是我国实现未来城镇化目标的必由之路和当务之急。

同样，社会歧视也制约着农民工的城市融入。城市对农民工的社会歧视主要有两种类型：政策性歧视和市民的歧视，这些歧视阻止了农民工对城市的认同，加深了农民工与城市和市民的“鸿沟”[2]。

2.2.2　农民工迁移与定居意愿影响因素相关研究

大量研究显示，农民工迁移与定居受到多种因素的综合作用。

马九杰、孟凡友[3]（2003）指出人力资本、社会资本及家庭决策模式等是农民工的持久性迁移决策的主要影响因素。胡必亮[4]（2004）通过来自一个村庄的案例，进行“关系”与人口流动之间的回归分析，说明农民是如何利用“关系”这样的非正式制度实施人口与劳动力流动与迁移的。吴兴陆[5]（2005）通过对农民工定居意愿的调查，指出迁移决策影响因素具有多样性和层次性，城市较高的收入预期是吸引农民工进入城市的直接动因，但定居迁移决策更多受制于社会的、文化的、心理的和个人特征因素的影响。司睿[6]（2006）运用调查和访谈的方法，研究证明关系是农民流动的主要社会资本，而进入城市之后建立的次级关系，将对农民工的市民化将产生重要影响。洪小良[7]（2007）基于北京市的抽样调查数据，发现北京市外来农民工的流动已呈现明显的家庭化特点，家庭因素变量对农民工的家庭迁移行为有显著的解释能力。黄乾[8]（2007）利用五城市 1076 个农民工样本数据，选取人口学与社会特征、经济因素、社会因素三个方面的因

[1] 熊彩云．农民工城市定居转移决策因素的推—拉模型及实证分析［J］．农业经济问题，2007（3）：74-81.

[2] 张时玲．农民工和城市社会的关系分析［J］．黄冈师范学院学报，2006（2）：28-32.

[3] 马九杰，孟凡友．农民工迁移非持久性的影响因素分析——基于深圳市的实证研究［J］．改革，2003（4）：77-86.

[4] 胡必亮．“关系”与农村人口流动［J］．农业经济问题，2004（11）：36-42.

[5] 吴兴陆．农民工定居性迁移决策的影响因素实证研究［J］．人口与经济，2005（1）：5-10.

[6] 司睿．农民工流动的社会关系网络个案研究［D］．兰州：西北师范大学，2006.

[7] 洪小良．城市农民工的家庭迁移行为及影响因素研究——以北京市为例［J］．中国人口科学，2007（6）：42-50.

[8] 黄乾．农民工迁移意愿影响因素的实证分析［J］．江西财经大学学报，2007（6）：49-52.

素，通过Logistic模型分析影响农民工迁移城市意愿的主要因素，研究表明农民工定居城市的意愿并不强烈，就业状态、收入、农村土地、住房情况等是影响农民工定居城市意愿最为重要的因素。蔡禾、王进❶（2007）认为如果以是否愿意放弃土地作为行为性永久迁移意愿指标，那么影响农民工迁移意愿的主要原因是个体的迁移动力；如果以是否愿意将户口迁入打工城市作为制度性永久迁移意愿指标，那么影响农民工迁移意愿的主要原因则相对集中在地域性因素和制度合法性压力上。

也有很多研究证明了住房对农民工迁居意愿的影响。熊波，石人炳❷（2007）调查了在武汉务工的517名农民工。他们认为，居住条件差是农民工定居城市的主要制约因素之一，住房质量、居住空间和住房的地理位置所综合构成的居住条件对农民工的定居城市意愿有显著影响。简新华等❸（2008）认为，就业和居住问题是农民工融入城市社会的关键一步，是市民化的基础。新生代农民工的归宿是定居城市，解决农民工居住问题有利于农民工与城市市民之间的社会融合。姚俊❹（2009）将解决农民工定居城市的政策系统分为经济子系统、制度子系统、社会行动子系统、社会认同子系统。在经济子系统和制度子系统暂时难以突破的情况下，他认为，在社会行动子系统内，要重点解决农民工的居住和住房问题，使其逐渐融入城市。贾晓华❺（2009）将农民工分为永久性迁移和非永久性迁移农民工，通过分析影响农民工定居城市过程中的利益格局，认为住房福利可以降低永久性迁移成本，妥善解决农村土地流转问题能够使农民工安心定居城市。

2.2.3 农民工在城市中的生存状况相关研究

许多研究对农民工在城市中的就业状况展开了研究，结果普遍表明，农民工的就业特征主要可归纳为以下几个方面。首先，农民工处于一种非正规就业状态或主要工作于次要劳动力市场（李强等❻，2002；马九杰❼，2003；肖云等❽，2005）；其次，农民工是城市中失业比率最高的阶层，是城市中失业最为频繁的

---

❶ 蔡禾，王进．“农民工”永久迁移意愿研究［J］．社会学研究，2007（6）：86-111.

❷ 熊波，石人炳．农民工定居城市意愿影响因素——基于武汉市的实证分析［J］．南方人口，2007（2）:52-57.

❸ 简新华，黄锟，等．中国工业化和城市化过程中的农民工问题研究［M］．北京：人民出版社，2008：69-93。

❹ 姚俊．农民工定居城市意愿调查——基于苏南三市的实证分析［J］．城市问题，2009（9）：96-101.

❺ 贾晓华．影响农民工定居城市的利益格局分析及路径选择［J］．商业时代，2009（12）：12-13.

❻ 李强，唐壮．城市农民工与城市中的非正规就业［J］．社会学研究，2002（6）：13-25.

❼ 马九杰，孟凡友．城市农民工第二市场择业——关于深圳市的个案剖析［J］．开放时代，2003（4）：31-33.

❽ 肖云，郭峰．农民工就业及其可持续发展——对重庆市1083位样本农民工的调查［J］．统计与决策，2005（7下）：79-81.

群体（李强等[1]，2002；张戈[2]，2005）；第三，农民工工资拖欠问题突出，这一问题的原因包括：地方党政领导干部对解决拖欠工资问题存在认识上的偏差和顾虑（王海龙[3]，2005）、城市政府对于农民工的歧视（周晓焱[4]，2005）、用人单位的诚信经营意识和社会道德意识薄弱（曹永红等[5]，2005）以及农民工自身法律意识的淡薄（赵美英等[6]，2005）。

另外，对于农民工收入的决定机制亦有较多的研究。研究结果显示，影响农民工收入水平的因素涵盖了各方面，主要包括了当地经济水平（石振等[7]，2005）、性别（曾旭晖[8]，2004；苏群等[9]，2005）、文化程度及专业技能水平（李睿等[10]，2005；钱雪飞[11]，2004；王东[12]，2002；苏群等[13]，2005；石振等[14]，2005）、年龄（王东等[15]，2002；石振等[16]，2005）以及务工时间（苏群等[17]，2005）等。

除此之外，不少研究亦将关注点放在了农民工的社会保障问题上。研究指

---

[1] 李强，唐壮．城市农民工与城市中的非正规就业［J］．社会学研究，2002（6）：13-25.

[2] 张戈．农民工生存状况调查［J］．浙江人大，2005（1）：46-49.

[3] 王海龙．关于解决拖欠农民工工资问题的政策分析［J］．中国农业大学学报（社会科学版），2005（1）：23-26.

[4] 周晓焱．从农民工权益保护——谈我国社会政策的缺陷与完善［EB/OL］．中国农村研究网，http：//www. chinaelections. org/NewsInfo. asp？ NewsID=41003，2005-10-30.

[5] 曹永红，张丽．浅谈当前拖欠农民工工资问题［J］．内蒙古统计，2005（2）：59-60.

[6] 赵美英，李树田．民工工资亟待清欠［J］．黑河学刊，2005（5）：79-82.

[7] 石振，林锟．建筑业农民工收入影响因素计量分析［J］．求索，2005（6）：22-24.

[8] 曾旭晖．非正式劳动力市场人力资本研究——以成都市进城农民工为个案［J］．中国农村经济，2004（3）：34-38.

[9] 苏群，周春芳．农民工人力资本对外出打工收入影响研究——江苏省的实证分析［J］．农村经济，2005（7）：115-118.

[10] 李睿，唐李雅宁，陈扬，方东平．北京地区建筑农民工工作和生活状况调查［J］．建筑经济，2005（8）：13-17.

[11] 钱雪飞．进城农民工收入的实证分析——基于南京市578名农民工的调查［J］．南通师范学院学报（哲学社会科学版），2004（01）：46-50.

[12] 王东，秦伟．农民工代际差异研究——成都市在城农民工分层比较［J］．人口研究，2002（5）：49-54.

[13] 苏群，周春芳．农民工人力资本对外出打工收入影响研究——江苏省的实证分析［J］．农村经济，2005（7）：115-118.

[14] 石振，林锟．建筑业农民工收入影响因素计量分析［J］．求索，2005（6）：22-24.

[15] 王东，秦伟．农民工代际差异研究——成都市在城农民工分层比较［J］．人口研究，2002（5）：49-54.

[16] 石振，林锟．建筑业农民工收入影响因素计量分析［J］．求索，2005（6）：22-24.

[17] 苏群，周春芳．农民工人力资本对外出打工收入影响研究——江苏省的实证分析［J］．农村经济，2005（7）：115-118.

出，农民工在城市中基本处于低福利后者福利缺失状态（钱雪飞[1]，2004；吕学静[2]，2005）在对各种社会保障的诉求方面，研究表明农民工普遍认为目前最需要参加的社会保险种类按重要程度排在前三位的分别为养老保险、工伤保险和医疗保险（李群等[3]，2005）。但是青壮年农民工这一特殊人群对于参与社会养老保险并无太大的倾向，由于经济能力的制约，他们根本还没有多余的资金来为自己的养老投资（肖云等[4]，2005）

2.2.4 农民工在城市中住房现状相关研究

（1）住房状况

刘纯彬[5]（2005）在实地调查基础上分析了进城民工需要解决的10个突出问题，农民工住房问题位列第四，成为继最低工资、8h工作制、劳动保护之后亟须解决的重要问题。

针对农民工的居住现状，吴维平，王汉生[6]（2002）通过对京沪两地的流动人口住房状况调查发现，流动人口的居住状况较差。有相当一部分农民工是居住在宿舍/工棚中的，人均居住面积只有城市人口的三分之一，没有厨房和厕所，结构也不稳定，近一半的农民工对这样的居住条件并不满意。汪来杰[7]（2005）认为在一些城市中还出现的农民工居住的地缘性聚落现象应值得注意。此种聚落形式反映了农民工认同的需要，并部分地满足着其住房保障及其他保障的需求，但可能会出现越来越贫困化的现象。更加严重的是，如果城市农民工长期得不到住房保障，且一直处于低下状态，将给社会稳定带来巨大的隐患。

对于以上农民工住房属性及空间分布现状，不少学者从各个角度分析了相关原因，张建伟、胡隽[8]（2005）指出，出租屋管理不力导致治安隐患严重以及居住方式不同引发社会隔离是当前农民工城市居住问题的主要原因。李斌[9]

[1] 钱雪飞．进城农民工收入的实证分析——基于南京市578名农民工的调查［J］．南通师范学院学报（哲学社会科学版），2004（01）：46-50.

[2] 吕学静．城市农民工社会保障问题的现状与思考——以对北京市部分城区农民工的调查为例［J］．学习论坛，2005（12）：35-38.

[3] 李群，吴晓欢，米红．中国沿海地区农民工社会保险的实证研究［J］．中国农村经济，2005（3）：31-23.

[4] 肖云，石玉珍．青壮年农民工社会养老保险参与倾向微观影响因素分析——对重庆市954名青壮年农民工的调查与分析［J］．中国农村经济，2005（4）：34-39.

[5] 刘纯彬．农民工需要解决的10个突出问题［J］．人口研究，2005，29（5）：48-54.

[6] 吴维平，王汉生．寄居大都市：京沪两地流动人口住房现状分析［J］．社会学研究，2002（3）：92-110.

[7] 汪来杰．建立农民工社会保障制度的障碍及对策［J］．经济师，2005（2）：48-49.

[8] 张建伟，胡隽．居者有其屋：农民工市民化的落脚点［J］．求实，2005（9）：91-94.

[9] 李斌．社会排斥理论与中国城市住房改革制度［J］．社会科学研究，2002（3）：106-110.

(2002）依据社会排斥理论分析了包括农民工在内的弱势群体在社会保障系统内受到主流社会排斥的根源所在，指出与住房有关的制度制造排斥。汪来杰❶(2005）认为，由于存在认识障碍、制度障碍以及农民工自身的障碍，农民工的社会保障难以得到有效实施，从而，农民工住房保障也难以谈起。同时，在住宅商品化的进程中，农民工作为城市里的低收入群体，无法按等价交换的原则在市场上租房或买房。

(2）居住聚落——城中村

魏立华、阎小培❷（2005）认为当前城中村仍是吸纳进城农民工的主要途径，城中村在吸纳进城农民工方面至少存在两大优势。其一，李晓军等❸(2006）和宋国恺❹（2004）认为，由于城中村出租房的各项建造成本低廉，租金自然比较低，而农民工一般对居住环境、住宅设计、配套设施等各方面的要求都不高，因此城中村刚好迎合了农民工的消费偏好，为广大低收入农民工提供了廉价的住处和低廉的生活成本，在最低的限度上保证了他们在城市中的生存与发展。其二，宋国恺❺（2004）认为，城中村位于城市建成区，一般地，其区位和交通条件非常优越，降低了农民工务工的通勤成本。

关于城中村改造，张建勋等❻（2006）认为应当根据每个村的具体情况提出个性化的改造方案。按照每个村的农民工数量和居住状况，构建高效畅通的城乡信息交流平台，将不同层面、不同形式的农民工住房纳入法定程序并贯穿城中村转制与规划设计实施的全过程，以调解或避免城中村改造中的冲突和矛盾。切实为当地农民工提供住房保障。

(3）政府对农民工住房保障——廉租住房

莫连光等❼（2006）认为应把创新廉租住房机制作为解决进城农民工居住问题的有效手段。鼓励有条件的企业建设职工宿舍，允许集体经济组织利用集体土地建设适合农民工需求的集体宿舍和家庭式住房。此外，可由政府拿出一部分廉租住房和经济租赁房，低价出租给用工单位，再由用工单位提供给农民工居住。对一些经济效益较好的用工单位，可自建或购买政府经济适用住房，提供给职工居住。

---

❶ 汪来杰．建立农民工社会保障制度的障碍及对策［J]，经济师，2005（2）：48-49.

❷ 魏立华，阎小培．中国经济发达地区城市非正式移民聚居区——“城中村”的形成与演进——以珠江三角洲诸城市为例［J］．管理世界，2005（8）：48-57.

❸ 李晓军，彭建东，易千枫．城中村经济文化功能的再认识［J］．山西建筑，2006（1）：30-31.

❹ 宋国恺．城乡结合部研究综述［J］．甘肃社会科学，2004（2）：104-108.

❺ 宋国恺．城乡结合部研究综述［J］．甘肃社会科学，2004（2）：104-108.

❻ 张建勋，杨新民．浅谈城中村改造的问题与对策［J］．山西建筑，2006（8）：40-41.

❼ 莫连光，郭慧芳．廉租房建设的社会路径研究［J］．特区经济，2006（8）：129-130.

谢必如[1]（2006）认为，完善农民工居住条件，最根本的是完善住房供应体系。要制定相关政策，把在城市居住一定年限，有城市居民相同住房需求的农民工纳入廉租住房供应体系，让他们享受国家的廉租住房优惠政策。逐步扩大廉租住房保障范围，应当适当放宽廉租住房申请的户籍限制，允许包括农民工在内的城市流动人口，在能够提供一定时期的居住证明、住房困难证明和收入证明的情况下，申请廉租住房，以体现社会保障的公平性，并可减少户籍制度改革后产生的社会问题。另外，要调整住房供应结构，充分发挥市场机制作用，引导房地产市场供应与农民工需求相适应的住房商品。与此同时，还要积极筹划，把社会闲置房改建为农民工公寓，提供农民工集中居住，并给予税费减免等优惠政策支持。

张展新[2]（2005）认为要协调好进城农民工与当地居民之间的利益。不宜提倡以本地居民为唯一对象的特殊工程，要考虑到农民工的住房利益，在住宅区域布局上，要有利于外来农民工人口和本地人口的交流、融合。

2.2.5　如何解决农民工在城市中的住房问题相关研究

（1）不同视角的研究

来自不同研究领域的学者都表示出对农民工住房问题的关注，分别从不同角度入手研究农民工住房的解决途径。

经济学角度的研究。有学者通过建立构建包含农民工的统一住房保障政策体系的成本-效益分析框架，提出要建立包括农民工在内的城市统一住房保障体系[3]。

社会学角度的研究。吴维平和王汉生[4]（2002），邱珊[5]（2007），陈雁雁[6]（2008）等学者从社会学视角研究农民工住房问题，主要从进城农民工的再社会化和身份重构等角度，提出解决农民工住房问题的政策模式；还有些学者[7][8][9]从

---

[1] 谢必如．关于建设农民公寓的几点建议［J］．中国地产市场，2006（1）：90-92.

[2] 张展新．城中村、外来人口与城市发展——关于北京城中村改造的思考［J］．北京规划建设，2005（3）：9-10.

[3] 吕萍，周滔．农民工住房保障问题认识与对策研究——基于成本-效益分析［J］．城市发展研究，2008（3）．

[4] 吴维平，王汉生．寄居大都市：京沪两地流动人口住房现状分析［J］．社会学研究，2002（3）：92-110.

[5] 邱珊．中国进城农民工在社会化问题之探析［J］．山东省农业管理干部学院学报，2007（3）：20-21.

[6] 陈雁雁．青年务工农民居住状况与城市融入的实证分析——以南京市为例［J］．山东省农业管理干部学院学报，2008（3）：17-19.

[7] 张国胜，王征．农民工市民化的城市住房政策研究：基于国别经验的比较［J］．中国软科学，2007（12）：39-46.

[8] 张国胜．中国农民工市民化：社会成本视角的研究［M］．北京：人民出版社，2008.

[9] 刘传江，徐建玲等．中国农民工市民化进程研究［M］．北京：人民出版社，2008.

市民化的角度来研究农民工住房政策。

公共政策角度的研究。有些学者从现行土地政策的视角分析农民工住房问题存在的冲突，并分析导致该冲突的主要原因，进而提出政策调整的建议❶；还有学者基于政策过程的视角分析农民工住房问题，详细探讨了这一问题的政策逻辑。

其他研究。大多建立在现状调查的基础上，从农民工的人口学特征、就业、住房消费水平等方面进行实证分析，在分析了解决农民工住房问题的制约因素以后，提出住房政策改革的具体建议。

（2）对具体政策措施的研究

对于在政策层面上解决农民工住房问题，一些学者又提出了具体建议，如周毅❷（1998）提出发展城市的民间房地产业，提供大量价格低廉、适于农民住的房屋，为流动人口创造良好的生活环境。高慧❸（2005）认为除依靠出租外，政府应该在一些农民工集中住房紧张的区域建造一些造价低但符合基本安全卫生标准的简易住房，使广大进城农民工租住得起，改善他们的基本居住条件。刘纯彬❹（2005）建议可以在大、中、小城市建设民工经济适用房，每间 $20m^2$ 左右，若干户共用厨房和卫生间，在税费和土地等方面给予尽可能多的优惠，每套几万块钱，形成民工新村而不是贫民窟。陆强❺（2003）从社会出租住房环境标准、住房分配货币化、住房公积金制度、土地政策、二手房交易和住房租赁法规、经济适用住房制度和城镇廉租住房方面的七个方面，提出了有关城镇农民工住房政策的建议。张建伟等❻（2005）提出了解决农民工城市居住问题应该注重以下几个方面：规范房屋租赁市场，保护农民工的住房权益；构建农民工城镇住房体制，积极探索农民工住房保障制度；采取过渡性措施解决农民工居住问题；通过社区化管理融合农民工与城市社会；适应“多元多层次”的特殊需求设计农民工的住房；强化出租屋综合治理，打击违法犯罪行为等对策。李英东❼（2005）则在促进农民工在城市定居方面提出了一些基本措施，如：改革城乡二元经济体制及相关的户籍制度、社会保障制度、清除农民工进城定居的体制障碍；改革房地产制度，降低农民工进城定居的居住成本；在城市规划和城市建设中注意农民工的定居需求和创造就业岗位，为农民工进城定居提供就业保证以及政府应帮助农民工在城市实现定居等。

---

❶ 简新华，黄锟，等．中国工业化和城市化过程中的农民工问题研究［M］．北京：人民出版社，2008：69-93.

❷ 周毅．中国人口流动的现状和对策［J］．社会学研究，1998（3）：83-91.

❸ 高慧．农民工如何融入城市？［J］．社会观察，2005（9）：18、19.

❹ 刘纯彬．农民工需要解决的10个突出问题［J］．人口研究，2005，29（5）：48-54.

❺ 陆强．安居才能乐业——“农民工”的城镇住房问题探讨［J］．四川建筑，2003，23（8）：1-4.

❻ 张建伟，胡隽．居者有其屋：农民工市民化的落脚点［J］．求实，2005（9）：91-94.

❼ 李英东．阻碍农民工在城市定居的因素及其解决路径［J］．经济与管理研究，2005（2）：77-80.

2.3 总结与思考

在我国经济社会发展与快速城镇化进程中，农民工扮演着重要而特殊的角色，引起了学术界的广泛关注。相关的研究成果在展现农民工的个体生态、行为特征等的同时，也揭示了农民工形成、存在和发展所面临的体制环境及其相应影响；基于关注弱势群体的普世价值，对农民工权益维护和保障的研究也有了丰富的积累。

国外对农民工问题的相似研究起步较早，并且已有较为丰富的理论和实证研究成果，主要包括了区域间及城乡间的劳动力迁移的驱动力研究、外来人口居住状况及问题的研究以及国外解决外来人口、贫困人口的住房问题的研究等。虽然，国外研究的背景及其面对的经济社会状况与我国目前的形势有一定的差异，但是这些较为成熟的理论以及先进的研究方法和工具在分析农民工住房问题时均具有较大的参考价值。

国内关于农民工问题的相关研究涉及多个方面，主要包括农民工定居迁移行为的影响因素及作用结果、农民工在城市的生存状况、农民工的居住现状及特征等。不少学者基于广域调查，结合理论分析研究农民工相关问题，取得了良好的效果。这些研究深入揭示了在独具中国特色的城镇化进程中，农民工在迁移定居意愿、迁移行为、城市存续和发展这一逻辑过程的各个阶段所表现出的特异性，并分析了体制和非体制的因素对这一过程造成的种种影响。另外，国内的研究还从不同的研究视觉出发，对农民工住房问题的解决途径和具体对策进行了多角度的较为细致的研究，探讨在现行体制下如何改善农民工的居住条件、促进其进城定居。但由于，一方面，在我国特有的城市化、工业化进程中，农民工问题的研究往往复杂且涉及面广；另一方面，农民工群体内部存在着复杂的分异，故目前对农民工住房问题的理论研究仍不够深入，对农民工的居住现状亦缺乏一个较为宏观、全面的把握，在研究农民工住房问题的解决途径方面仍未形成一个较为系统和完善的框架体系，对具体对策的探讨仍不够细致。因此，迫切需要从我国当前的经济社会发展状况和现有的体制环境入手，将理论分析与实证调研相结合，综合考虑不同城市发展状况和不同类型农民工自身的特点，分析农民工在城市的住房选择行为特征和需求特征，并结合当前我国在探索解决农民工住房问题方面的经验，尝试构建一个较为系统的解决农民工住房问题的政策体系，探讨对农民工住房利益拓展的各种可行及可能的政策路径。

第2篇

经济分析

第3章　经济增长、农民工流动与城市住房市场

区域经济的竞争优势不仅取决于区域内自有要素资源的开发利用能力，也取决于区域外要素资源的流入。在一个开放的区域中，经济增长与发展在很大程度上受外部因素的影响，要素流动是区域经济增长与发展的巨大推动力，其中劳动力流动是区域经济增长的重要促进力量之一。传统经济增长理论中，劳动、资本、技术进步是导致经济增长的重要因素，而近些年土地要素对经济增长的贡献得到了国内外的广泛认知（丰雷，[1] 2008），国外对房地产市场的讨论中，将房地产也作为影响经济增长的重要部门，讨论其与劳动力、产出部门之间的关系。

近年来，我国城市化进程快速推进，部分地区经济发展十分迅速，吸引了包括农民工在内的大量劳动力涌入。这些长久性或临时性的迁入人口在为当地经济发展、人民生活水平改善作出巨大贡献的同时，也在城市形成了庞大的居住需求，一定程度上影响着当地的房地产市场变化。然而，对于农民工这一特殊群体，由于受其收入水平、工作性质等特性的制约，其对房地产市场的冲击也有一定的特殊性。本章旨在从总体上分析在经济增长过程中，劳动力流入对区域房地产市场的影响，并在此基础上探讨由于农民工涌入对城市住房市场产生的冲击和非正规住房市场的兴起。

3.1　经济增长、劳动力流入与区域房地产市场

Dipasquale& Wheaton在《城市经济学与房地产市场》一书中提到的三部门模型，[2] 解释了区域经济增长、劳动力市场与房地产市场之间的关系。模型将区域经济划分为三个市场：区域产出市场、区域劳动力市场和区域房地产市场，并且分别详细分析了在产出需求增加、劳动力供给增加两种导致区域经济增长的情形下，相应的区域产出市场、劳动力市场与房地产市场的变化及其之间的关系。

本文尝试运用三部门模型的基本原理，对特定的农村剩余劳动力市场以及农民工可支付的低端住房市场展开研究，从理论上探索在经济增长、农民工流动与

---

[1] 丰雷．论土地要素对中国经济增长的贡献［J］．中国土地科学，2008（12）：4-10.

[2] 丹尼斯·迪帕斯奎尔，威廉·C·惠顿．城市经济学与房地产市场［M］．北京：经济科学出版社，2002，153.

区域住房市场之间的关系。但是由于农民工这一劳动力群体的特殊属性，以及该属性制约下的住房选择的有限性，需要在初始模型的基础上针对农民工以及农民工住房的特殊状况进行模型的补充修正。

3.1.1　初始的均衡状态

假设房地产、劳动力是区域生产所需的两个要素，且之间不存在替代作用，因此，对任何单位的产出，都需要固定数量的房地产和劳动力 α_K 和 α_L，则单位产出成本 C 就是 $\alpha_K r+\alpha_L w$，其中 r 和分 w 别是使用房地产和劳动力每年的成本。图 3-1（b）、（c）两个图分别描述了区域劳动力市场和区域房地产市场，由于劳动力与房地产两要素之间没有替代性，所以其需求量仅仅依赖于产出数量，而与要素的价格无关，因此区域产出的要素需求水平以竖线表示，向上倾斜的曲线分别表示了要素的供给情况，w/p 以及 r 分别表示区域有效工资与房地产市场租金。

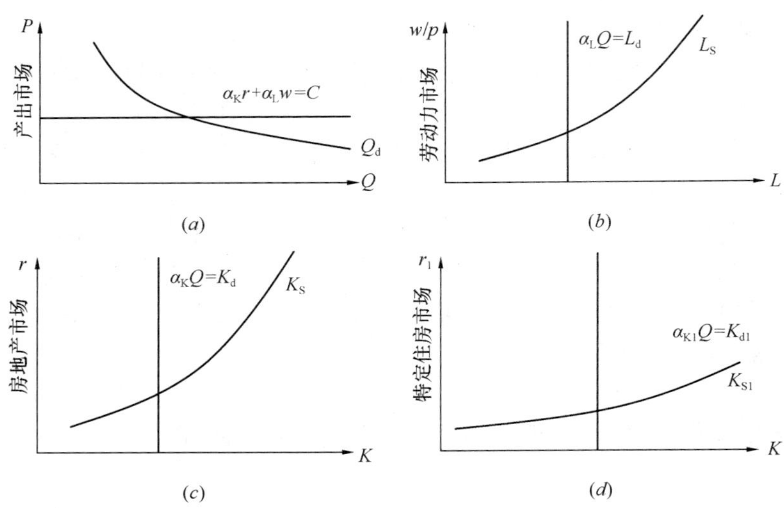

图 3-1　区域经济三部门模型

然而以上图 3-1（a）、（b）、（c）三幅图建立在包含所有劳动力类型的劳动力市场、所有物业类型的房地产市场上的。现实中农民工群体只是广大劳动力市场中的一小部分，而且这部分劳动力及其特殊，由于受收入水平的限制，往往在住房选择上十分有限，另外，大部分进城的农民工都徘徊于城乡之间，并未彻底在城市安居下来，长期也未有在城市定居的打算，因此买房置业的可能性并不大。原建设部组织在上海、深圳、重庆、北京、广州等地的抽样调查结果显示，务工人员自行租房或用人单位提供住房的比例超过 90%，自购房的不足 5%，投靠亲友等其他方式解决居住问题的约占 5%。❶ 因此，针对农民工群体的特殊性重点分析其能够支付的特定的住房市场❷，如图 3-1（*d*）所示。

图 3-1（*d*）用以说明中的供给曲线为 K_{S1}，由于农民工用于住房消费的支出十分有限，K_{S1} 的变化相对一般房地产市场的供给曲线来说更加平缓，且其对应的租金值也更低。

3.1.2　产出需求增加导致的区域房地产市场变化

需求增长是导致区域经济增长最重要的因素之一，从而影响到区域劳动力市场、房地产市场的相对变化。

在图 3-2 中，区域最初处于平衡状态，该平衡状态有三个初始值决定：Q^0 、p^0 、L^0 、w^0 、K^0 、r^0 。区域产出的需求增加首先造成第一个图中的需求曲线上移，由 Q_d 到 Q'_d 。在这种情况下，需求工资从 w^0 增加到 w' ，房地产租金也会从 r^0 增加到 r' ，于是，生产成本从 C^0 增加到 C' 。

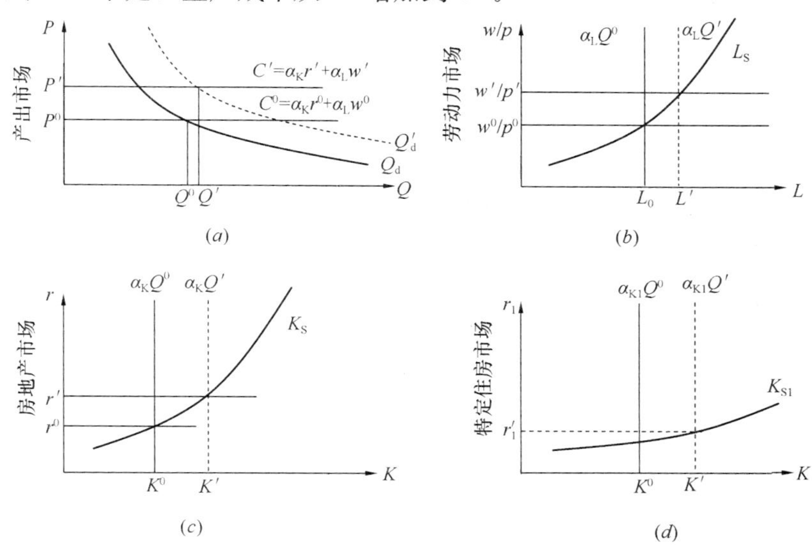

图 3-2　产出需求发生变化对区域房地产市场的影响

图 3-2（*a*）中的产出需求增长会反映在劳动力市场与房地产市场中。劳动力需求从 $\alpha_L Q^0$ 到 $\alpha_L Q'$ ，房地产需求从 $\alpha_K Q^0$ 增长到 $\alpha_K Q'$ 。为了保证增加足够的劳动力，名义工资必须增加到 w' ，而由于价格也要增加，所以名义工资的增长必须足够大，才能保证调整后的有效工资有所增长，达到 w'/p' 。同理，在房地产

❶ 国务院研究室课题组．中国农民工调研报告［M］．北京：中国言实出版社，2006：275.

❷ 这里的特定住房市场主要指大部分农民工群体的低工资能够支付租金的低端住房市场，大部分为建筑在集体土地上的农民房，多分布于城乡结合部地区或城中村，下同。

市场中，需求增长引发了房地产租金水平的增长，达到 r'。这样，就得到了新的平衡状态：Q'、p'、L'、w'、K'、r'。

图 3-2（d）中体现了区域经济增长过程中，农民工群体的迁入对特定住房市场的影响。其中 $\alpha_{K1}Q^0$ 与 $\alpha_{K1}Q'$ 为需求产出增加前后区域房地产市场中用以满足农民工住房需求的部分，区域需求增长导致住房需求曲线向右移动。但由于农民工低层次住房需求所限，需求增加导致的市场上（对应 K_{S1} 供给曲线）住房租金变动幅度较小，理论上其绝对值应低于整个房地产市场上的租金水平。

3.1.3 劳动力供给增加导致的区域房地产市场变化

要素供给的增加是区域经济增长的重要推动力量，各生产要素中除了土地不能够移动之外，劳动力、资本都是可以转移的。理论上来说，当区域内劳动力供给增加时，产品的产出价格和劳动力工资会下降，而产出数量和就业会升高；工资降低的百分比将大于价格降低的百分比，房地产需求量会相应增加，迫使租金增长。

图 3-3 中来看，劳动力供给的变化体现在图 3-3（b）中，供给曲线由 L_s 移动到 L'_s，曲线水平方向移动的距离代表了该区域新增劳动力的数量。如果产出水平保持不变，则劳动力需求也保持不变（初始状态 $\alpha_L Q^0$），有效工资会降低，且低于图上标定的水平 w'/p'。这会造成当初流入到该区域的劳动力又等量地离开该区域。不过，由于工资变低，在图 3-3（a）中生产成本降低。这样又会造成产出增加，进而增加了对于劳动力的需求，使之由 $\alpha_L Q^0$ 平移到 $\alpha_L Q'$。最终，工资仅降低到 w'/p' 的水平，这会使就业由 L_0 增长到 L'。实际上，由于生产成本降低，新来的居民中只有一部分而不是全部会被产出增长所吸收。成本之所以下

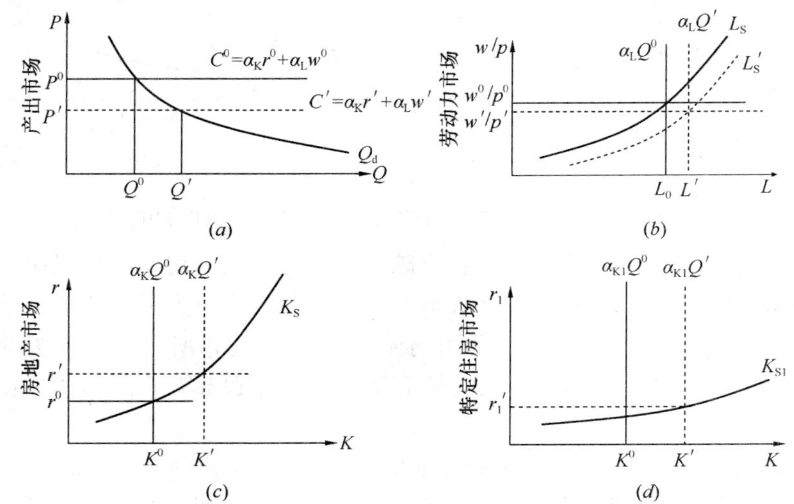

图 3-3 劳动力供给发生变化对区域房地产市场的影响

降，是因为要吸收新增的劳动力，工资必须降低。尽管区域产出价格和劳动力工资在各自的市场中都下降了，但在房地产市场中，租金水平却一定会上升。为了给新增加的劳动力和生产提供房屋，必须进行新的房地产开发。这种房地产存量扩张需要更多的土地被开发，从而迫使租金上升。

假设农民工数量与区域劳动力数量呈相同比例增长，则图 3-3（*d*）反映了农民工数量增加对特定住房市场的影响。其中 $\alpha_{K1}Q^0$ 与 $\alpha_{K1}Q'$ 为房地产市场中用以满足农民工住房需求的部分，农民工数量的增长导致住房需求曲线向右移动。但由于农民工低层次住房需求所限，需求增加导致的市场上（对应 K_{S1} 供给曲线）住房租金变动幅度较小，理论上其绝对值应低于整个房地产市场上的租金水平。与左侧图 3-3（*c*）中普通房地产市场不同的是，城市中农民工数量的增加对于住房市场价格变化影响相对较小，而这一理论结果的产生的主要原因在于农民工自身的经济与社会特征以及由经济社会特征所决定的住房需求的低层次性。

3.2　经济增长过程中农村剩余劳动力市场、城市住房市场的区域差异

上节分析了区域经济增长、劳动力流动与区域房地产市场，尤其是大多数农民工选择的特定住房市场之间的关系。但无论是经济总量还是产业结构的地区差异，都能够导致对于农民工这一特殊劳动力群体的需求差异，进而影响到以农民工为主要需求方的住房市场的变化。而在这种宏观经济背景的影响下，区域整体的房地产市场、农民工的工资等也会有所不同。本节从经济增长速度与经济增长方式两个角度出发，分析处于不同经济情境的地区其劳动力市场（尤其是农村剩余劳动力市场）、住房市场（尤其是农民工群体可支付的特定住房市场）变化的差异性，以及由此造成的农民工住房状况的差异性。

3.2.1　不同经济增速区域农村剩余劳动力市场与住房市场的差异

3.2.1.1　不同经济增速对农村剩余劳动力市场与住房市场的影响

假设有 A、B 两个地区，其初始的经济总量与产业结构都相同，产出市场的初始需求量均为 Q_d 。由于劳动力的流动性，对于经济总量与产业结构相同的地区来说农村剩余劳动力市场的供给弹性相同，表现在图 3-4（*b*）中为 L_s 的斜率相同。在经济发展过程中区域 B 的增速要快于区域 A，其产品在市场上更加受欢迎，因此一定时期内产出市场的需求曲线移动的幅度不同，分别移动至 Q_{dA} 和 Q_{dB} ，如图 3-4（*a*）所示。

假设对 A 和 B 两个区域，需求每增加一个单位所需要的农村剩余劳动力相同，均为 α_L ，在经济结构相同的情况下，区域经济增长的不同导致对农村剩余劳动力需求程度的不同，区域 A 相对于区域 B 来说对农民工的需求程度小，劳

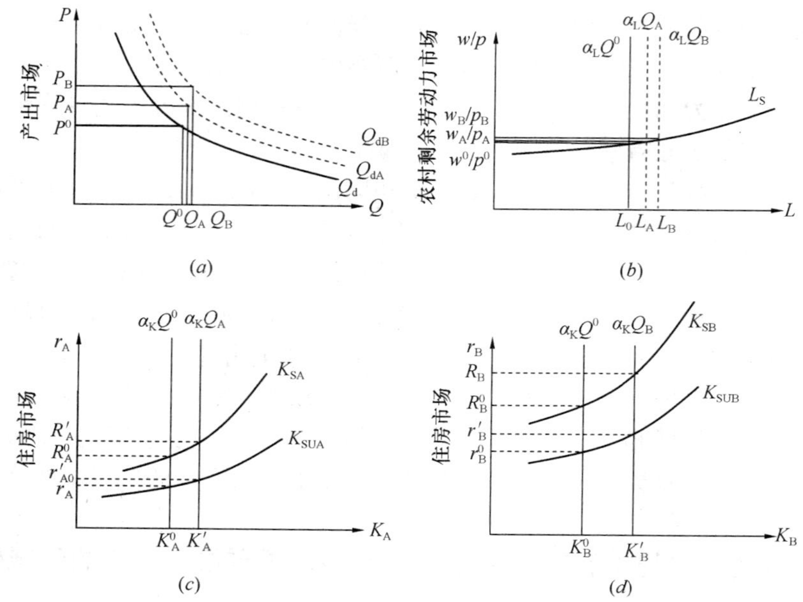

图 3-4　不同经济增速对农村剩余劳动力市场与住房市场的影响

动力需求曲线分别移动至 $\alpha_L Q_A$ 和 $\alpha_L Q_B$ ，在相同劳动力供给弹性的情况下，区域B的有效工资上升程度较大，高于区域A。但由于农民工工资的供给弹性相对较小，因此区域A与B的工资差别并不大。

经济增长速度的差异反映在住房市场上分别如图3-4（c）和图3-4（d）所示，分别表示经济增长速度相对较慢的区域A与经济增长速度相对较快的区域B住房市场变化状况。两图中斜向上方的两条曲线 K_S 与 K_{SU} 分别为一般住房市场的供给曲线与农民工可支付的低端住房市场（如城乡结合部农民房出租）的供给曲线。由于土地资源的有限性，经济增长速度较快地区房地产价格相对较高，另外涌入区域B的农民工更多，对住房的需求更加旺盛，即（$K'_B - K_B$）>（$K'_A - K_A$），因此对比图3-4（c）、（d）的初始租金水平与变化后的租金水平来看，经济增长较快的区域B无论是普通商品房市场，还是农民工可支付的低端的住房市场，其变化后租金水平均高于区域A。

总结以上分析，经济增长速度较快的地区相对来说需要更多的农民工，有效工资水平高于经济增长较慢地区，且无论是普通住房市场还是农民工可支付的低端住房市场其租金水平均比经济增长较慢地区要高。但是由于农民工工资的供给弹性相对较小，劳动力的流动性又非常强，实际上两地农民工的工资水平差别并不大。

3.2.1.2　不同经济增速地区农民工住房状况

根据以上分析可知，不同经济增速地区的农民工需求量、普通住房市场与农民工可支付的低端住房市场的租金水平都有较大差异，因此其农民工住房状况、住房需求状况也会有所不同。

图 3-5 比较了经济发展较快地区与经济发展较慢地区的农民工住房状况。其中，H_1、H_2、H_3 分别表示三类农民工住房的进入线，D_1、D_2、D_3、D_4 为不同住房状况的农民工数量。

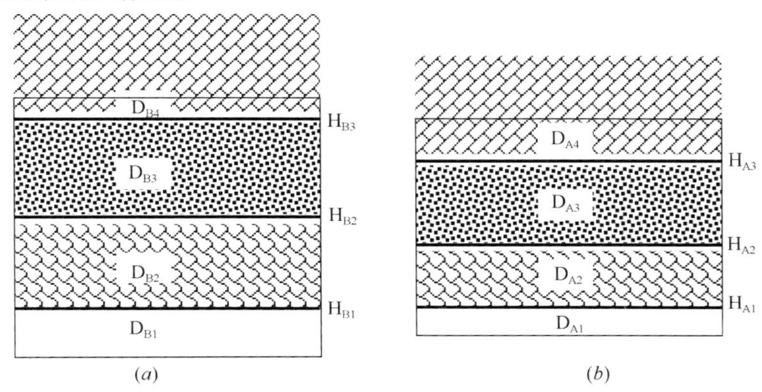

图 3-5　不同经济增速地区农民工住房状况

（a）经济发展较快地区；（b）经济发展较慢地区

H_1 为最低一级的住房准入线，表示用工单位等为农民工提供住房的准入门槛，一般情况下不需要农民工为之缴纳租金或者缴纳金额非常低。无论经济发展快慢，区域中的建筑业、制造业等从业农民工大部分住在建筑工地或者由用人单位解决住房问题，因此两个区域的 H_1 线基本处于同一水平。H_2 与 H_3 分别表示农民工可支付的低端住房市场的进入线与所在务工城市普通商品房市场的进入线。由上一节的分析可知，区域经济发展较快的地区，无论是普通商品房市场还是低端住房市场的租金都要显著高于区域经济发展较慢的地区，因此图 3-5（a）中的 H_2、H_3 线均高于图 3-5（b）图中对应的两个进入线的水平。

D_2 处于 H_1 与 H_2 之间，为依靠单位提供解决住房问题的农民工数量；D_3 处于 H_2 与 H_3 之间，为依靠低端住房市场自行解决住房问题的农民工数量；D_4 部分的农民工其经济实力达到普通商品住房进入线的水平，能够自行在务工地的商品房市场中解决住房问题。而 D_1 部分的农民工既无法通过市场途径自行解决住房，其工作单位也不具备提供住房的能力，属于住房状况最差甚至是城市中的“无家可归者”，是政府应重点关注的对象。

由于经济发展迅速地区的 H_3 线要显著高于经济发展较慢地区，即 $H_{B3} > H_{A3}$，并且根据之前分析可知二者的工资差距并不大，因此在经济发达地区能够通过正规商品住房市场解决住房问题的农民工数量相对于经济发展较慢地区来说更加少。另外根据经济增长速度对劳动力市场的冲击可知，经济发展较快地区对农民工的需求量也更大，即 $(D_{B1}+D_{B2}+D_{B3}+D_{B4}) > (D_{A1}+D_{A2}+D_{A3}+D_{A4})$，因此经济发展快速地区的 D_1 部分相对更大，即住房困难的农民工数量更多，农民工住房问题更加突出。

3.2.2　不同主导产业类型区域农村剩余劳动力市场与住房市场的差异

3.2.2.1　不同主导产业类型对农村剩余劳动力市场与住房市场的影响

农民工受自身文化程度、专业技能的制约，其在劳动力市场上有一定的特殊性。由于产业结构与就业结构之间的紧密联系，区域对农民工这一特殊就业群体的需求不仅与地区的经济总量、发展水平有关，还取决于当地的主导产业类型。一般来说，以劳动密集型为主导产业的地区对农民工的需求更加旺盛，如我国加工工业较为发达的东莞市较其他资本密集型、技术密集型为主导产业的城市来说，更需要农民工。本节的主要目的在于探讨以不同类型产业为主导产业的地区，在经济增长过程中对农村剩余劳动力市场以及住房市场的影响。为了研究的方便，简单将区域划分为以劳动密集型产业为主导产业的地区，以非劳动密集型产业为主导产业的地区。

假设两个区域的初始经济水平、增长后的经济水平以及资源禀赋（如土地资源）都是相同的，差异仅仅在于产业结构的不同。单位经济增长需要的农民工、房地产量也相同，分别为 α_L 和 α_K 。图 3-6 与图 3-7 分别表示了非劳动密集型产业主导区域与劳动密集型产业主导区域在经济增长过程中对农村剩余劳动力市

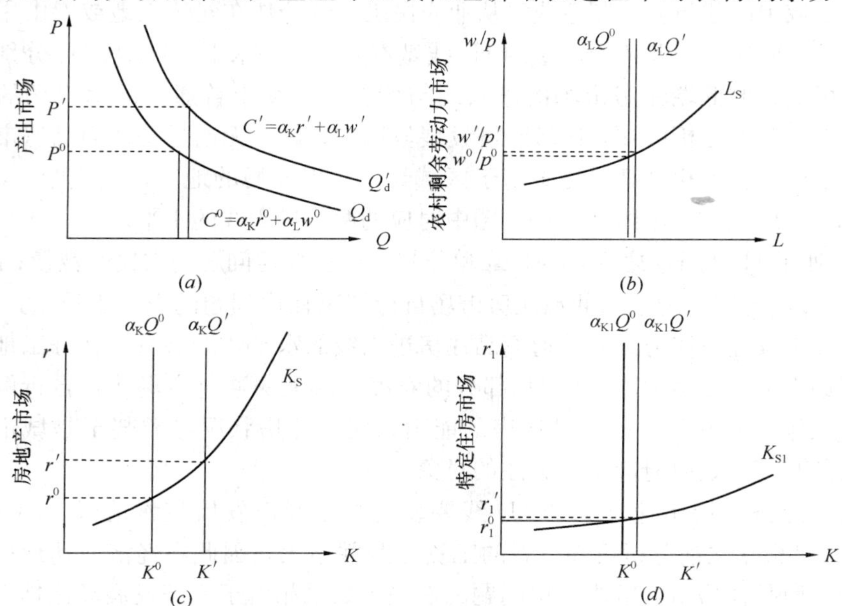

图 3-6　非劳动密集型产业主导下农村剩余劳动力市场与住房市场变化

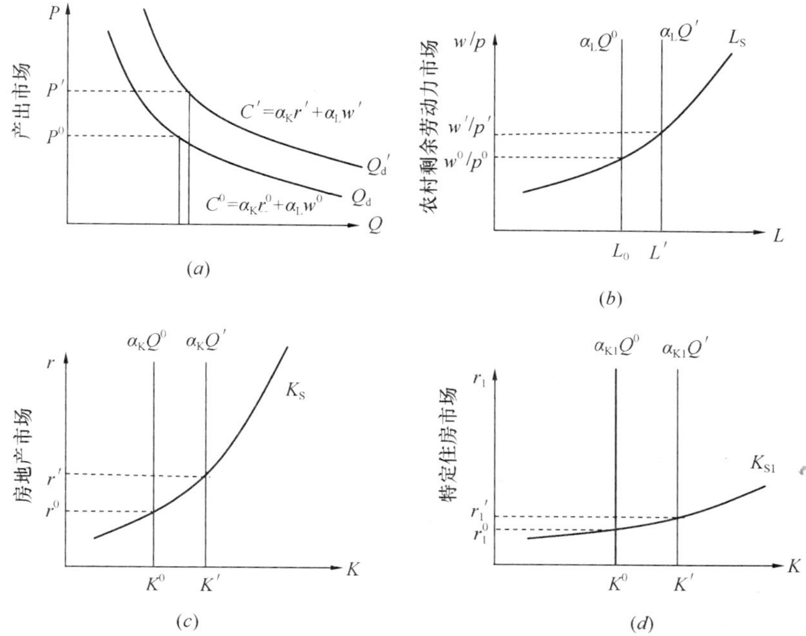

图 3-7　劳动密集型产业主导下农村剩余劳动力市场与住房市场变化

场、房地产市场，以及农民工可支付的低端住房市场的影响。

如图 3-6（*b*）中的农村剩余劳动力市场变化趋势，在相同经济增长速度、经济增长量的情况下，非劳动密集型产业主导的区域对于农民工的需求量相对较小，即需求曲线从 $\alpha_L Q^0$ 到 $\alpha_L Q'$ 的移动幅度较小，劳动力的有效工资上涨幅度也较小，从 w^0/p^0 上升到 w'/p' 。而相同的经济增长量引起的农村剩余劳动力市场的变化在劳动密集型产业主导地区有所不同，如图 3-7（*b*）中所示，其对于农民工的需求量更大，需求曲线从 $\alpha_L Q^0$ 移动至 $\alpha_L Q'$ ，移动幅度相对较大，由此引起的农民工有效工资的增长幅度也较大。

若两个地区的经济发展水平、资源禀赋条件无差异，在相同的经济增长状况下，包括普通住房市场在内的房地产市场变化趋势应该一致，表现在图中即图 3-6（*c*）和图 3-7（*c*）中的变化相同，其初始房地产租金、变化后的房地产租金相等。但由于劳动密集型产业主导地区需要更多的农民工，图 3-7（*d*）中的住房需求曲线较图 3-6（*d*）中右移幅度更大，租金的上涨也更剧烈，因此对于这类地区来说，经济增长后农民工可支付的低端住房市场租金高于非劳动密集型产业主导地区同等质量住房的租金水平。

综合以上分析，若按区域主导产业的类型将区域简单划分为劳动密集型产业主导区域与非劳动密集型产业主导区域，在相同经济增长状况的情况下，前者较后者需要更多的农村剩余劳动力资源，且农民工可支付的低端住房市场的租金水平也要显著高于后者。

3.2.2.2 不同主导产业类型区域农民工住房状况

根据以上分析可知，不同主导产业地区的农民工需求量、农民工可支付的低端住房市场租金水平都有较大差异，因此其农民工住房状况、住房需求状况也会有所不同。

图 3-8 比较了劳动密集型产业主导地区与非劳动密集型产业主导地区的农民工住房状况。与图 3-5 中的分析类似，其中，H_1、H_2、H_3 分别表示三类农民工住房的进入线，D_1、D_2、D_3、D_4 为不同住房状况的农民工数量。

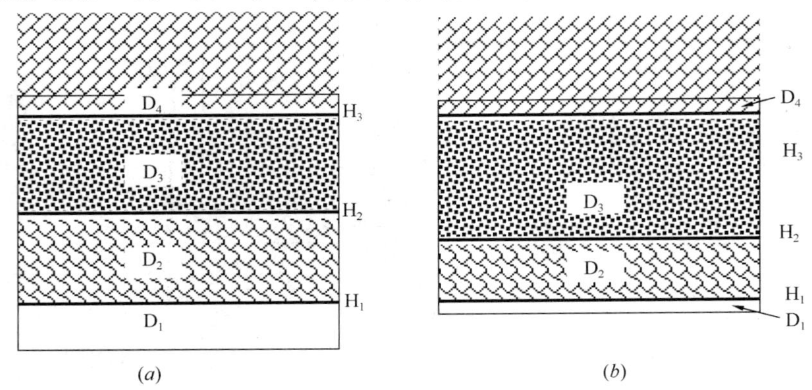

图 3-8 不同经济增长方式地区农民工住房状况

(*a*) 劳动密集型产业主导地区；(*b*) 非劳动密集型产业主导地区

H_1 为最低一级的住房准入线，两个区域的 H_1 线处于同一水平。H_2 与 H_3 分别表示农民工可支付的低端住房市场的进入线与所在务工城市普通商品房市场的进入线。由上一节的分析可知，劳动密集型产业主导地区的低端住房市场租金显著高于非劳动密集型产业主导地区，因此图 3-8（*a*）中的 H_2 线高于图 3-8（*b*）中对应进入线的水平。但基于两地区经济总量与资源禀赋无差异的假设，两者的普通住房市场的进入线水平也应一致，即两者的 H_3 处于同一水平。

D_2、D_3、D_4 分别为依靠单位提供解决住房问题的农民工数量、依靠低端住房市场自行解决住房问题的农民工数量、能够自行在务工地的商品房市场中解决住房问题的农民工数量。而 D_1 部分的农民工既无法通过市场途径自行解决住房，其工作单位也不具备提供住房的能力。

就目前现状来说，能够进入普通商品住房市场自行解决住房问题的农民工数量是很少的，通过市场途径解决住房问题的农民工大多数依然局限于低端的低租金住房（如城乡结合部地区的农民房），因此，两类型地区的 D_4 部分农民工都占据较小比例。另外根据不同产业类型对农民工的需求程度可知，劳动密集型产业主导地区对农民工的需求量也更大，即 $(D_{B1}+D_{B2}+D_{B3}+D_{B4})>(D_{A1}+D_{A2}+$

$D_{A3}+D_{A4}$），因此劳动密集型产业主导地区的 D_1 部分相对更大，即住房困难的农民工数量多，农民工住房问题相对于非劳动密集型产业主导地区来说愈加突出。

3.3　农民工涌入对城市住房市场的冲击

3.3.1　农民工对不同住房市场的冲击

3.3.1.1　正规住房市场与非正规住房市场的分割

西方经济学在讨论劳动市场的时候，提到了劳动力市场分割的概念。❶ 在劳动市场中，由于劳动力自身专业方面的巨大差异，导致劳工市场被分割，比如，医生和经济学家是两个完全非竞争性的群体。尤其对于专业性和技术性强的行业来说，需要花费大量的时间和金钱才能成为熟练的劳动者，即使医生是社会目前最紧缺的职业，也很难使从事农业生产的工人快速转变成从医人员。当人们专门从事某一特定职业时，他就成为特定的劳动力市场中的一个部分，获取对应水平的工资。住房市场与劳动力市场有着类似的特性。由于住房产品的异质性，任意两套住房之间很难是完全替代的。且伴随我国社会经济的发展，人们之间的收入存在着一定的差距，对住房的需求也越来越多样化，住房市场一定程度上也存在着分割现象，国外学者对于大城市住房市场研究已经从总量分析转向了子市场分析，以求更加准确地研究大城市住房的市场结构特征。❷ 住房市场的分割可以基于不同的角度展开，如住房自身特性、住房所面对的消费者特点❸、住房制度❹等。

消费者的差异性有很多划分标准，如根据消费者的人口统计学特征，大部分独户住宅的购买者都集中于中青年购房群体，而近些年兴起的老年住房，则为满足老年人尤其是“空巢”老人的生活、生理特性而产生的。消费者的经济特征是影响消费者住房偏好以及导致市场分割产生的重要因素，在一定程度上住房特性导致的市场分割也是由消费者的经济特性所决定的——不同类型的住房总是针对不同的消费者群体而设计销售，如中高端的住房主要针对中、高收入阶层，而中低收入阶层则是普通商品住房、小户型住房的主要消费群体。且取决于消费者自身的社会经济特性，不同的住房之间也很难发生替代：一般情况下，富人不会选

---

❶ 保罗·萨缪尔森，威廉·诺德豪斯．微观经济学（第十七版）．北京：人民邮电出版社，2003：206.

❷ 彭敏学．厦门市住房市场的空间分割及其成因解析［J］．地理学报，2010（4）：465-475.

❸ 范菊梅 顾志明．从生活方式的视角细分住宅市场的研究［J］．科技创业月刊，2008（1）：136-138.

❹ 魏建 张昕鹏．市场的制度性分割：经济适用房制度的博弈分析［J］．山东大学学报（社会科学版），2008（1）：83-90.

择居住在贫民窟中，而对于低收入阶层来说，客观上无法支付高昂的别墅费用。

本研究从农民工的社会经济特性以及住房状况出发，将住房市场划分为正规住房市场与非正规住房市场。这里的正规住房市场主要是指建设在国有土地上的商品房销售与租赁市场，而目前大城市城乡结合部地区或城中村中大量的农民出租房，以及建设在集体土地上的小产权住房，由于规划管理混乱，甚至违反了现行土地管理法，呈现出一定的非正规性，为本研究所指非正规住房市场。大量农民工生活在城市中，形成了庞大的住房需求，是城市住房消费者群体中的一个重要组成部分。然而由于农民工自身经济与社会特性的制约，其住房选择的范围十分有限，且这种局限性的选择也从侧面对正规住房市场与非正规住房市场产生了不同的影响。

3.3.1.2 农民工涌入城市对正规住房市场与非正规住房市场冲击的差别

(1) 农民工群体收入的底层性

收入水平是制约经济主体经济行为的主要因素，人类的消费以及对各种消费品的组合通常在收入水平的限制内实现。虽然目前住房作为商品被赋予了更多的内涵，但仍然是人们在城市所必需的生活资料之一，尤其对于游离在城市与农村之间的农民工群体来说，住房支出是大部分农民工的主要支出源。因此，考察城市化进程中农民工对城市住房市场的影响，要以对农民工的收入水平考察为基础，进而分析其对城市住房市场变化所产生的影响。

现阶段城市居民的收入来源越来越多样化，金融资产、房地产等的增值收益在家庭收入中的地位愈发重要，工资收入的重要性正相对降低。但是，对于在城市中谋生存的大部分农民工，工资仍为其最重要的收入来源。西方经济学认为，造成工资差异产生的一个重要原因在于人们的劳动质量存在巨大差别，这种差别可追溯到人们先天的智力和体力、教养、所受的教育和培训、工作经历等方面的差异。[1] 正如图3-9所示，不同教育经历的劳动力形成了显著的收入分层现象，对于高中肄业生，无论小时工资额还是工资随工龄的增长幅度来看，受教育程度较低的劳动者的小时工资数都远小于受教育程度较高的劳动者。2009年农民工监测调查报告显示，农民工高中以上文化程度仅占总体的23.5%，大部分农民工为初中文化程度水平。[2] 在知识经济时代，教育水平的低层次性决定了大部分农民工只能从事报酬相对较低的工作，获得相对较低的工资报酬。

表3-1反映了课题组在西安市与东莞市调研中所获取的当地绝对数量较多的服务业农民工和绝对数量较多的制造业农民工的收入分层情况，并将其与城市居

---

[1] 保罗·萨缪尔森，威廉·诺德豪斯．微观经济学（第十七版）．北京：人民邮电出版社，2003年：204.

[2] 国家统计局农村司．2009年农民工监测调查报告．http://www.stats.gov.cn/tjfx/fxbg/t20100319_402628281.htm.

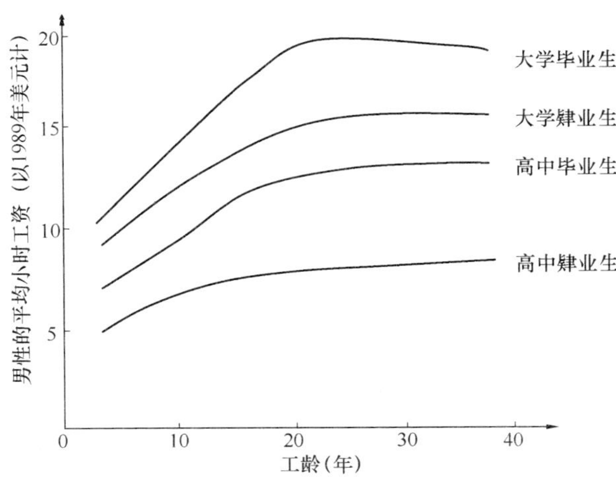

图 3-9　教育与经验带来的收入优势

注：引自保罗·萨缪尔森，威廉·诺德豪斯、微观经济学（第十七版）. 北京：人民邮电出版社，2003 年，P204.

民的月人均可支配收入进行比较。

西安市和东莞市代表类型农民工收入分层情况　　**表 3-1**

西安市				东莞市			
收入区间	频次	百分比（%）	累计百分比（%）	收入区间	频次	百分比（%）	累计百分比（%）
<400	25	5.88	5.88	<600	10	5.46	5.46
400～500	48	11.29	17.18	600～700	21	11.48	16.94
500～600	85	20.00	37.18	700～800	33	18.03	34.97
600～700	124	29.18	66.35	800～900	61	33.33	68.31
700～800	83	19.53	85.88	900～1000	31	16.94	85.25
800～900	41	9.65	95.53	1000～1100	18	9.84	95.08
≥900	19	4.47	100	≥1100	9	4.92	100.00
城市居民人均可支配收入	853.75 元/月			城市居民人均可支配收入	2252.08 元/月		

数据来源：西安市和东莞市的调查问卷。

从表 3-1 中可以看出，两地农民工收入分层的基本情况类似，这说明不同职业、不同地域的农民工收入分层情况存在相似性，不同农民工基于其先天禀赋、后天获致不同所形成的职业分层、收入分层与地域的经济及社会发展状况无关。同时，两地农民工的总体收入水平较低，大部分农民工的收入低于当地居民的月人均可支配收入，且对于经济水平较为发达的东莞市来说，农民工与城市居民之间的收入差距更大。这种收入水平的底层性一定程度上制约了农民工的住房消费水平及其选择范围，从而对不同类型的住房市场产生了不同程度的影响和冲击。

（2）农民工对不同住房市场的冲击结果

正如上文所述，农民工群体的收入底层性很大程度上决定了其住房选择，从而对不同类型住房市场产生差异性的影响。图 3-10 展示了城市中的农民工群体对正规住房市场与非正规住房市场的冲击程度。

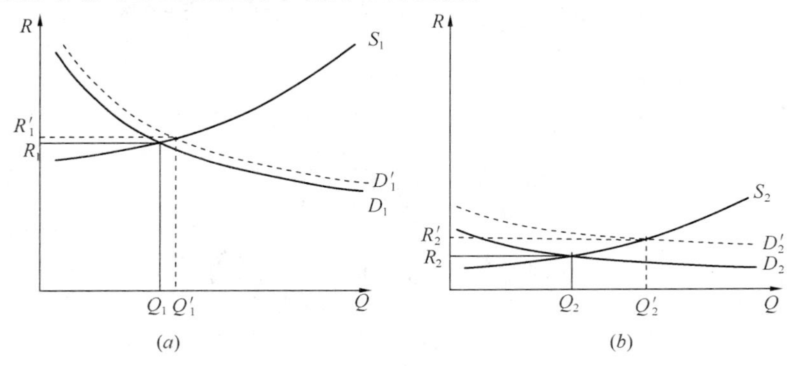

图 3-10　农民工对两类住房市场的冲击

（a）正规住房市场；（b）非正规住房市场

上图基于以下两点假设：住房市场可简单分为正规住房市场与非正规住房市场；正规住房市场的租金要显著高于非正规住房市场。

由于收入水平的限制，可进入正规住房市场的农民工数量十分少，租金是农民工群体首要考虑的因素，因此大部分农民工都会选择居住在租金相对低廉的非正规住房市场中。当由于人口迁移或区域经济增长导致地区农民工数量增加时，住房需求也会相应上升，正规住房市场与非正规住房市场中的住房需求曲线会相应向右移动，即分别从 D_1 处移动至 D'_1 处，D_2 处移动至 D'_2 处，对应的住房需求量分别从 Q_1 增加到 Q'_1，Q_2 增加到 Q'_2。由于经济特性的制约，增加的农民工中能够进入正规住房市场的仍然十分有限，即正规住房市场中由农民工需求增加导致的住房需求增加量要远远小于非正规住房市场中农民工需求增加导致的住房需求增加量，图 3-10（a）中的 Q'_1-Q_1 比图 3-10（b）中的 Q'_2-Q_2 要小。

在供给一定的情况下，需求曲线的右移导致正规住房市场与非正规住房市场中的租金均有不同程度的上升，但是由于正规住房市场需求的增加较为微弱，因此对正规住房市场来说，其租金的上升幅度也较小。与之相比，非正规住房市场中住房需求的增加相对较大，租金上升幅度也更大。但是由于非正规住房市场中住房的质量、居住环境等与正规住房市场都存在相当大的差距，因此无论在租金增长前还是增长后，其租金水平都应显著低于正规住房市场。

3.3.2　农民工对正规住房市场冲击的有限性

3.3.2.1　农民工购房意愿及影响因素

课题组在成都市调研中就农民工的购房意愿进行了调查，设计的相关问题包括被调查者的购房意愿，不考虑购房的原因，宅基地的放弃意愿以及进城定居意愿。

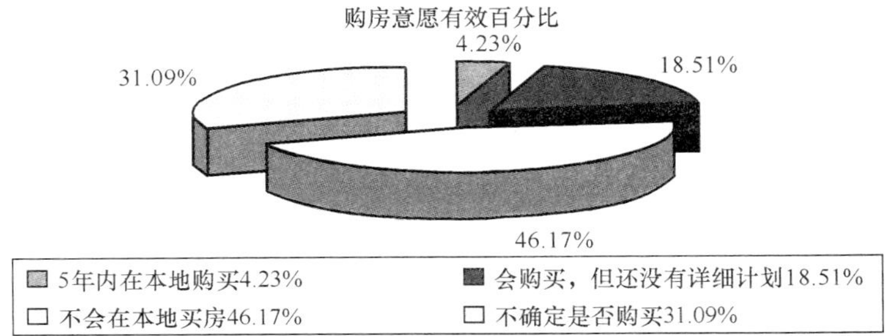

图 3-11　成都被调查农民工购房意愿

数据来源：成都市调查问卷。

由图 3-11 所示，46.17%的农民工不会考虑在成都购买住房，31.09%的农民工目前尚未确定是否买房，约 22.74%的农民工计划在成都购房，但仅有 4.23%计划在 5 年内买房，其余的还没有详细的购房计划。由此可看出，成都农民工的购房需求微弱。另外，表 3-2 亦表明，绝大多数农民工即使能够在成都定居，也不会放弃其宅基地的使用权，或者留着，或者出租，仅有 6.18%的农民工表示会将其宅基地及住房卖掉。在被调查的农民工中，仅有 10.97%有进城定居的意愿，超过一半的农民工表示以后会回到村里，另还有 36.65%的农民工不确定是否会在城里定居。综合以上分析可知，农民工这一群体的进城定居、购房的意愿较小，即使现在在城里务工生活，他们对于土地却依旧有着很浓的依恋情节，城市归属感不强。而成都目前针对农民工的住房优惠政策中，一个推进城乡

成都被调查农民工宅基地放弃意愿及进城定居意愿　　表 3-2

项　　目	属性	有效频数	有效百分比
宅基地放弃意愿	卖掉	54	6.18%
	租出去	118	13.50%
	留着	702	80.32%
进城定居意愿	过几年回村里	172	19.46%
	年纪大了回村里	291	32.92%
	不回村里	97	10.97%
	不确定是否回村	324	36.65%

数据来源：成都市调查问卷。

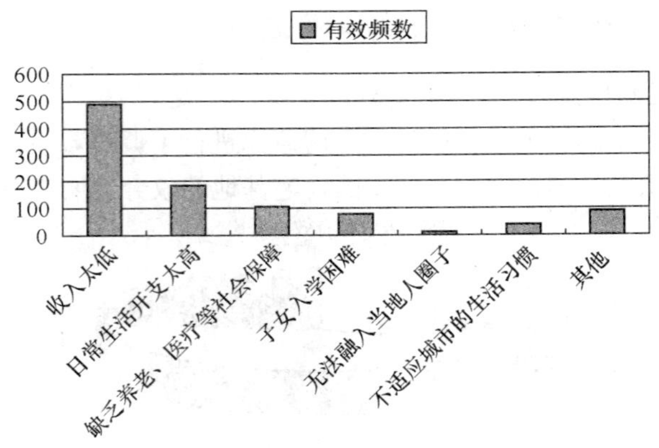

图 3-12　成都被调查农民工不计划在城里购房的原因构成

数据来源：成都市调查问卷。

统筹的主要途径便是让他们放弃在农村的宅基地和农地，换得城里的住房和社保，以促进其进城定居。根据现阶段成都农民工的进城定居、购房意愿以及其对宅基地的态度，该途径的有效性值得商榷。

进一步分析发现，多数农民工不在城里购房的主要原因是收入太低。实地访谈的结果也证实，不少农民工表示在城里买不起房的最主要因素并不是房价太高，而是收入太低。有 184 人认为主要原因是城里日常生活开支太高，另外分别有 109 人和 81 人认为在城里生活缺乏各项社会保障以及子女入学困难是影响他们在城市定居的因素。除此之外，还有无法融入当地人圈子、不适合城里生活习惯等原因。由此可得出，众多成都农民工不计划在城里购房的主要原因是他们的购房消费能力不足以及缺乏社会保障机制等。因此，政府相关部门在制定政策时，可考虑从源头上解决农民工的进城定居问题，如增加就业机会，提高工资水平，完善社会保障机制等。

3.3.2.2　理论与实证分析

（1）理论分析

根据上述描述统计结果，我们发现成都农民工的购房需求并不强烈。一般地，影响购房需求的因素众多，如收入水平、家庭结构、定居意愿等等。另外我们认为在成都这类农民工政策实施前沿的城市中，对各项住房优惠政策以及社会保险等政策的了解程度亦会对购房选择产生一定的影响，即对已出台的各项优惠政策了解得越多，进城定居购房的意愿越强。因此可建立成都农民工购房意愿的影响因素模型。经济模型如式（3-1）所示。

成都农民工购房意愿＝（年龄，婚姻状况，进城务工时间，收入水平，进城定居意愿，对住房优惠政策的了解程度，对社会保障等制度的了解程度）（3-1）

理论上，首先，收入水平是决定购房意愿的主要因素，购房意愿一般随着收入水平的增高而增强。其次，随着年龄的增加，储蓄水平相应提高，购房消费能力随之提升，对购房的需求亦增强；但另一方面，在农民工人群中，年轻人较年长者更倾向于在城市定居，由此带来一定的住房需求。因此，年龄对于购房意愿的影响的最终方向取决于这两种作用力量的对比。再次，婚姻状况在理论上与购房意愿有着一定的关系，未婚的农民工往往选择租房的形式，其购房需求较小。第四，进城务工时间的长短对购房意愿有着一定的作用，时间越长，定居购房的意愿越大。第五，进城定居意愿直接影响购房的意愿，两者在理论上呈正相关关系。最后，对住房优惠政策和社会保险等政策的了解程度在理论上亦会对住房需求产生一定的影响，对这些优惠政策了解得越多，购房的意愿越大。

（2）模型构建

由于此次调研所获得的成都农民工购房意愿及其各项影响因素的数据均为分类离散数据，因此采用有序 Probit 模型进行计量分析。模型的具体形式如式（3-2）所示。

$$\Phi_i = \beta' X_i + \varepsilon_i, i = 1, 2, \cdots n \tag{3-2}$$

其中，β' 为参数向量，X_i 为诸购房意愿影响因素（$x_1 \sim x_6$）构成的向量，ε_i 为随机误差项，符合标准正态分布。因为 y_i 为分类变量，因此定义 Φ_i 为一个潜变量，它是 y_i 的映射，且符合普通最小二乘法条件，即：

$y=0$，如果 $\Phi_i \leqslant \alpha_1$；$y=1$，如果 $\alpha_1 < \Phi_i \leqslant \alpha_2$；$y=2$，如果 $\alpha_2 < \Phi_i \leqslant \alpha_3$；$y=3$，如果 $\Phi_i > \alpha_3$。

自变量与各因变量的赋值如表 3-3 所示。

采用极大似然法对该序数 Probit 模型进行估计，分析软件为 STATA 10.1。估计结果如表 3-4 所示。

（3）结论与建议

由表 3-4 可看出，模型的总体估计效果较好（$P=0.0000$），在 7 个自变量中，年龄、婚姻状况、收入水平以及进城定居意愿对因变量具有显著性的影响，其中除收入水平的显著性水平低于 5%之外，其余三者的显著性水平均低于 1%。进城务工时间以及对住房优惠政策和各项社会保险等政策的了解程度没有通过显著性检验，即他们对成都农民工的购房意愿没有显著影响。对模型的具体解释如下：

由估计系数可知，随着年龄的增加，成都农民工购房的可能性下降，结合之前的理论分析可知，年龄主要是通过影响进城定居意愿而不是购房支付能力来影响购房需求的，即年轻人较年长者更倾向于以后在城市定居立足，而年长者由于对老家有着更强的依恋，其进城务工的主要目的是提高收入而并非定居城市。

购房意愿影响因素模型各变量的赋值　　**表 3-3**

变量	变量名	取值范围	变量赋值	
Y	购房意愿	0～3	0	不会在本地买房
			1	不确定是否购买
			2	会购买，但还没有详细计划
			3	5 年内在本地购房
X_1	年龄	0～4	1	22 岁以下
			2	23～37 岁
			3	38～50 岁
			4	50 岁以上
X_2	婚姻状况	0、1	0	无配偶
			1	有配偶
X_3	进城务工时间	1～3	1	1 年以内
			2	1～3 年
			3	3 年以上
X_4	收入水平	1～5	1	少于 500 元
			2	500～800 元
			3	800～1000 元
			4	1000～1200 元
			5	1200 元以上
X_5	进城定居意愿	0～3	0	过几年回村里
			1	年纪到了回村里
			2	不确定
			3	不回到村里
X_6	对住房优惠政策的了解程度	0～5	共 5 项住房优惠政策，对一项政策了解计为 1，不了解计为 0，累积求和	
X_7	对社会保证等政策的了解程度	0～11	共 11 项社会保障政策，对一项政策了解计为 1，不了解计为 0，累积求和	

数据来源：成都市调查问卷。

成都农民工购房意愿模型估计结果　　表 3-4

y 成都农民工的购房意愿							
	年龄	婚姻状况	进城务工时间	收入水平	进城定居意愿	对住房优惠政策的了解情况	对社会保障等政策的了解情况
β值	−0.3900	0.3213	−0.0114	0.0783	0.3671	0.0273	0.0087
Std. Err.	0.0638	0.1076	0.0511	0.0340	0.0462	0.0374	0.0127
z	−6.110	2.990	−0.220	2.300	7.950	0.730	0.690
P>|z|	0.000	0.003	0.824	0.021	0.000	0.466	0.493
模型的拟合度指标：Log likelyhood=−883.92168；Prob>chi2=0.0000							

数据来源：成都市调查问卷。

从估计结果来看，已婚的成都农民工较未婚的有着更强的购房需求。这与理论预期相吻合，说明了家庭的组建对购房需求有正的影响。

收入水平对购房意愿亦有着正的影响，即收入水平越高的农民工打算在城里买房的可能性越大。这亦符合了理论预期，即购房作为消费支出的重要组成部分，其与收入水平正相关。

进城定居意愿与购房意愿正相关。由此可说明，农民工计划在城里购房与否与其定居城市的心理有关。

进城务工时间对购房意愿无显著影响，这与之前的理论预期不符。由此说明在现实生活中，并非务工时间越长的农民工其打算购房的可能性越大。

成都农民工对各项住房优惠政策以及社会保险等政策的了解程度对其购房意愿均无显著作用。这反映这些政策在实际施行过程中对促进农民工进城定居并没有发挥出应有的作用。这可能是由于农民工对这些政策的公平有效的实行以及普及持怀疑的态度。

3.4　非正规住房市场的兴起——供需双方利益一体化的实现过程

城乡结合部地区尤其是城中村，是进城农民工首选的居住地区。原建设部调研组在对上海、重庆等地的实地调研中发现，有一半以上的务工人员租住在城乡结合部或“城中村”的农民房中，深圳地区有大约 300 万务工人员居住在城中村及其他违章建筑中。[1] 关于城乡结合部、城中村这类非正规住房市场的产生与存在，尤其是其与流动人口之间的相互依存关系，国内学者展开了大量的研究。黄公元（1998）认为对农民来说，城乡结合部的进入障碍相对较小，流动成本相对较低；李培林[2]（2003）则认为类似于“城中村”这样的非正规住房市场是土地和房屋租金收益刺激所产生的，而这种中国特色现象存在的根源则是我国几十年

[1] 国务院研究室课题组．中国农民工调研报告［M］．北京：中国言实出版社，2005：275.

[2] 黄公元．城乡结合部的流动人口［J］．杭州师范学院学报，1998（1）：119-124.

的城乡分割的二元制度。❶

事实上，非正规住房市场的产生与繁荣，不仅仅是农民工群体在住房选择过程中单一方面作用的结果。城中村、城乡结合部地区出租住房的农民并不是外来农民工的被动接受者，一定程度上与租住非正规住房的农民工群体有着天然的利益关系。在我国长期二元分割的体制下，非正规住房市场的产生与存在，是以农民工为主的外来务工人员与当地社会互有需求、互相选择、互相交换资源的利益一体化形成过程。这样的利益共同体，正是目前城市改造过程中农民反抗情绪强烈，改造阻力重重的重要诱发因素之一。本部分研究，从住房供需双方利益一体化过程的视角出发，分析农民工大量涌入城市对城市非正规住房市场，尤其是对城乡结合部地区、城中村住房租赁市场所产生的影响。

3.4.1 农民工个体特征制约下的城市住房市场选择

3.4.1.1 经济特征制约下的农民工住房市场选择

对于需要到城市住房市场上获取住房资源的农民工而言，住房消费支出是农民工在城市务工期间的主要消费之一。上文分析中已经提到，大部分农民工的收入水平处于社会底层，低收入成为制约农民工住房选择的重要因素。课题组在成都调研时就农民工对政府廉租住房最关心的问题进行了调查，结果如图3-13所示，租金高低是农民工群体进行住房选择时考虑的首要条件。在这种租金支配下的住房选择过程中，农民工通常很少对低劣的居住环境作出强烈反映，租金甚至可能成为农民工在住房市场中考虑的惟一要素。课题组在唐家岭调研中曾问被访农民工“唐家岭拆迁了你们打算去哪儿住?”几乎所有的受访者都向调研员表示“哪便宜去哪”。

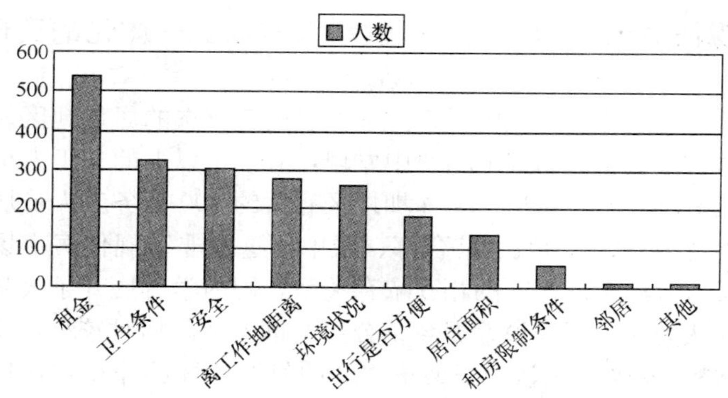

图 3-13 成都农民工对廉租房关注因素

数据来源：成都市调查问卷。

❶ 李培林主编．中国进城农民工的经济社会分析［M］．北京：科学文献出版社，2003：55.

相对于大部分农民工的低收入水平与低租金选择标准，城市正规住房市场的进入门槛显然是过高了。有调查显示，北京市城中村的平均住房租金为 320.84 元/m^2，而最近的正规住房的平均租金为 2829 元/m^2，后者几乎为前者的 9 倍。[1]城市正规住房市场中不断攀高的住房价格与租金将低收入的农民工群体逐渐推向了城市边缘，城乡结合部以及城中村以其十分廉价的住房成本对广大农民工形成了强大的吸引力，逐渐成为以农民工为主的外来流动人口的主要聚居地。

另外，大部分农民工从农村进入城市都抱着十分朴素的功利心理，其务工动机十分明确和简单，就是为了挣钱，为了养家糊口，为了让自己或家人过上更好的生活。尤其对于老一代农民工来说，他们定居城市，甚至是长期居留城市的意愿都非常弱，挣了钱后他们仍然会回到农村去，只是城市的短暂过客。在唐家岭调研访谈中，农民工 ZDW 说："像我这样的年纪，老了也不可能留在北京，趁着现在能干活，好好存一点儿钱，只希望能让我小孩多念点儿书。我到北京来，就是要多挣钱。"城市归属感很大程度上影响了农民工的住房租赁行为与住房消费支出。大多数农民工城市归属感弱，他们对于务工期间的生活水平并不十分在意。住房消费对于农民工属于绝对的刚性需求，且需求弹性非常小，农民工收入的增加在一定范围内并不会引起其在住房消费方面支出的增长，他们中的大多数都不太会考虑努力储蓄在务工地的正规住房市场租赁或购买房产的问题。非正规住房市场上低廉的租金为他们节省了大量的城市生活成本，满足大部分农民工在城市务工的原始动机。

3.4.1.2　社会特征制约下的农民工住房市场选择

农民工对非正规住房市场的选择，并不完全源于低廉的租金，大量可供租用的房屋和经营用地、城乡结合部地区在城市中所处的边缘位置以及这种位置所带来的种种资源和人文环境，为刚进入大城市的农民工群体提供了一个广阔的中间过渡地带，满足他们各种城市规范制度所不能提供的生存环境与发展空间。

首先，农民工对自我身份的认同影响其住房市场的选择。在我国长期实行严格区分的城乡户籍制之后，农民工陆续进入城市工作，但城市居民与农民在资源分配上的身份标识依然存在，除极少数到城里务工时间比较长的农民工外，大多数农民工更倾向于认可自己的农民身份，并依然在自己和市民之间架起了一道篱笆。农民工这种自我身份的定位，使他们与市民在心理上有屏障，而更倾向于与农民生活在一起，城中村和城乡结合部农民房成为他们进入城市的首选。这在一定程度上能够解释，为什么大多数农民工进城后更倾向于居住在城中村而非城市内的地下室。另外，农民工对身份的认同也会影响其聚居习惯。不论是从原有的

---

[1] Zhang Bo. Housing in Beijing Urban Villages and Migrants' Income Patterns [C]. Second International Postgraduate Conference on Infrastructure and Environment, 1-2 June 2010, Hong Kong, China, Volume 2: 191.

集中居住的生活习惯来看，还是在相对陌生的城市生活环境中，农民工更趋向于与原本熟悉且同质的乡友毗邻，农民工在城市中都会倾向于聚居于人文环境与农村较为类似的非正规住房市场中，以至形成“浙江村”、“新疆村”等特殊形态的新的居住群落。

其次，农民工对城市社会的适应影响着对住房市场的选择。进城后，有的农民工不太适应城市人的生活习惯，甚至比较排斥。一位河南籍外来务工人员这样描述他 20 世纪 80 年代刚到北京时候的经历：“刚出北京站我就蒙了，都是楼房、汽车，我口袋里就剩下汽车票钱，不敢在城里待着，直奔立水桥。那会儿那里也土的很，我找着个打地坪的工作，管住，我这心里才踏实些。”多数外来人口都提到这样的经历：“碰上个过节，开个会啥的，我们就猫在住的地方不出来，安全！外面都是大盖帽，一进城就抓。”[1] 本课题组在唐家岭调研中，也有受访农民工 ZRQ 跟调研员表示：“这里（指唐家岭）住着多方便啊，周围有卖吃的，剪头发的，澡堂子，都在一起，不像城里头，找个厕所都要走半天。”

农民工的社会特征使得多数农民工不太在意居住环境和条件，很多人依然保留着农村生活习惯，对于城市住房的居住环境和条件不太在意。课题组在成都市、西安市和东莞市的调研结果都显示，大多数农民工居住在空间狭小的房间内，有些人只需租一张床即可在城市生存。因此，虽然城中村或城乡结合部的非正规住房的条件相对较差，安全隐患严重，但是对于农民工群体来说，非正规住房市场低廉的租金、适宜的生存环境为这些奋斗在大城市中的农民工生存提供了重要的安身立命之所，在当前背景下是他们通过市场途径解决在城市住房问题的必然选择。

3.4.2 本地农民资产性收入实现的主要途径

根据国家统计局的定义，居民的财产性收入是指金融资产或有形非生产性资产的所有者向其他机构单位提供资金或将有形非生产性资产供其支配，作为回报而从中获得的收入。[2] 例如通过家庭拥有的动产（如银行存款、有价证券等），以及不动产（如房屋、土地等）所获得的收入。自从党的十七大首次明确提出“创造条件让更多群众拥有财产性收入”以来，居民的财产性收入，尤其是农民的财产性收入得到了社会的广泛关注。已有研究表明，农民的收入主要来自于四个部分：家庭经营收入、工资性收入、转移性收入、财产性收入，但是财产性收入所占份额相对较小，不到全部收入的 3%。[3] 由于农村的金融机构单薄，投资渠道狭窄，农民自身资金量的不足以及对金融知识的相对缺乏，从长远来看，盘

[1] 李培林编著. 中国进城农民工的经济社会分析［M］. 北京：社会科学文献出版社，2003：229.

[2] 彭屹松，伍中信. 财产权利视角下居民财产性收入的提高［J］. 求实，2010（6）：49-53.

[3] 程国栋. 我国农民的财产性收入问题研究［D］. 福建师范大学博士学位论文，2005.

活农村的土地与住房市场，理应成为显化农民资产性收入的主要途径。

收入来源的有限性使得本地农民能够主动接受外来的农民工群体，房屋租赁成为城市边缘区农村居民收入的重要来源。在此过程中，本地农民展现给外来务工人员的是相对于城市居民轻松很多的社会关系，并且在相互选择的过程中渐渐结合成一种紧密的利益共同体，使得类似于城中村这样的非正规租赁市场得以在城市中长期存在。就像 2000 年时广州市市长在接受记者采访时所提到的，"'城中村'改造需要一个很长的时间，有的可能要花一两代人的时间，并不是三年、五年、十年可以改造好的。"[1] 本研究从农民租赁房对农民资产性收入的贡献以及参与市场竞争的福利效用两个方面，基于供给方收益的角度分析供需双方的利益捆绑对非正规住房市场兴起的作用。

城乡结合部以及城中村在地理方面的优势，吸引了大量外来务工人员，尤其是输出地生活环境与之类似的农民工群体在此居住，大大繁荣了城市中的非正规租赁市场。部分城中村中已无地可耕，出租住房收入成为农民的主要经济来源，被形象地称之为"瓦片经济"。虽然这种收益方式在一定程度上暴露出了大量的社会问题，就像一些学者在研究中所提到的"外来人口的膨胀，内面的出租屋成为黄赌毒的温床，'超生游击队'的藏身之穴……这些和现代城市的生态、整洁和舒适都是大相径庭的……"[2] 但也必须看出，在现阶段农民房的出租，的确为当地农民的资产性收入增加做出了重大贡献，是非正规住房市场得以产生与存续的客观条件。

以下采用中国人民大学课题组《北京农村居民居住质量及租赁现状分析》报告[3]中的部分数据，说明农民房屋出租对当地农民资产性收入的贡献。

3.4.2.1　农民房屋出租的整体情况

2006 年北京全市有房屋出租的农户占农普总户数的 10.04%，最高的顺义区天竺地区农户出租比例为 49.31%，其出租房屋建筑面积占拥有住房建筑面积的 33.78%。

在出租的农民房中，绝大多数承租者为外省市人口，其租赁面积占全部出租建筑面积 4531 万平方米的 94.83%，丰台区宛平城地区、平谷区刘家店乡和密云区石城镇的出租住房建筑面积 100%出租给外省市人。

全市房租为主要收入来源的户数占农普总户数的 1.79%，排名前三位的分别是：顺义区天竺地区 15.76%、海淀区四季青乡 12.18%、朝阳区将台

---

[1] 李培林主编. 中国进城农民工的经济社会分析［M］. 北京：科学文献出版社，2003：56.

[2] 马中柱. 改造"城中村"是建设现代化城市的需要［J］. 广东精神文明通讯，2000 年第 87、88 期专刊.

[3] 本报告为中国人民大学"北京市第二次全国农业普查资料开发应用课题研究项目"课题组部分研究成果。

乡10.02%。

北京市农民房出租整体情况　　表3-5

序号	指标名称	数据区间	平均值
1	有房屋出租的户数	0.06%～49.31%	10.04%
2	面积出租率	0.03%～33.78%	7.05%
3	外省市占全部出租面积的百分比	0%～100%	94.83%
4	房租收入是住户收入的主要来源	0%～15.76%	1.79%

数据来源：中国人民大学课题组《北京农村居民居住质量及租赁现状分析》报告。

从全市的总体情况来看，农民有房出租户数、房屋的面积出租率以及房租收入是主要收入来源的户数所占比例均比较低，农民通过出租房屋所获的资产性收入水平仍很低。但是单就近郊区来看，尤其是城乡结合部地区或者城中村中，农民房的出租比例相当高，有些城中村的农民已不再从事农业劳作，其家庭收入几乎全部来自于出租住房的收益。

3.4.2.2　出租收入对本地农民资产性收入的贡献

为了进一步探究出租房屋与农民资产性收入的关系，本研究对部分区县的有房出租户数百分比，是家庭收入主要来源的户数百分比、村集体收入、外省市人口租赁百分比等指标进行了相关性分析。可得如下结论：

有房屋出租的户数百分比从空间上来看基本表现为城市功能拓展区（19.11%）>城市发展新区（8.49%）>生态涵保护区（3.22%），即离北京市区越远，有房屋出租的户数百分比越低。将有房屋出租的户数百分比与非农业是家庭收入主要来源的户数百分比进行相关性分析发现，二者之间的相关性最强。同时与年末外来人口中外省市人口的户数（$R2=0.5157$）和本乡镇全年村集体收入（$R2=0.5629$）亦呈现出较强的相关性。

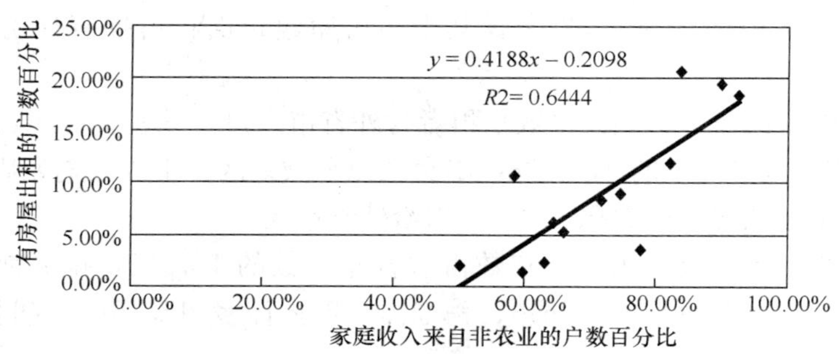

图3-14　有房屋出租的户数与非农业是家庭收入主要来源的相关性

数据来源：中国人民大学课题组《北京农村居民居住质量及租赁现状分析》报告。

面积出租率从空间上来看基本表现为城市功能拓展区（12.75%）>城市发展新区（5.84%）>生态涵保护区（1.96%），即离北京市区越远，面积出租率越低。从区县层面数据的相关性分析发现：面积出租率与非农业是家庭收入主要来源的户数百分比的相关性最强。同时与年末外来人口中外省市人口的户数（$R2$=0.707）、年末外来人口的户数（$R2$=0.6251）和本乡镇全年村集体收入（$R2$=0.5744）亦呈现出较强的相关性。

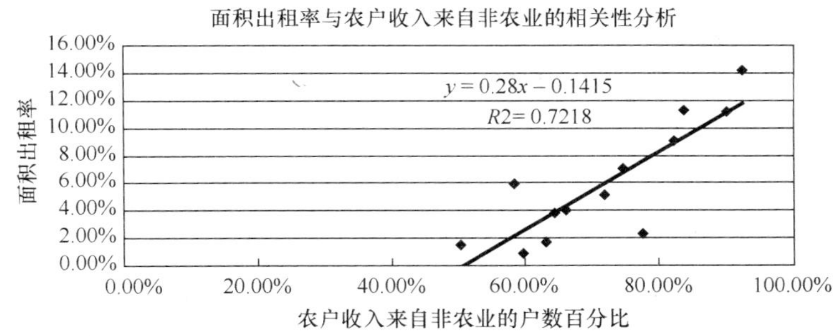

图3-15　面积出租率与农户收入来自非农业的相关性

数据来源：中国人民大学课题组《北京农村居民居住质量及租赁现状分析》报告。

房租收入是主要来源的户数百分比也基本呈现出城市功能拓展区（4.35%）>城市发展新区（1.12%）>生态涵保护区（0.28%）的特点，即离北京市区越远，房租收入是主要来源的户数百分比越低。从区县层面数据的相关性分析发现，房租收入是主要来源的户数百分比与非农业是家庭收入主要来源的户数百分比的相关性最强。

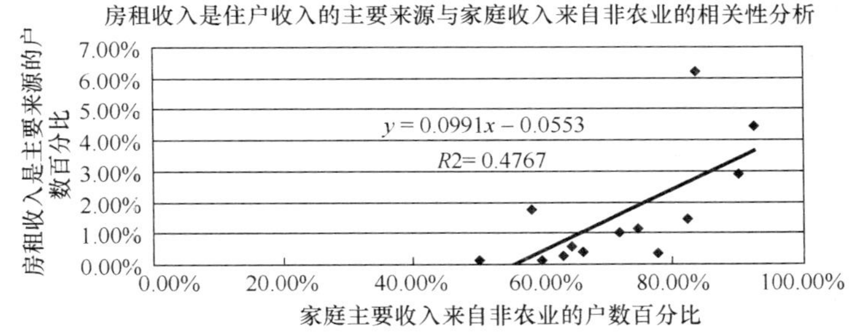

图3-16　房租收入是主要收入与家庭收入来自非农业的相关性

数据来源：中国人民大学课题组《北京农村居民居住质量及租赁现状分析》报告。

外省市人租房面积占全部出租住房面积的百分比在空间上亦呈现出城市功能拓展区（97.36%）>城市发展新区（94.31%）>生态涵保护区（74.51%）的特征，离北京市区越远，外省市人租房面积占全部出租面积的百分比越低。出租房屋主要由外省市人租用，就全市不讲，占出租面积比例高达94.83%。从区县层面数据的相关性分析发现，外省市人租房面积占全部出租住房面积的百分比与非农业是经营和工资收入的主要来源户数百分比相关性最强。

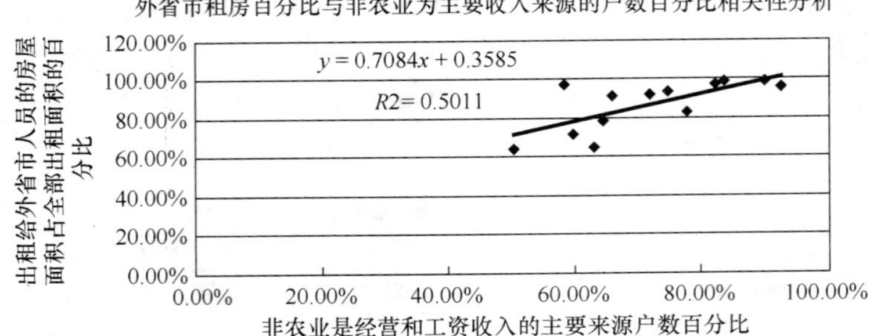

图 3-17　外省市租房百分比与非农业为主要收入的相关性

数据来源：中国人民大学课题组《北京农村居民居住质量及租赁现状分析》报告。

总结以上结论可以发现目前北京市农民房出租存在明显的规律性：首先，离北京市区越远，农村住房租赁水平越低，城乡结合部地区相对于远郊区县，非正规住房租赁市场更加活跃。其次，农村住房的租赁水平与农民的非农业收入、村集体收入、外来户数和外来外省市人户数呈现出较强的相关性，印证了上文所提农民房出租是当地农民实现资产性收入的主要途径。

对出租收入的依赖使得大部分城乡结合部的农民都对政府的拆迁改造持强烈反对态度。正如课题组在唐家岭拆迁改造前夕进行的调查反映的那样，由于拆迁改造，大部分原来居住于此的房客已经搬出了这个地区，截断了当地农民的主要收入来源，对他们的生活水平造成了很大的影响。一个村民举例：他家里建了30套出租屋，现在连10套都没有租出去。更有村民表示：当地许多家的房子都是贷款建设的，甚至有的人借的是高利贷。

正如前文所论证，非正规住房市场的兴起，是农民工群体与当地农民利益一体化的必然结果。在当前农民收入来源窄、资产性收入实现困难情况下，农民房的出租使农民个人与集体经济组织都从中获取了可观收益。对于本地农民来说，大量的外来务工人员不是“入侵”群体，而是与其利益一体化的捆绑者。在供需双方利益最大化的过程中，以城乡结合部地区为典型的非正规住房市场才能够得以存在和发展。

3.5　本章小结

本章将农民工住房问题置于经济增长与人口迁移的宏观背景下进行探讨，并着重在从理论上分析经济增长、农民工迁移以及城市住房市场之间的关系。确定探讨区域经济差异性增长过程中农村剩余劳动力市场与住房市场变化趋势，以及农民工涌入对城市中不同住房市场冲击的分析框架。

通过研究本章主要结论如下：

(1) 区域产出市场、劳动力市场、房地产市场三部门之间相互关联。在区域产出需求增加引起经济增长的情形下，劳动力与房地产的需求量都相应增加，从而引起工人的名义工资与区域房地产租金的上升。在劳动力供给增加引起经济增长的情形下，产品的产出价格和劳动力工资会下降，而产出数量和就业会升高，房地产需求量会相应增加，迫使租金增长。在以上两种情形下，单独考虑农民工可支付的低端住房市场，价格的上升较为有限，且最终租金低于区域住房市场的平均水平。

(2) 对比经济增速不同地区的农村剩余劳动力市场与住房市场差异发现，经济增长速度较快的地区相对来说需要更多的农民工，有效工资水平高于经济增长较慢地区，且无论是普通住房市场还是农民工可支付的低端住房市场其租金水平均比经济增长较慢地区要高。但是由于农民工工资的供给弹性相对较小，劳动力的流动性又非常强，实际上两地农民工的工资水平差别并不大。

(3) 对比经济增速不同地区农民工的住房状况可见，经济增速较快地区农民工住房需求总量更大，但无论是农民工可支付的低端住房市场租金进入线还是普通商品房的租金进入线，经济增速快的地区均高于经济增长慢的地区，即农民工依靠市场方式自行解决住房问题较为困难，地区内农民工住房困难的问题相对经济增速慢的地区更加突出。

(4) 比较主导产业存在差异的两个地区，若按主导产业的类型简单划分为劳动密集型产业主导产业与非劳动密集型产业主导产业，在相同初始经济总量、相同经济增长速度情况下，前者较后者需要更多的农村剩余劳动力资源，且农民工可支付的低端住房市场的租金水平也要显著高于后者。

(5) 对比劳动密集型产业主导地区与非劳动密集型产业主导地区的农民工的住房状况可见，劳动密集型产业主导地区的农民工住房需求总量更大，但农民工可支付的低端住房市场租金进入线高于非劳动密集型产业主导地区，地区内农民工住房困难问题相对更加突出。

(6) 受低收入水平的制约，农民工在城市中的住房选择十分有限。若将住房市场区分为正规住房市场与非正规住房市场，在供给一定的情况下，大量农民工涌入城市对两种城市住房市场有不同程度的冲击。对正规住房市场来说，其租金的上升幅度也较小。与之相比，非正规住房市场中住房需求的增加相对较大，租金上升幅度也更大。

(7) 通过购房意愿分析农民工对城市正规住房市场的冲击发现，大部分农民工在城市都无购房打算，且农民工在城市的购房意愿受年龄、婚姻状况、收入水平、进城定居意愿的影响较为显著。随着年龄的增加，成都农民工购房的可能性下降；已婚的成都农民工较未婚的有着更强的购房需求；收入水平越高的农民工打算在城里买房的可能性越大；进城定居意愿与购房意愿正相关。

（8）非正规住房市场的产生与繁荣是农民工与本地农民利益一体化的形成过程。由于农民工这一特殊群体在身份认同感上更倾向于认为自己是“农民”身份，无论在经济层面还是社会层面目前对城市生活的适应性都不足，大部分农民工的城市定居意愿与归属感都不强，因此城乡结合部或城中村中聚居是农民工从自我角度出发的最优选择。另外，通过对北京市的农业普查数据的统计分析也发现，本地农民的有房出租户数、面积出租率、出租收入是家庭主要收入来源比例与出租给外省市人员的百分比四个指标与非农业是家庭收入主要来源之间的相关性较强。农民房的出租已成为当地农民实现资产性收入的主要途径。非正规住房市场的发展符合供需双方的共同利益。

第4章　农民工住房需求的地区差异

住房是农民工在城市的基本生活资料之一。短期而言，一个城市或地区农民工住房总需求、地区解决农民工住房问题的压力，主要由流入当地的农民工数量所决定；长期而言，还取决于该区域农民工迁移趋势，即本地的劳动力市场是否能够吸引，或者多大程度上吸引当地或外地的农民工进入。由于我国各省市间社会、经济发展的不平衡，农民工的迁移也呈现出显著的地域分异特性，探讨农民工群体的迁移特征与地域分异则是显化住房需求地区差异的前提。本章旨在以地区对于农民工的吸引力与吸纳力为切入点，采用引力模型模拟不同地区、城市间农民工的流向与流量特征。并以产业结构与就业结构关系的探讨为基础，量化不同产业对于劳动力的吸纳力，最后以吸引力、吸纳力为坐标，分析我国农民工住房需求差异的现状与未来发展趋势。

4.1　地区差异的衡量标准——吸引力－吸纳力模型

目前我国各地的社会经济水平差异较为显著，由区域差异导致的农民工分布及迁移规律十分明显。如2009年农民工监测调查报告显示，外出务工仍以东部地区为主，且外出农民工更倾向于选择地级以上大中城市工作。[1] 这种地区社会经济发展的差异客观上影响了农民工的分布现状及未来的迁移规律，进而导致了各地农民工住房供需矛盾的异同。

世界银行在《2020年的中国》中开宗明义："当前中国正经历两个转变，即从指令型经济向市场经济转变，以及从农村、农业社会向城市、工业社会转变。"[2] 在这一过程中，最基本的表现在于人口向城市的集中、产业结构由第一产业向二、三产业转移、城市现代化水平提高等等。经济发展水平及其产业结构一定程度上决定了该地区的人民生活水平高低、劳动力需求程度、劳动力需求结构等方面的差异。以产业结构和经济发展水平两方面指标来度量地区差异，能较为全面地反映出促使农民工转移的经济环境的差别，也正是我国区域之间经济发展水平与工业化发展水平的落差，造成了农民工的跨区域迁移现象的产生。

---

[1] 国家统计局农村司.2009年农民工监测调查报告.http：//www.stats.gov.cn/tjfx/fxbg/t20100319_402628281.htm

[2] 世界银行：《2020年的中国》.北京：中国财政经济出版社，1997：1.

4.1.1 经济增长对农民工的吸引力

劳动力的迁移是一种社会经济现象，其空间决策的前提在于，个体或群体对所在区域的经济、社会状况不满和对所选区域的认知。一般情况下，对所在区域的劳动和生活条件的不满程度越大，并且对区域之间的收益差别了解越多，空间流动的可能性就越大。在经验研究和理论研究中，确定区域之间的收益差别的主要指标有：收入、工资水平、生活成本、就业结构、提供的工作岗位、城市化水平、居住状况、文化设施、社会地位等。❶ 而事实上总结起来，一个地区的经济水平越高，以上衡量标准则相对更有优势。纵观国内外，经济越发达的地区，往往城镇化水平越高，二、三产业所占比例相对更大，就业机会更多，人民生活更加富足，城市基础设施建设愈发完善，文化生活丰富多彩。经济发达地区与落后地区之间的经济落差客观上对人口形成了一种强大的吸引力，促使劳动力从经济落后的地区向经济发达的地区转移，从而寻觅更好的经济环境与较大的发展空间。

现代西方关于迁移的经济增长理论模型（Economic Growth Model）将迁移看做现代化和经济增长的一个原因，有时候也将其看做是结果。这个模型将已有的和潜在的就业机会基本上看做发展水平与速度的一个函数，就业机会的多少对迁移的作用很大，迁移之所以被看成是经济因素决定的，其原因就在于迁移无论出于什么目的，在迁移以后都必须在经济上有保障以维持生存，而最安全的保障就是就业。西方经济增长过程包含着“繁荣”与“衰退”的周期，经济增长理论模型认为在经济周期性波动和迁移量之间存在着紧密的联系。经济增长理论模型最有影响力的代表人物是D·S·托马斯和S·库兹涅茨，他们在1957～1964年论述了上述理论模型，其发表的三卷巨著《人口再分布与经济增长：1870～1950年的美国》证明这一时期美国的人口再分布是全美及不同区域不同经济增长的结果。❷

目前我国各地的经济发展水平差异非常大，由于极化效用的存在，大量资源包括农民工在内的劳动力资源涌入经济发展水平较高的地区，使得这些地区现存的农民工数量较多，也是目前农民工住房供需矛盾较为突出的地区。以经济发展水平作为衡量农民工住房需求的地区差异标准之一，能够从宏观上把握各地人口迁移势能的高低，了解农民工区域分布现状的差异，进而为分析农民工住房需求总量的地区差异提供理论基础。

本研究尝试将地区对农民工的吸引力量化，以衡量大规模乡-城迁移的输入

❶ 陈秀山 张可云. 区域经济理论［M］. 商务印书馆，2005：305-306.

❷ 李竞能编著.《现代西方人口理论》［M］. 上海：复旦大学出版社，2004：150.

与输出规律。此处所指吸引力，是相对的指数概念，在一定假设的基础上，衡量该地区对农民工迁移的吸引程度。

4.1.2　产业发展对农民工的吸纳力

产业转移梯度理论认为：客观上存在经济与技术发展的区域梯度差异；客观上存在产业与技术由高梯度地区向低梯度地区扩散与转移的趋势。地区间经济发展的差距表示在图上如图 4-1 所示，若将全国各区域的经济与技术发展水平表示在图上，然后将数值相同的点连接成线就能够得到一张区域经济梯度图。图 4-1 较清晰地反映了地区间的产业发展状况，梯度陡峭的地方区域经济差异就更大，区域缓和的地方，区域经济差异相对较小。区域间的经济梯度差异总是存在的，只是差距大小的问题，区域间经济梯度的存在，是产业发生转移的基础。

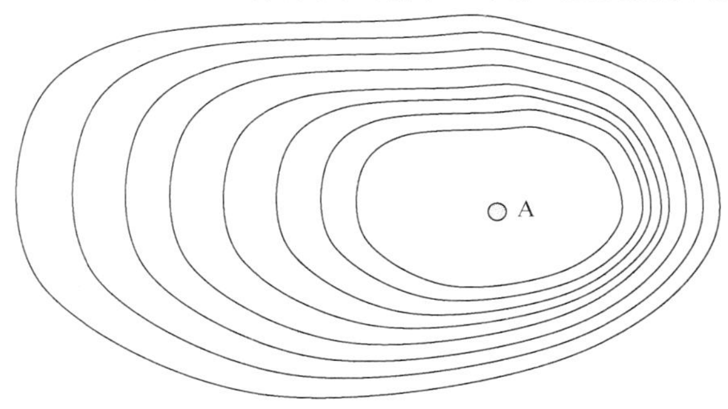

图 4-1　区域经济梯度图

由于区域经济梯度差的存在，产业和技术总是从高梯度地区向低梯度地区扩散，促进了区域关系的协调与区域经济优化布局。伴随产业与技术的转移，发达地区的产业结构进行了调整和升级，避免产业过度集中造成新兴产业与衰退产业在资源上的竞争，而产业承接地区往往是经济相对落后的地区，一些传统产业的转入有利于降低生产成本，促进地区的经济发展，提高劳动力就业水平。

而伴随着这种产业的转移与地区产业结构的调整，劳动力的就业结构也发生了深刻的变化。劳动力是生产过程中的重要投入要素之一，在产业结构不断优化、升级的过程中，与之相对应的劳动力结构即就业结构必然发生配置的变化，引起就业结构的转换。根据经济发展的经验，产业结构的变化一般遵循以下规律：第一产业的比重将下降，第二、三产业产值比重逐步上升，且到一定阶段，第三产业将超越第二产业成为主导产业。产业结构发生变化的最直接后果就是劳动力从第一产业向第二产业转移，最终大量集中于第三产业中。

根据以上所述，产业结构与就业之间存在着紧密的联系，产业和技术总是从梯度高的地区向梯度低的地区扩散。各地区的产业规模、产业结构直接决定了该地区能够容纳的劳动力总数以及劳动力之间的结构，比如劳动密集型的产业更需要大量的制造业工人，服务业较为发达的地区从事服务业的农民工也相应较多。选择产业发展、产业结构作为地区差异的衡量标准，不仅能反映出现今各地对于农民工的容纳力，从长远来看，产业结构的调整、变更引起的区域劳动力数量与结构的变化，更动态地反映了未来该地区可能的农民工数量与结构，进而为研究未来该地区的农民工住房决策提供了依据。

本研究尝试将地区产业发展对农民工的吸引力量化，以衡量农民工的区域分布规律。此处所指吸纳力，是在一定假设的基础上，模拟出的该地区产业总量与产业结构状况下农民工的分布数量。

4.2 经济增长对农民工的吸引力——农民工的迁移规律

4.2.1 研究假设与模型构建

（1）研究假设

本部分研究基于以下三点假设条件：

第一，地区间经济发展水平的差异，在一定程度上决定着农民工的流向。收入差距预期是决定农民工地区迁移的主要因素，可分为两种，城乡收入差距预期与地区收入差距预期。前者是导致农民工脱离农业劳动，从农村迁移至城市的主要因素，而后者则是进入城市后的农民工进行地区间再选择的根源。

第二，农民工的流量与地区的农民工密切相关。通常一个地区农民工数量越多，其向外迁移的农民工数量也越多。

第三，农民工迁移时的地区选择，与距离因素密切相关。人们都倾向于在离自己居住地较近的地方工作，现阶段对于依然“离土不离乡”的农民工，在自己家乡附近的地区务工是更好的选择。

第四，基于数据和地区代表性考虑，以省为单位进行分析。

（2）模型构建

基于以上假设条件，本文根据引力模型的基本形式构建地区间农民工流向与流量的研究方程，如公式4-1所示：

$$G_{12}=(D_1-D_2)\times\frac{m_1\times m_2}{r^2} \tag{4-1}$$

式中：G_{12}指地区1与地区2之间的农民工迁移引力，D_1、D_2分别为两地的经济密度[1]，m_1与m_2为两地的农村人口数量，r为两地之间的距离。即省1、2之间的农民工迁移引力受以下几个因素影响：两省之间的经济密度差异，若差值为正，省

[1] 经济密度此处用地均GDP表示，其中土地面积为该地区土地利用面积。

1 为迁入地，反之省 1 为迁出地；两省之间的农村人口数量越多，流量越大[1]；两省之间的距离[2]。

4.2.2　农民工流向的初步分解——迁入地、迁出地的划分与分级

通过以上模型计算，可得出一个 31×31 的矩阵（矩阵结果略），矩阵元素 G_{ij} 即为第 i 个地区对第 j 个地区的吸引力，判断一个地区是农民工迁入地还是迁出地主要看 ΣG_{ij} 的正负。ΣG_{ij} 为正的地区对于外地农民工的吸引力大于外地对于本地农民的吸引力，即人口净流量为正值，该地区为农民工迁入地；反之，ΣG_{ij} 为负的地区人口净流量为负值，该地为农民工迁出地。各省（自治区、直辖市）的农民工吸引力如表 4-1 所示：

31 省（市、区）农民工吸引力　　**表 4-1**

序号	地区	吸引力	序号	地区	吸引力
1	江苏	22939.49	17	黑龙江	−594.63
2	上海	9490.95	18	云南	−869.58
3	山东	8830.43	19	内蒙古	−1270.83
4	广东	3638.13	20	广西	−1353.90
5	北京	2672.51	21	宁夏	−1511.51
6	天津	2583.83	22	贵州	−1692.52
7	浙江	2280.81	23	陕西	−1779.40
8	重庆	569.94	24	湖南	−2064.05
9	辽宁	−15.33	25	四川	−2291.12
10	西藏	−36.08	26	湖北	−2606.23
11	新疆	−122.06	27	山西	−3399.62
12	青海	−139.98	28	甘肃	−3540.98
13	海南	−169.46	29	江西	−3714.60
14	吉林	−474.05	30	河北	−4895.16
15	河南	−567.00	31	安徽	−19322.78
16	福建	−575.24			

数据来源：《中国统计年鉴 2008》。

以表中数据来看，江苏省、上海市、山东省、广东省、北京市、天津市、浙江省、重庆市，共 8 个地区为当前我国农民工的净迁入地，而剩余的 23 个地区为农民工的净迁出地区。

将迁入地按照对农民工迁移吸引效应的大小排序并分为三级，可得如下地区吸引力等级：

一级农民工吸引地区：江苏、上海、山东；

二级农民工吸引地区：广东、北京、天津、浙江；

[1] 由于农村各个地区农村剩余劳动力的数据无法获取，因此，本研究以农村人口总数来表征农村剩余劳动力的数量。

[2] 两省之间的距离以两省省会城市之间的距离表示。

三级农民工吸引地区：重庆。

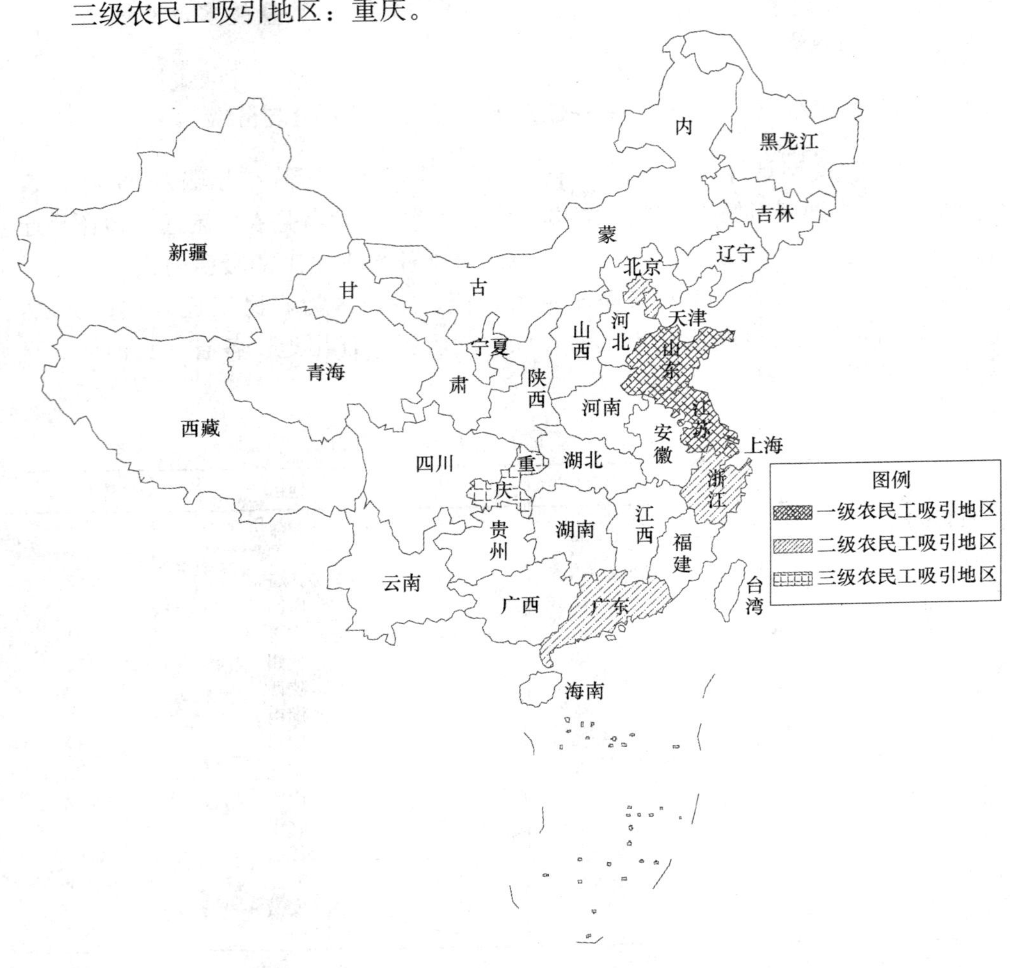

图 4-2 农民工迁入地吸引力分级

将 23 个净迁出地区按照负引力指数从小到大排序，并按序列划分为三级，有如下结果：

一级农民工溢出地区：安徽、河北、江西、甘肃、山西、湖北、四川、湖南；

二级农民工溢出地区：陕西、贵州、宁夏、广西、内蒙古、云南、黑龙江、福建；

三级农民工溢出地区：河南、吉林、海南、青海、新疆、西藏、辽宁。

从农民工吸引力地区和农民工溢出地区来看，直辖市、东部经济发达地区对于农民工有较强的吸引力，而其他的中西部地区大都为农民工的净迁出地区。一方面，该结果与模型的假设条件等因素相关，另一方面，农民工迁入地集中于少

图 4-3　农民工迁出地溢出效应分级

数几个地区说明我国经济发展的不平衡也导致了人口流动的不平。少数地区集中大量的农民工群体必然给当地的社会经济等环境带来压力，造成治安、住房、交通等一系列的问题。

4.2.3　农民工省际间流向与流量及现实验证

（1）省际农民工流向与流量

根据引力模型的结果矩阵及每个矩阵元素 G_{ij} 的大小，即可判断吸引地 i 的主要农民工来源地。从横向来看，每一行均为该城市对其他城市的农民工吸引力。若吸引力为正值，则表示该地区相对于其他地区为迁入地，若吸引力为负值，则表示该地区相对于其他地区为迁出地。

根据各级农民工吸引力地区及其所对应的 G_{ij}，可知各农民工净迁入地区主要的农民工主要来源地如表 4-2 所示：

省际农民工流向表 表 4-2

农民工迁入地吸引力级别	省（市、区）名称	农民工主要来源地
一级农民工吸引地区	江苏	安徽、江西、河南、湖北、湖南
	上海	江苏、浙江、安徽、江西、山东、河南、湖北、湖南
	山东	河北、山西、河南、安徽、湖北
二级农民工吸引地区	广东	湖北、湖南、广西、四川、贵州
	北京	河北、山东、河南、山西、内蒙古
	天津	河北、山西、山东、河南
	浙江	安徽、江西、湖南、河北、河南
三级农民工吸引地区	重庆	四川、贵州

（2）模型结果的现实检验

以上农民工的流向与流量规律、各地区净迁入与净迁出的划分是基于一定假设基础上的模型计算结果，因此可能与现实存在一定的偏误。为了对模型结果进行验证，本部分以2005年1%人口抽样调查数据位基础，对农民工迁移规律的计算进行现实检验。

分省流动人口在全国流动人口中所占份额（单位：%） 表 4-3

现住地省份	输入人口			跨省输出人口	净迁移❶
	全部输入人口	省内输入人口	跨省输入人口		
全国	100	100	100	100	
北京	2.94	0.12	6.78	0.83	5.95
天津	1.04	0.07	2.36	0.52	1.84
河北	2.48	3.03	1.74	2.42	−0.68
山西	1.45	1.91	0.82	1.19	−0.37
内蒙古	2.16	2.72	1.4	1.98	−0.58
辽宁	3.86	5.08	2.21	2.31	−0.1
吉林	1.63	2.39	0.6	0.73	−0.13
黑龙江	2.27	3.36	0.79	1.32	−0.53
上海	5.17	2.16	9.26	1.16	8.1
江苏	8.15	7.93	8.46	5.52	2.94
浙江	8.31	5.31	12.39	4.93	7.46
安徽	2.52	3.86	0.69	7.73	−7.04
福建	5.68	5.7	5.66	4.22	1.44
江西	2	3.1	0.5	4.86	−4.36
山东	5.05	6.9	2.53	4.39	−1.86
河南	2	3.06	0.55	6.23	−5.68
湖北	2.75	4.11	0.91	5.72	−4.81
湖南	3.03	4.79	0.64	4.77	−4.13
广东	20.65	11.83	32.64	7.88	24.76
广西	1.99	2.92	0.73	5.28	−4.55
海南	0.69	0.77	0.58	0.47	0.11
重庆	1.3	1.74	0.7	3.56	−2.86
四川	3.88	6	1	11.27	−10.27
贵州	1.72	2.42	0.76	3.44	−2.68

❶ 最后一列为课题组计算，具体为跨省输入人口与跨省输出人口之差。

续表

现住地省份	输入人口			跨省输出人口	净迁移❶
	全部输入人口	省内输入人口	跨省输入人口		
云南	2.48	3.12	1.61	1.95	−0.34
西藏	0.08	0.07	0.08	0.07	0.01
陕西	1.49	2.03	0.75	2.78	−2.03
甘肃	0.74	1.05	0.32	1.33	−1.01
青海	0.38	0.48	0.25	0.21	0.04
宁夏	0.33	0.41	0.23	0.32	−0.09
新疆	1.76	1.55	2.05	0.61	1.44

数据来源：段成荣，杨舸. 中国流动人口状况——基于2005年全国1%人口抽样调查数据的分析[J]. 南京人口管理干部学院学报，2009（4）：5-9，15。数据时间节点为2005年11月1日。

从最后的净迁移量来看，北京、天津、上海、江苏、浙江、福建、广东、海南、西藏、青海、新疆为净迁入地，包含了农民工迁移模型计算所获得的6个最终净迁入地区，山东省、重庆市有出入。其次，净迁入、净迁出量的具体大小存在一定差异。但考虑到人口抽样调查包含全部的人口迁移类型，与本研究的研究对象存在一定差异。因此可以认为该模型的计算分析结果具有一定的现实性。

4.2.4　农民工省内迁移的影响因素

（1）省内人口迁移影响因素

然而由于数据的限制，本研究未能获取地区内部的农民工数量等资料，本部分仅利用表4-3中的省内人口输入数据，对省内人口流动规模的影响因素进行探讨。

考虑三要素：经济发展水平、产业结构、人口数量。建立省内人口迁移量的方程如公式4-2：

$$P = a_1 GDP + a_2 S + a_3 T + a_4 PU + a_5 PC + b \tag{4-2}$$

其中，S、T、PU、PC 分别代表该地区的第二、三产业比重，城镇与乡村人口总数，GDP 为地区生产总值。

简单线性回归结果如表4-4所示：

省内迁移的影响因素　　**表4-4**

	未标准化处理的系数		标准化处理的系数	T	Sig.
	b	Std. Error			
(Constant)	6.886	3.216		2.141	0.042
GDP	−6.55E−005	.000	−.138	−.532	0.599
S**	−.068	.036	−.219	−1.907	0.068
T***	−.099	.043	−.275	−2.280	0.031
PU***	.003	.001	1.291	4.525	0.000
PC***	.000	.000	−.308	−2.366	0.026

注：***表示在95%的置信区间下显著；**表示在90%的置信区间下显著。

数据来源：P来自表4-3中省内人口输入数据，其他数据来自《中国统计年鉴2005》。

❶ 最后一列为课题组计算，具体为跨省输入人口与跨省输出人口之差。

模型回归的 $R2$ 为 0.889，即所选因素能解释 88.9%的省内人口迁移。各因素回归系数及显著性检验展示了人口省内迁移的规律：二、三产业所占比重越高，人口的分布越稳定，发生迁移的比率越少；人口迁移量通常与本地人口数量正相关；地区经济发展水平对省内人口迁移影响不显著。因此，在人口众多、农业生产所占比重较大的地区，人口迁移量通常越多。

（2）省内农民工迁移影响因素

课题组在成都的调研显示，成都农民工中 16.52%来自于成都农村，77.23%来自于四川省其他地区农村，来自于四川省外的仅占调研总量的6.25%。省内迁移是农民工迁移的重要形式之一，了解省内农民工迁移的影响因素，对把握农民工迁移规律有重要意义。

由于农民工迁移是人口迁移的一种，其与人口迁移在根源上具有一致性：谋求更好的收入水平与生活环境。因此，二者的影响因素相似，即省内人口数量越大（对农民工来说主要指农村人口），省内农民工的迁移规模也较大；二、三产业比例越高，省内农民工向外迁移比例越低，大部分农民可在本地就业。当然，产业结构对农民工迁移的影响，还需考虑到本地区的城乡差距，若城乡差距大，大部分的二、三产业都集中在城镇，则城镇会吸引较多的农民工就业，农民工省内的迁移规模反而会大。

四川省内人口与国民经济状况 **表 4-5**

	人均 *GDP*（元）	三大产业比重（%）			农村人口（%）
		第一	第二	第三	
成都市	35215	5.95	44.46	49.59	44.77
自贡市	19256	14.82	53.95	31.23	67.91
攀枝花市	36561	4.79	70.76	24.45	46.59
泸州市	13591	17.14	51.58	31.28	82.00
德阳市	21352	17.09	56.41	26.50	74.56
绵阳市	16537	19.11	45.80	35.09	74.17
广元市	9874	26.77	33.86	39.37	78.64
遂宁市	11530	24.38	47.75	27.87	78.92
内江市	14175	17.55	56.92	25.53	79.51
乐山市	18379	14.76	57.16	28.08	71.55
南充市	10982	25.98	45.02	29.00	78.51
眉山市	15508	20.96	50.87	28.16	74.29
宜宾市	16163	17.12	55.81	27.07	81.42
广安市	12140	22.50	44.44	33.06	83.47
达州市	11915	26.09	45.26	28.64	81.59
雅安市	15710	18.70	51.96	29.34	76.74
巴中市	7548	31.79	29.22	38.99	82.68
资阳市	12616	24.23	50.42	25.35	84.82
阿坝藏族羌族自治州	12186	20.96	39.43	39.61	77.91
甘孜藏族自治州	10324	24.66	33.89	41.44	83.97
凉山彝族自治州	14306	25.11	40.83	34.06	87.84

数据来源：《四川省统计年鉴 2009》。

表 4-5 描述了四川省内人口与国民经济状况。从表中数据可知，四川省内的

社会经济差异十分明显，除西部重要的钢铁城市攀枝花市外，其余市（自治州）的人均 *GDP*、非农产业比例都远远落后于成都市，这是大量农村剩余劳动力涌入成都就业的重要原因。此外，四川省内大部分地区农村人口比例非常高，仅成都、攀枝花、自贡三地非农人口比例在 30%以上，有些地区的人口城镇化水平还不足 20%。省内社会经济的巨大差异，促使人口大规模流入相对较为发达的成都市，而正是这种省内农村剩余劳动力的大量输入，挤出了省外农民工的就业空间，导致成都农民工来源的“本土化”特征十分明显。

4.3　产业发展对农民工的吸纳力——农民工的地区分布

4.3.1　产业增长对劳动力的就业弹性分析

4.3.1.1　我国产业结构升级与就业结构变动现状与存在问题

(1) 现状

改革开放以来，我国的产业结构和就业结构得到了相应的改善和调整。分别如图 4-4、图 4-5 所示。

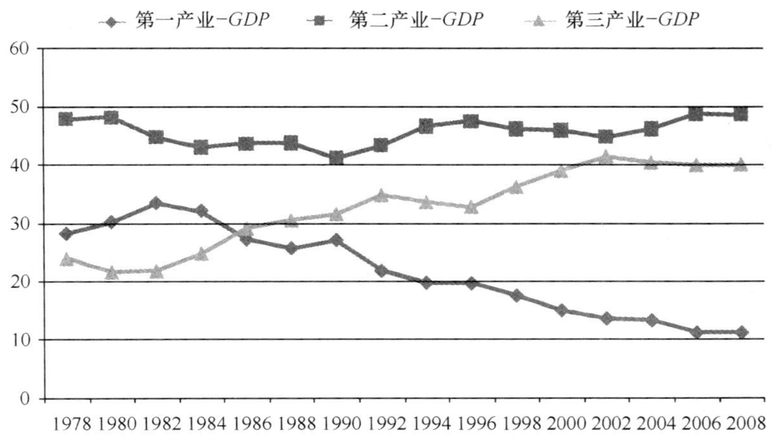

图 4-4　国民生产总值的三大产业构成

数据来源：《中国统计年鉴 2008》，中经网。

从 1978 年至 2007 年的经济总量增长年均达到 9.88%。2008 年 *GDP* 达到 240696.98 亿元。一、二、三产业在国民经济中的比重由 1978 年的 28.2∶47.9∶23.9，转变为 2008 年的 11.3∶48.6∶40.1，第一产业比重明显下降，第三产业比重较大比例上升。

从业人员从 1978 年的 40682 万人增加到 2008 年的 77480 万人，30 年间平均每年增加 1226 万个就业岗位。劳动力在三大产业的就业结构也由 1978 年的

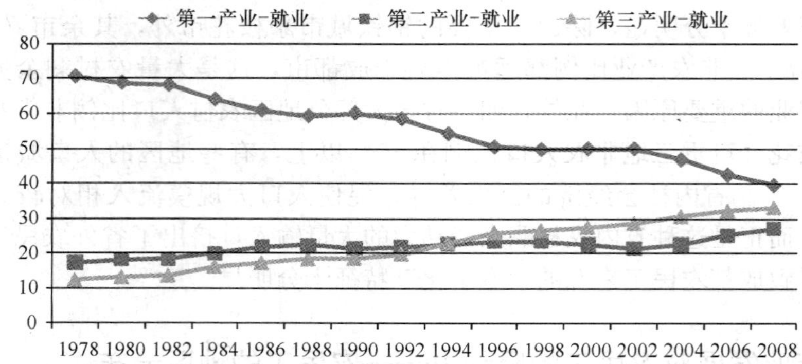

图 4-5 就业人员的三大产业构成

数据来源：《中国统计年鉴 2008》，中经网。

70.5∶17.3∶12.2，转变为2007年的39.6∶33.2∶27.2，三大产业的就业比例均有明显变化，第一产业劳动力大量流向二、三产业[1]。

（2）存在的问题

综合标准化转变过程中对于经济结构转变过程的划分，结合中国经济结构域产业结构的实情，可发现目前我国产业结构升级中，存在如下显著问题：

首先，中国的城镇化显著滞后于工业化发展。截至2008年年底，我国城镇人口占总人口比重的45.68%，三大产业构成比为11.3∶48.6∶40.1。按照钱纳里的标准结构转变过程，在对应的城镇化水平下，我国工业对经济的贡献显著高于标准化值。同时，当工业化比重达到37.9%时，城镇化水平就应该达到65.8%，高于我国城镇化现状近20个百分点。因此，相比之下，我国的城镇化水平严重滞后于工业化发展。

其次，我国农村有大量剩余劳动力有待转移。2008年年底，我国三大产业分的就业结构分别为39.6∶27.2∶33.2，第一产业的就业规模在三大产业中依然最大，较其11.3%的经济贡献率，显著表明我国农业劳动生产率的低下。随着农业科学技术的发展，农业规模经营的实施，在工业化不断发展，城镇化率不断提高的情况下，我国农村有更多的剩余劳动力需要向城市转移，并被第二、三产业吸纳。

4.3.1.2 结构偏差分析

结构偏差系数是研究一国产业结构和就业结构变化的非协调性特征的变量。其实质用公式可表示为：$d_i=G_i/L_i-1$。其中，G_i 为第 i 产业产值占全社会国内生产总值的比重，L_i 表示第 i 产业劳动力占全社会劳动力比重，d_i 即为结构偏差系数，即第 i 产业的产值比重与就业比重的偏离情况，其理论取值范围为－1～1。结构偏差系数反映产业结构中的某产业产值比重和就业比重两者变动是否处在同

[1] 数据来源：中经网数据库。

步变化和对称状态，偏离系数的绝对值越大，偏离度越高，说明两者越是处在不同步变化和不对称状态，反之，越接近于对称状态。一般来说，结构偏离度与劳动生产率成反比。而且，结构偏离度大于零（正偏离），也即该产业的就业比重大于增加值比重，意味着该产业的劳动生产率较低。反之，负偏离则意味着该产业的劳动生产率较高。从另外一个角度来说，结构负偏离的产业存在大量的剩余劳动力转出的可能性，相反，结构正偏离的产业则存在劳动力转入的可能性。

结构偏差系数不仅可以反映某一产业的就业比重和产值比重是否协调一致，而且只要把结构偏差系数的表达式适当加以转换，即总结构偏离度 $D = \Sigma \left| d_i \right|, i = 1,2,3$，就可以用来体现产业整体的发展质量，考察产业结构是否合理，产业发展速度是否具有均衡性以及产业结构是否具有协调性。当结构偏差系数趋近于零时，说明产业结构相对合理；反之，说明产业结构还不够协调，还需要作进一步的调整。

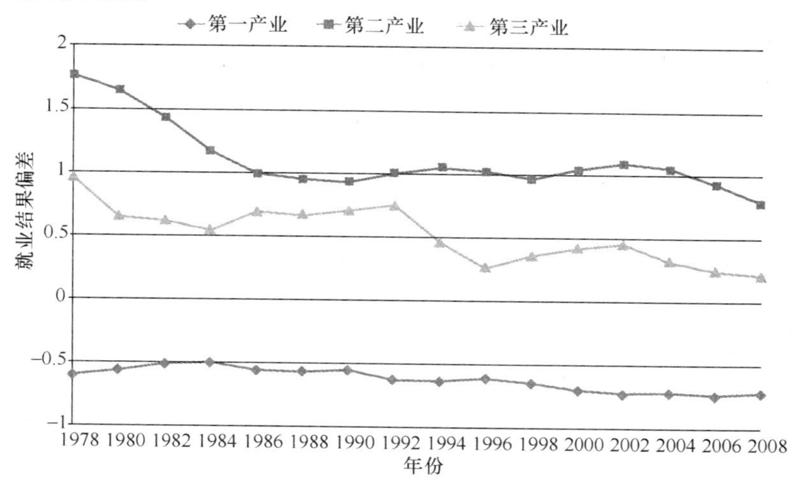

图 4-6　三大产业的就业结构偏差系数

数据来源：《中国统计年鉴 2008》，中经网。

从以上我国就业结构偏差图中可以看出，改革开放以来，我国的就业结构与产业结构的偏离总体上不断缩小。第三产业的就业偏差从 1978 年的 0.96 下降到 2007 年的 0.24，逐渐趋于合理。第二产业的就业偏差呈现先下降后上升的趋势，这与第二产业的技术要求和高的就业进入壁垒有极大的关系，然从整体来看，其就业偏差较改革开放初期已有大幅优化。

第一产业的就业结构偏差在各个年份全部为负值，意味着农业部门的劳动生产效率极其低下，转移农业劳动人口的压力相当大。1996 年以来，第一产业的偏离度有所扩大，农业部门劳动人口负担有可能进一步加重，城乡就业壁垒和农村劳动力的技能素质是未来劳动力迁移的最大制约因素。

4.3.1.3 各产业增长对劳动力弹性

从前文分析中知道，经济规模决定就业规模，经济增长会带来就业数量的增加，技术进步等因素则对就业产生“吸纳效应”和“挤出效应”两种影响。经济增长中，各产业部门经济增长率的不同，是导致产业结构变动的直接原因。所谓就业弹性就是经济每增长一个百分点，带动就业增长的百分比。就业弹性测算的方法有两种：一是直接按定义测算；一是构造计量经济模型测算❶。一般来说，劳动密集型产业发展会伴随较高的就业弹性，而资本和技术密集型产业意味着较低的就业弹性。因此，在一定意义上，就业弹性的变化可以反映产业结构与就业结构的关系特征。就业弹性高表示经济增长具有较高的就业吸纳能力，反之则相反。

这里采用第二种方法，通过构建简单的计量模型，分析产业结构变化带动劳动力就业结构变动的能力。劳动力弹性计算采用线性回归如公式（4-3）所示：

$$\ln L_i = \alpha_i + \beta_i \ln GDP_i \qquad (i = 1,2,3) \tag{4-3}$$

其中，L_i 是第 i 产业的就业人数，GDP_i 是第 i 产业的产出。β_i 表示第 i 产业的就业人数对该产业产出的弹性，回归结果见下表。

各产业劳动力就业弹性回归分析表 **表 4-6**

产业类别	因变量	自变量	弹性值	Sig.	T	R^2
第一产业	$\ln L_1$	$\ln GDP_1$	0.06	0.000	4.570	0.427
第二产业	$\ln L_2$	$\ln GDP_2$	0.216	0.000	16.494	0.907
第三产业	$\ln L_3$	$\ln GDP_3$	0.333	0.000	48.377	0.988

数据来源：《中国统计年鉴 2008》。

从表 4-6 可以看出，1978～2008 年三大产业的就业人数对经济增长的弹性都是显著的。其中，第一产业的劳动力弹性为 0.06，第二产业为 0.216，第三产业为 0.333。三大产业的劳动力弹性进行比较，第三产业的劳动力就业弹性＞第二产业的劳动力就业弹性＞第一产业的劳动力就业弹性。这说明，在经济发展过程中，第三产业对劳动力的吸纳能力最强，第一产业对劳动力的吸纳能力最弱。

为了反映出不同阶段产业结构对劳动力结构影响的差异性，在此将 1978～2008 年的时间序列划分为 1978～1988 年，1989～1998 年，1999～2008 年三个时间段，分别求取三个时间段内各个产业的劳动力就业弹性，其结果如下所示：

不同时段各产业劳动力就业弹性回归分析表 **表 4-7**

时间段	第一产业			第二产业			第三产业		
	β_1	Sig.	R^2	β_2	Sig.	R^2	β_3	Sig.	R^2
1978～1988 年	0.098	0.000	0.905	0.449	0.000	0.977	0.409	0.000	0.967
1989～1998 年	−0.05	0.209	0.189	0.140	0.000	0.860	0.325	0.000	0.971
1999～2007 年	−0.218	0.001	0.812	0.220	0.001	0.810	0.263	0.000	0.984

数据来源：《中国统计年鉴 2008》。

❶ 喻桂华，张春煜．中国的产业结构与就业问题［J］．当代经济科学，2004（9）：9-14.

从 4-7 中的数据总体来看，我国第二、三产业的劳动力就业弹性呈现不断下降的趋势，即由于技术进步等因素的影响，第二、三产业每增加一个百分比所能吸纳的劳动力数目有所降低。而第一产业则出现了显著的劳动力过剩状况。

对三个时段各产业的劳动力就业弹性考察可以得出如下结论：

1978～1988 年间，第一产业的劳动力就业弹性为 0.098，而在 1999～2008 年间则下降为－0.218（由于 1989～1998 年间的计算结果未通过显著性检验，此处不考虑）。这说明在 1978～1988 年间，虽然第一产业对劳动力的吸纳能力稍弱，但仍然能吸纳一部分劳动力就业，而在 1988 年后，特别是近十年来，随着产值增加，第一产业就业人数不增反减，第一产业就业已相对饱和，并开始排斥劳动力。

第二产业在 1978～1988 年间的就业弹性最大为 0.449，在此期间第二产业对劳动力有较强的吸纳能力。1988 年后的十年内，第二产业就业弹性急剧下降到 0.140，虽然近些年有所回升，但也仅为第一时间段内的 50%，这说明近二十年来，随着第二产业内部资本和技术对劳动替代趋势的加强，以及对具有专业技能的劳动力需求越来越强烈，第二产业吸纳劳动力的能力急剧下降。

与第一产业、第二产业比较，第三产业一直保持了相对较高的就业弹性。虽然在 20 世纪 90 年代第三产业的就业弹性略有下降，但要比第二产业的弹性高很多。这表明，随着工农业劳动生产率的提高和收入水平的增长，第三产业已成为国民经济中就业增长最快、吸纳劳动力最多的部门。

4.3.1.4　产业结构升级与农民工就业分布

（1）各产业吸纳农民工就业情况

图 4-7 展示了 2003～2007 年各行业我国城镇单位使用的农村劳动力人数，即各行业所吸收的农民工数量。从图中可以看出，第二产业就业占我国农民工就业的大部分，并且近几年有不断上升的趋势。第一产业就业比例最少，而经前文

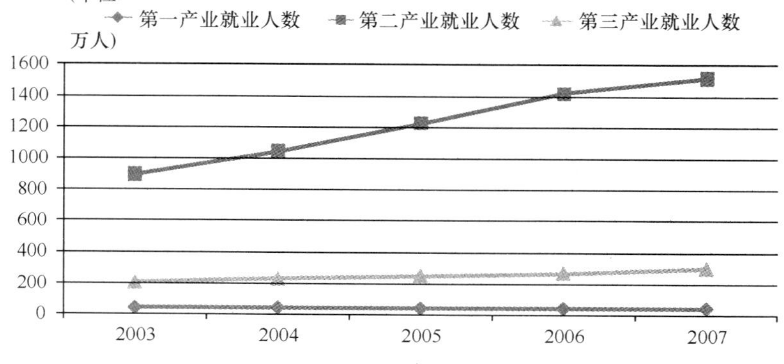

图 4-7　各行业我国城镇单位使用的农村劳动力变化情况

数据来源：《中国劳动统计年鉴 2008》。

证明，对劳动力吸纳能力最大的第三产业，就业比例相对较低，并且增长趋势也较为缓慢。

以上各产业中农村劳动力的就业情况反映出如下几方面问题：

首先，我国第二产业技术替代力相对较弱，依然在走劳动密集型的道路。在产业结构升级的过程中，从劳动密集型向技术密集型转变是产业转型的必经之路，期间对劳动力有双重效应：吸纳效应与排挤效应。现代科学技术的发展，必然替代大量的低技术劳动力，因此，如果不加强对农村劳动力的职业技能培训，在现有情形下单纯依赖劳动密集型来带动经济的发展，必然不是长久之路。而农民工分布中的第二产业绝对优势，也从另一方面折射出了我国产业结构升级中存在的问题，在今后的发展道路中，更应加强科学技术的应用、劳动力的再培训，培养更多的高技术工人，走科技进步的道路。

其次，第三产业仍有较大成长空间。在各产业的就业弹性分析中，第三产业对于劳动力有着最为强劲的吸引力。按照经济发展规律，传统的农业部门剩余劳动力将大量向二、三产业转移，并且最终第三产业无论在经济贡献还是在就业人员上，都将占据绝对优势，第三产业的发达程度，在一定程度上也是一国经济发达程度的反映。可从现状来看，第三产业对于我国的农村劳动力吸纳程度并不理想，除了远远落后于第二产业之外，其变化程度也相对缓慢。因此，在今后的发展过程中，第三产业仍将是我国经济发展的重点，应大力发展第三产业，更大地发挥出其在经济发展、吸纳就业人员方面的重要作用。

（2）各产业农村劳动力就业的地区分布特点

从图4-8可知，在第一产业就业的农民工，东部地区人数＞中部地区人数＞西部地区人数；在第二产业就业的农民工，东部地区人数＞中部地区人数＞西部地区人数；在第三产业就业的农民工东部地区人数＞西部地区人数＞中部地区人数。三大产业就业的农民工大部分都分布于东部地区。这是我国经济发展不平衡

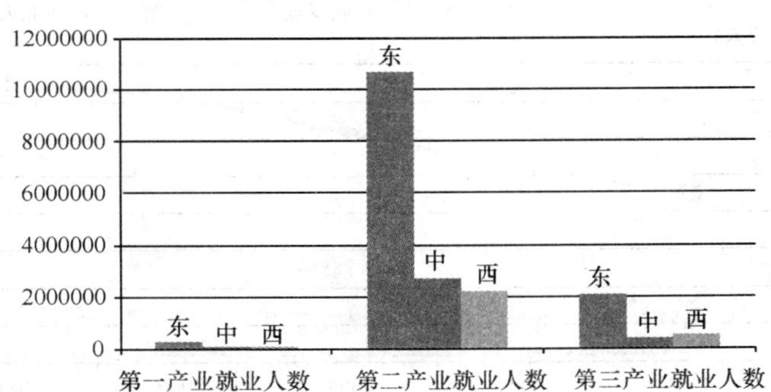

图4-8 三大产业农民工就业的地区分布

数据来源：《中国劳动统计年鉴2008》。

的一个折射，同时也是对劳动力迁移规律的验证，东部地区集中了我国大部分的农民工。

如图 4-9，绝大多数农民工都从事第二产业，其次从事第三产业的人数也较多，只有少部分在第一产业就业。二、三产业对农民工群体有较强的就业吸纳力。

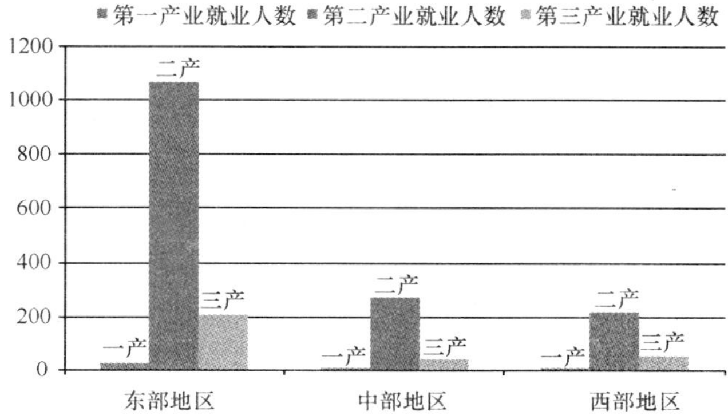

图 4-9　东、中、西部地区三大产业农民工就业人数差异

数据来源：《中国劳动统计年鉴 2008》。

4.3.2　不同地区对农民工迁移的吸纳力

4.3.2.1　研究假设和模型构建

根据本章各产业增长对劳动力的弹性分析，第一、二、三产业在现阶段对劳动力的就业弹性分别为－0.218、0.220、0.263。假设全国各省在现阶段二、三产业对劳动力的就业弹性都是一致的，则结合表 4-9 的计量结果，第二、三产业对劳动力的吸纳情况可分别写成公式 4-4 与公式 4-5：

$$\ln l_2 = 7.312 + 0.220 \ln GDP_2 \tag{4-4}$$

$$\ln l_3 = 7.113 + 0.263 \ln GDP_3 \tag{4-5}$$

以上求取的仅为产业发展对于整个劳动力群体的吸纳情况，要单独区分出其中的农民工群体，还需进一步探讨计算结果。本研究采用各地区城镇单位使用的农村劳动力年末人数与本地城镇就业总数的比值对第二、三产业劳动力吸纳总数进行修正，得出各地产业发展能够吸纳的农民工数量。即最终：

$$l_n = (l_2 + l_3) \times p \tag{4-6}$$

其中，l_2、l_3 为地区第二、三产业吸引就业的总人数（单位：万人），p 为城镇单位使用的农村劳动力年末人数与本地城镇就业总数的比值。

需要注意的是，此处所指地区对农民工的吸纳力是一个现状下的理想值。现状主要包括两个方面的含义：第一，经济体量的现状，此处所用的二、三产业 GDP 值是 2009 年的现状值；第二，就业弹性的现状，此处的就业弹性，使用的是 1999-2008 年的就业弹性，从表 4-7 中也可看出，每个发展阶段，其二、三产业中劳动力的就业弹性相差较大，而对吸纳力的计算采用的是最近一阶段的数据。理想状态主要是指在计算各地对农民工的吸纳力采用了一致的就业弹性，而实际状况下，各地经济总量、经济增长率的差异也可能导致就业弹性存在差异，在此没有考虑。因此，此处的地区对农民工吸纳力，实际上是现有农民工在上述假设条件下在各个地区的理想分布。

4.3.2.2 不同地区对农民工迁移的吸纳力

根据以上模型设定，计算各省、市的农民工吸纳力如下表所示：

31省（市、区）农民工吸纳力 **表4-8**

序号	省、市	农民工吸纳力	序号	省、市	农民工吸纳力
1	福建	2794.23	17	四川	563.60
2	浙江	2752.11	18	江西	519.28
3	广东	2613.25	19	广西	512.71
4	山东	1724.60	20	贵州	502.39
5	江苏	1461.75	21	安徽	443.14
6	北京	1283.30	22	陕西	341.20
7	上海	1173.56	23	新疆	285.54
8	辽宁	1142.35	24	内蒙古	273.10
9	天津	958.38	25	甘肃	227.01
10	云南	814.48	26	吉林	157.49
11	湖北	767.61	27	黑龙江	150.94
12	湖南	736.26	28	宁夏	144.36
13	河北	730.23	29	海南	106.85
14	重庆	672.84	30	青海	74.30
15	河南	606.64	31	西藏	37.90
16	山西	587.72			

数据来源：《中国统计年鉴2008》，《中国劳动统计年鉴2008》。

根据表4-8的结果，将我国31个省、市吸纳力的计算结果从大到小排序，并分为三个农民工吸纳力级别：

第一级别包括福建、浙江、广东、山东、江苏、北京、上海、辽宁、天津、云南；

第二级别包括湖北、湖南、河北、重庆、河南、山西、四川、江西、广西；

第三级别包括贵州、安徽、陕西、新疆、内蒙古、甘肃、吉林、黑龙江、宁夏、海南、青海、西藏。

将地区对农民工的吸纳力结果与地区对农民工的吸引力结果结合来看，吸引力较大的地区，通常是对农民工吸纳能力较强的地区，但是细部仍然存在一定差异。如上海市，对于农民工群体有非常强的吸引力，但是吸纳力却不高。造成这种结果的原因在于，对农民工的吸引力是根据地区的经济密度来衡量的，而吸纳

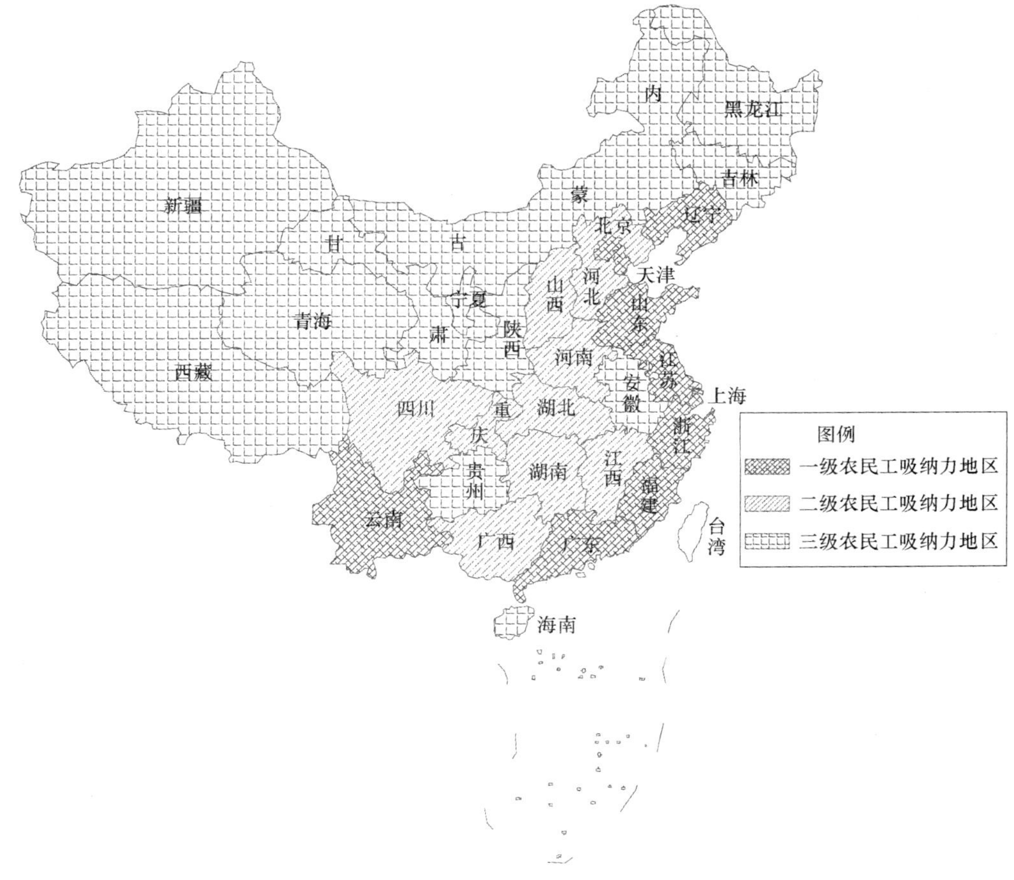

图 4-10　农民工吸纳力地区分级

力主要考虑了未来产业发展对农民工的需求。二者并不矛盾，目前经济体量较大的地区，在未来产业转移、产业升级的过程中，劳动力的需求结构也会发生变化，一般来说受教育程度低、没有专业技能的农民工群体会被转移出去。

地区对农民工吸引力、吸纳力的差异一方面要求在今后的发展中，应该转变思路，对农民工群体的流动进行宣传与疏导，实现农民工的就地转化，或者向产业发展更需要农民工群体的地区转移，尽量避免农民工群体在部分地区过度集中所带来的社会、经济等一系列问题。另一方面也说明，地区吸引力、吸纳力的不同对于政府制定农民工政策有不同的要求，不仅要立足于当前，解决好现实压力下的住房问题，更要将眼光放长远，制定适合本地区发展的，可持续性的农民工住房政策。

4.3.2.3　产业结构升级背景下的农村剩余劳动力转移困境

（1）产业结构升级减少了对民工的吸纳

产业结构演进、升级具有排挤和吸纳劳动力的双重效应，随着产业升级和技术创新速度的加快，资本和技术对劳动的替代效应明显加强，在增加高技能劳动力需求的同时，一些低技能劳动力将被逐出市场。就我国而言，一方面，随着科技的进步及在农业中的应用，将有更多的农民从农业生产中被释放出来，需要被工业或第三产业所吸收。而对于我国潜在的近2亿农村剩余劳动力[❶]，完成其就业必须依靠劳动密集型产业。另一方面，在产业结构升级加快，资本、技术将代替大量劳动力。许多劳动密集型企业过早破产或外迁到国外，大大减少了劳动力的需求量。

(2) 现有民工的素质无法适应产业升级要求

产业结构升级将导致对初级工需求减少，从而产生对民工需求的排斥力。根据2007年2月15日《第一财经日报》报道，春节前广州市的企业对无学历的员工需求仅为17%，下降了12%，而要求员工有大专以上文化程度的达到12%。而农民工群体远远达不到这一要求。从表4-9可以看出，无论是已外出务工的民工还是潜在的民工（即现有农业从业人员）都以小学和初中教育为主。初中以下教育程度的外出务工人员占到外出务工人员总数的90%；初中以下教育程度的农业从业人员占到农业从业人员总数的95.7%。而且，我国现有民工89%从事体力劳动，依靠体力谋生。因而，无论是已外出务工的劳动力还是潜在农村剩余劳动力的素质，都无法适应新产业结构的要求。

农业从业人员及外出务工人员的数量及文化程度构成 **表4-9**

数量（万人）		文化程度构成（%）				
		文盲	小学	初中	高中	大专及以上
农业从业人员	34874	9.5	41.1	45.1	4.1	0.2
外出务工人员	13181	1.2	18.7	70.1	8.7	1.3

数据来源：国家统计局2007年第二次全国农业普查主要数据公报。

4.4 不同城市对农民工的吸引力与吸纳力差异分析

4.2与4.3节主要从地区层面（省级）探讨了经济发展水平、产业结构调整对农民工的吸引力、吸纳力差异，然而同一级别地区内各城市之间，甚至是同一省份内部各城市之间由于经济实力、产业增长等的不同，对农民工的吸引力和吸纳力也存在差别。

4.4.1 城市间的吸引力差异

根据4.2节中的分析，地区的吸引力差异主要受经济发展水平、辐射范围内

❶ 蔡昉等．人口与劳动绿皮书（2008）——中国人口与劳动问题报告NO.9［M］．北京：社会科学文献出版社，2008：92.

的农村人口数量制约。对于同一区域（省）内的不同城市，其农村腹地、与其他地区的距离等因素基本相同，此时经济发展水平是造成城市间吸引力差异的主要因素，因此，同一吸引力级别、甚至是同一省份内部的城市间的吸引力也存在较大差别。以江苏省为例，苏南、苏北的经济发展水平就存在较大差距，苏州市人均 *GDP*2008 年达到了 91911 元/人，为宿迁市的 9 倍之多，在此经济差距下，苏州市对农民工的吸引力要显著高于宿迁市。

另外，以省为单位研究各个地区对农民工吸引力的差异，还需要考虑省内重点城市的差异性。在 4.2 节的分析中，农民工的净迁入地区共有八个地区，其他省份均为农民工净迁出地。然而，在农民工净迁出地区中，各个省的省会城市以及一些经济较为发达的城市，由于其经济发展远高于其他市县，对于农民工的吸引力更强。

因此，在制定农民工相关政策时，除了考虑到区域状况外，更应该考虑到城市的实际情况，避免政策一刀切带来的弊端。

4.4.2　城市间的吸纳力差异

从 4.3.2 节所划分的三个吸纳力级别中分别抽取福建、广东、江苏、辽宁（第一级别）；河南、四川、贵州（第二级别）；吉林、海南、西藏（第三级别）共十一个省份为研究对象，其所辖市级地区共 168 个。由于吸纳力的实质是产业增长所带动的就业变更，因此，此处对于城市的吸纳力差异分析，以城市的非农产业比重、第二产业增长率、第三产业增长率作为主要指标。将 168 个城市按照三个指标分别进行排序，以上四分位数、中位数、下四分位数划分四个区间，结果如表 4-10 所示。

抽样城市的产业结构及增长情况表　　表 4-10

	区间 1	区间 2	区间 3	区间 4
非农产业比重	45%～77.61%	77.61%～86.11%	86.11%～92.96%	92.96%～99.91%
临界点城市	（贵州省儋州市、江苏省新沂市）	（江苏省新沂市、河南省安阳市）	（河南省安阳市、陕西省榆林市）	（陕西省榆林市、深圳市）
第二产业增长率	6.9%～16.58%	16.58%～20.4%	20.4%～24.10%	24.10%～57.55%
临界点城市	（广东东莞市、江苏镇江市）	（江苏镇江市、四川省乐山市）	（四川省乐山市、四川省南充市）	（四川省南充市、吉林省松原市）
第三产业增长率	7.0%～12.80%	12.80%～16.66%	16.66%～20.83%	20.83%～42.51%
临界点城市	（广东省江门市、陕西省铜川市）	（陕西省铜川市、河南省平顶山市）	（河南省平顶山市、江苏省海门市）	（江苏省海门市、吉林省延边朝鲜族自治州）

注：数据来源《福建省统计年鉴 2008》等 11 个省统计年鉴。

从表 4-10 中的抽样数据可得出如下几点结论：

（1）区域内城市对农民工的吸纳力差异较大

从各个省的状况来看，省内的城市非农产业比重跨度都较大。海南省非农产业比重最高的市与最低的市之间相差52.9%；而吉林省该比例为24.51%；贵州省为30.90%；西藏自治区为22.49%；四川省为36.85%；陕西省为21.31%；广东省为27.27%；福建省为22.44%；江苏省为22.60%；河南省为27.17%；辽宁省为19.98%。因此，即使是划分的同一吸纳力地区，甚至是同一个省份内部，由于产业结构的不同、经济总量的差异，其对于农民工的吸纳力也会存在较大差异。因此在制定农民工住房等相关政策时，以区域、省为单位考虑还远远不够，需要细化到城市的实际情况。

（2）城市对农民工的吸纳力现状与未来潜力之间存在“倒挂”

从非农产业比率与二、三产业增长率来看，城市的非农产业比率与二、三产业的增长率之间总体呈现“倒挂”情况，即非农产业比率高的地区往往二、三产业增长率不高，而二、三产业增长率较高的地区大多位于非农产业比例较低、经济水平不高的地区。从对农民工的吸纳力角度来看，这种情况往往表现为，经济发达的地区现状农民工数量较多，压力较大，而未来对于农民工的吸纳有限；而目前的经济体量不大，但发展较为迅速的中、小城市有较大的农民工吸纳潜力。

（3）产业升级导致城市对农民工的吸纳力变弱

表4-10中所展示的第二、三产业增长率最低的城市分别为广东省的东莞市与江门市，二者的非农产业比重分别为99.67%、91.93%，其中东莞市非农产业比重仅次于深圳市位列第二。

以东莞市为例，东莞市作为全国的现代制造业中心，在家具、鞋业、电子业、玩具业等领域，已经成为全球制造质量最优的代号，投资者来自于世界各地。然而，伴随着东莞产业结构的升级，其低端制造产业在东莞已逐渐丧失了竞争力，导致大量低技术工人失业，而产业结构升级后鼓励发展的电子、金融等行业，需要就业人员具有较高的受教育背景及专业的技术知识，农民工群体很难进入新兴的就业人群中，因此，城市产业结构升级导致的对农民工吸纳力的减弱在所难免。

（4）以出口加工工业为主的城市对农民工吸纳力不稳定

2007年底开始的金融危机对实体经济的打击是造成东莞第二产业增长率偏低的另一个重要原因。由于经济危机的影响，东莞市2008年出口加工订单大幅减少，大批工厂倒闭，农民工大规模返乡。因此，类似于东莞以出口加工工业为主的城市，其就业状况与整体经济形势密切相关，一旦经济发生波动，伴随加工订单减少的就是工人大量失业，而处于劳动力结构最底层的农民工群体首当其冲受到影响。

（5）高吸引力地区对农民工的吸纳力度逐渐放缓

4.2节分析所得八个对农民工有吸引力地区的产业增长状况如表4-11所示，其中，江苏、浙江、山东、广东四省取其所属市产业增长率的区间值。可见，四个直辖市的产业增长状况都位于第一区间。对于江苏、浙江、山东、广东四省，除了江苏省大部分城市的二、三产增长率较高外，其他三省各城市的增长率相对较低。这也表明吸引力地区对农民工吸纳的程度正逐渐放缓。

农民工吸引地区的产业增长情况　　表 4-11

农民工吸引力地区	第二产业增长率	第三产业增长率
北京	2.40	11.70
天津	18.20	14.70
上海	8.20	11.30
江苏	14.61～39.24	18.18～33.41
浙江	9.95～26.67	12.66～17.73
山东	10.05～19.95	13.50～20.28
广东	6.90～25.90	7.00～23.39
重庆	18.00	12.40

数据来源：《中国统计年鉴 2008》、《江苏统计年鉴 2008》等。

4.4.3　主要城市群的吸引力与吸纳力比较分析

近些年国家陆续提出了一些城市群、经济圈等，相应地区可享受政策倾斜，更有利于社会经济的发展。以下将以我国已形成及重点建设的城市群为例，比较说明各城市群对农民工的吸引力与吸纳力情况。所选城市群包括较早发展的珠三角城市群、长三角城市群，近些年发展较快的环渤海城市群、成渝经济圈，以及中部崛起战略中的长株潭城市群与中原城市群。

长三角城市群。长三角城市群是我国经济发展的核心地带，主要包括上海市、江苏省的南京、苏州、无锡等城市，及浙江省的杭州、宁波、绍兴、嘉兴、湖州舟山、台州等城市。该城市群平均第二产业增长率为 14.51%，第三产业增长率为 16.71%。

珠三角城市群。珠三角城市群是我国改革开放的前沿，主要包括广州、深圳、珠海、佛山、江门、东莞、中山、惠州、肇庆等市。该城市群平均第二产业增长率为 12.80%，第三产业增长率为 12.86%。

环渤海城市群。环渤海城市群是我国北方的核心经济区，以北京、天津两个直辖市为龙头，包括河北、山东、辽东半岛等 20 多个城市。该城市群平均第二产业增长率为 11.07%，第三产业增长率为 15.37%。

成渝经济圈。成渝经济圈为我国城乡统筹的重要试点地区，主要包含成都、重庆两市。该城市群平均第二产业增长率为 18.45%，第三产业增长率为 13.00%。

长株潭城市群。长株潭城市群是“两型社会”建设的综合配套改革实验区，包含长沙、株洲、湘潭三市。该城市群平均第二产业增长率为15.93%，第三产业增长率为13.20%。

中原城市群。中原城市群是中部崛起所确定的核心城市圈之一，以郑州为中心，以洛阳为副中心，包括开封、平顶山、新乡、焦作、许昌等城市，该城市群平均第二产业增长率为18.41%，第三产业增长率为15.31%。

主要城市群对农民工的吸引力与吸纳力比较分析 **表 4-12**

城市群	吸引力	吸纳力基数	吸纳力增长
长三角城市群	强	大	中
珠三角城市群	强	大	慢
环渤海城市群	强	大	中
成渝经济圈	中	中	中
长株潭城市群	弱	中	中
中原城市群	中	中	中

表4-12中对于各城市群的比较包括三方面，吸引力、吸纳力基数、吸纳力增长，分别以三个级别衡量。其中，吸引力、吸纳力基数分别来自于4.2与4.3的分析结果，需要说明的是，在对吸引力的分析中，成渝经济圈、长株潭城市群与中原城市群属于农民工的净输出城市，在此的吸引力定位主要基于其经济发展水平、腹地内的农村人口数量考虑。吸纳力基数来自于4.3中的各地对农民工的吸纳力分析。而吸纳力的增长情况则是考虑到各个城市群二、三产业增长情况的结果。从表4-12中也可发现，目前容纳农民工数量较多的地区，即吸纳力基数较大的地区，对农民工的吸纳力增长正在放缓；而中、西部的一些城市群，伴随其经济增长较好前景，虽然目前农民工数量不多，但未来有较大发展空间。

4.5 地区吸引力、吸纳力差异对农民工住房需求的影响

4.5.1 地区类型的确定

不同地区农民工吸引力和农民工吸纳力有差异。下面依据计算出的农民工吸引力和吸纳力的相对大小，将农民工吸引力和吸纳力分别分为高、中、低三个层次。需要指出的是，这种层次只是一个大致的区分，各层次之间并没有明显的界线。按照这种区分方式，可以得到如图4-11所示的矩阵图。

在这一矩阵图中，可以得到不同吸纳力和吸引力组合的九种地区类型：明星地区、发展型地区、增长极地区、保守型地区、问号地区、承接型地区、独特地

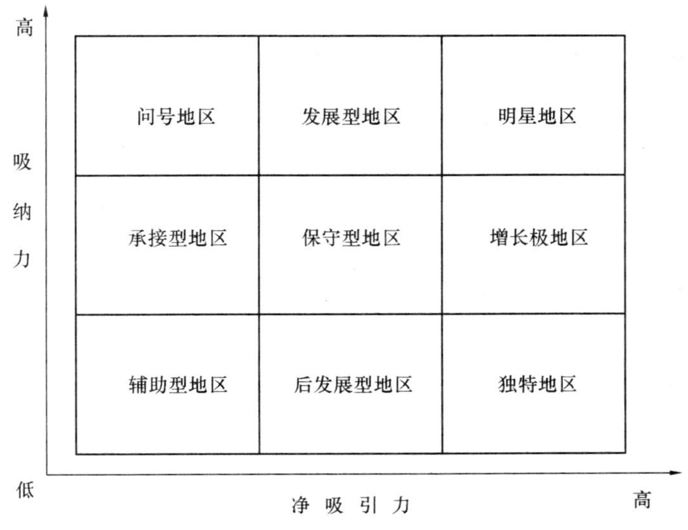

图 4-11　地区类型确定矩阵图

区、后发展型地区和辅助型地区。

4.5.2　地区类型对农民工住房需求的影响

（1）总体需求差异

由 4.2、4.3、4.4 节中的分析可知，不同地区对农民工的吸引力、吸纳力不同，即使是同一地区内部，不同城市对于农民工的吸引力、吸纳力也存在差异，而一个城市、一个地区最终的农民工数量、解决农民工住房的迫切性是由该城市或地区吸引力、吸纳力共同决定的。所以，在特定的需求情况下，地区或城市的农民工数量，决定了该地农民工住房的总需求量。地区对农民工吸引力、吸纳力的差异，最终导致了农民工住房需求总量的地区差异。

$$D = f(\alpha,\beta) \times v(Q) \tag{4-7}$$

如公式（4-7）所示，一个地区农民工总的住房需求为 D，其总量取决于两个方面：该地区内农民工总量 $f(\alpha,\beta)$；特定情况下农民工个体对于住房的需求 $v(Q)$。其中，$f(\alpha,\beta)$ 为表示地区农民工总量的函数，α 和 β 分别为该地区对农民工的吸引力与吸纳力。$v(Q)$ 为特定情况下农民工个体对住房的需求。

因此，综合来看，经济发展水平较高的地区，对农民工吸引力较大、现实情况下农民工数量较多，农民工住房需求总量也较大；而二、三产业增长率较高的地区，对农民工的潜在吸纳空间较大，未来能吸纳更多的农民工就业，该地区农民工住房需求量将会有所增加。

除此之外，地区产业结构差异导致农民工住房需求结构不同。农民工的职业分化在一定程度上也导致了其不同的居住空间特征。如产业工人多居住于工厂宿舍、建筑工人多住在工棚或活动房中，而服务业农民工的住房一般由雇主提供。因此从整体状况来看，一个地区农民工住房需求的整体特征，受到该地区产业结构的制约。如，以制造业为主的地区，对工厂宿舍等类型的农民工住房需求更多。

（2）个体需求差异

地区或城市对农民工的接纳程度影响农民工个体的住房质量需求。从东莞、西安调研的对比中可以看到，西安和东莞市的被调查农民工普遍反映对现在所居住的住房没有安全感，这一比例在西安为75.14%，在东莞高达91.83%。农民工在城市中的归属感，被城市的接纳程度直接影响到其对于住房环境的需求。生活在不被接纳、认可的环境中的农民工，对住房安全等的要求必然会有所提高。

迁移成本影响农民工个体的住房质量、数量需求。调研中也发现，大部分的农民工都没有在城市定居的意愿，他们多数保留着农村的宅基地与耕地，部分农民农忙时还回家耕种。因此，迁移的时间、金钱成本，在一定程度上影响着其在城市的住房需求。如果农民工个体一年中在城市里工作的时间短（如打零工等），其对于住房的需求仅仅是个落脚的地方，不会有过高要求。同时，如果迁移的经济成本较高，也在一定程度上降低了可供用住房消费的经济能力，其对于住房质量、数量等的需求也会降低。

综上，地区特征对农民工个体住房需求的影响可总结为：

$$Q = Q(I, R, C) \tag{4-8}$$

式中，I、R、C分别为地区特征造成的农民工收入、被接纳程度、迁移成本的差别。三者形成的因素集合，共同决定着个体对于住房的需求。而从地区层面来看，迁入地决定着I、R，即农民工的收入、被接纳程度的水平，而迁入地和迁出地之间的距离决定着C，即农民工的迁移成本。不同的迁入地、迁出地特征共同决定了农民工个体对于住房的需求特征。

4.5.3 不同类型地区农民工住房需求总量及发展趋势

（1）明星地区。这类地区经济总量非常大，当前的经济发展速度也非常快，是我国经济和产业发展的“火车头”。该类地区当前吸引了大量农民工，并将凭借其高速的经济发展吸引更多的年轻农村劳动力，是农民工住房需求较大、问题较为突出的地区。当前，具备这一特征的城市主要集中在长江三角洲、珠江三角洲和京津唐地区，这些城市是我国城市中的“巨无霸”。然而，这些地区和城市正面临着第二产业的优化和产业升级变化。制造业中的劳动密集型行业外迁，大量资本将逐步替代劳动力，尤其是替代缺乏技术含量的劳动力；同时，由于城市建设已经达到了一定规模、建设产业化程度提高，这些地区的建筑业工人数量也开始下降。可以预见，这类地区的农民工数量尤其是制造业农民工数量将逐渐减少。

（2）发展型地区。这类地区经济总量比明星地区差，尚未成为经济带或经济区的“火车头”，但往往由于区位、资源等优势，发展潜力较大，地区经济和产业处于快速发展阶段。该类地区当前对农民工的吸引力一般，但却有足够的产业发展空间容纳农民工。一般来说，这些地区不仅距离经济发达的长三角、珠三角和京津唐地区较近，可以承接产业，而且有自己独特的区位便利，可以发展特色产业，产业发展起点高，劳动密集型产业比重相对不高。如，海峡西岸经济区，山东半岛地区，云南思茅市等。目前这些地区的农民工住房问题不是最突出的，但是从长远来看，伴随部分产业的转入与农民工的涌入，农民工住房需求会长期处于增长状态。

（3）增长极地区。这类地区经济总量比较大，在所属经济区或经济带中处于领先的地位，有很强的农民工吸引力；但由于距离明星地区较远，产业关联度等不太高，当前对农民工的吸纳力一般。如，重庆、新疆喀什地区等。

（4）保守型地区。这类地区经济总量和经济发展速度适中，吸引的本地和外地农民工数量相当。凭借着较好的地理区位，它们往往能发展出一定的主导产业，但由于对明星地区、发展型地区的产业依赖度较高，城市缺乏明晰的定位和前景规划，这类城市很容易忽视农民工住房政策的制定。我国东部地区的中小城市、明星地区边缘的部分中小城市、中部地区的地级市、中原城市群等多属于这种类型。

（5）问号地区。这类地区对农民工吸纳力极高，但吸引力极低。在当前我国存在大量农民工的情况下，这类地区农民工及其住房问题基本上不存在。

（6）承接型地区。一般地，这类地区已经形成了一定的二、三产业结构和产业承接的基础，能够容纳一定的农民工；但目前经济相对较小，对农民工的吸引力不强。一般来说，这些地区距离经济发达的长三角、珠三角和京津唐地区较近，交通状况好，占据了进行产业承接的有利地理位置，同时它们往往拥有广阔的农村腹地。如，中部的皖江城市群、武汉都市圈、长株潭城市群等。

（7）独特地区。这类地区经济总量很小，地区经济水平低、产业结构和产业类型比较落后，发展潜力有限；但由于本地能够从事二、三产业的农村劳动力有限，周边环绕大量的辅助型地区，因而对农民工的吸引力很强，但来此务工的多是本地或邻近地区的农民工，外地农民工很少来，这些农民工大多从事极为简单、收入极低的工种。一般来说，这些地区距离经济发达地区很远，交通条件比较差，与明星地区的产业关联度小，它们很难在中国未来的产业蛋糕中分到足够的份额。如，青海、西藏、新疆多数地区等。

（8）后发展型地区。这类地区经济总量比较大，但产业发展具有较大偶然性，发展潜力有限。该类地区过去往往是增长极地区或发展型地区，城市二、三产业已基本饱和，由于地区产业政策或国家产业布局等方面的原因，二、三产业发展减缓，对农民工吸纳力很低，吸引力一般，来此务工的多是本地或邻近地区的农民工，外地农民工很少来。如，黑龙江、吉林、内蒙古、海南等。

（9）辅助型地区。这类地区经济总量非常小，经济发展速度也非常慢，一般缺少主导性的产业，不能为农民工转移提供多少就业岗位，因而成为农民工输出的主要区域。我国中西部地区中小城市多属于这种类型。

为便于分析，暂将地区发展总体趋势比较近似的区域简单合并为四类。吸引力和吸纳力都较高的地区（明星地区、发展型地区、增长极地区）合并为Ⅰ型地区；吸引力和吸纳力都较低的地区（承接型地区、后发展型地区和辅助型地区）合并为Ⅱ型地区；Ⅲ（保守）型地区；Ⅳ（独特）型地区和问号地区。

4.6 本章小结

本章从城镇化对农民工的吸引力与产业结构调整对农民工的吸纳力两个角度探讨农民工群体的地区间、职业间的迁移特征与地域分异，进而总结农民工住房需求的地区差异特点。研究采用人口迁移中常用的引力模型，定量化地区间农民工的流向及流量，寻求我国目前农民工的主要迁入地与迁出地，并对其流动规模区分等级；同时，在不同产业对劳动力就业弹性研究的基础上，结合各地实际情况，修正出不同产业发展水平的地区吸纳农民工就业的能力。最后，探讨了不同类型地区对农民工住房总体需求的可能影响。

通过本章研究可得如下结论：

（1）地区间的人口流动是相互的，农民工的地区迁移量主要受两地的农村人口规模、两地之间的距离及两地经济密度的影响。我国31个省（自治区、直辖市）可划分为农民工的净迁入地区与净迁出地区两类，其中，江苏、上海、山东为一级农民工吸引地区，广东、北京、天津、浙江为二级农民工吸引地区，重庆为三级农民工吸引地区。其他地区为农民工溢出地区。

（2）省内流动是农民工迁移特征的重要形式。省内的人口迁移量通常与本地人口数量正相关；二、三产业所占比重越高，人口的分布越稳定，发生省内迁移的比率越少；地区经济发展水平对省内人口迁移影响不显著。在人口越多、农业生产所占比重越大的地区，农民工省内迁移越活跃。

（3）产业结构调整与就业结构变更之间是互动循环的关系。当前，我国第一产业对劳动力的吸纳力为负，有大量剩余劳动力；第二、三产业是吸引劳动力就业的主要产业。我国31个省（自治区、直辖市）可划分为5个农民工吸纳力级别，在当前产业结构升级的背景下，农民工就业存在困境。

（4）处于同一吸纳力级别、甚至是同一个省的不同城市，对农民工也具有不同的吸纳力。通过对抽样的 11 个省 168 个市的数据考察发现，城市层面的吸纳力差异呈现出五个特点：即区域内城市对农民工的吸纳力差异较大；城市对农民工的吸纳力现状与未来潜力之间存在“倒挂”；产业升级导致城市对农民工的吸纳力变弱；以出口加工工业为主的城市对农民工吸纳力不稳定；农民工的吸引力地区，对于农民工的吸纳程度正在放缓。从对主要城市群的分析来看，发展较为成熟的城市群吸引力、吸纳力基数均较大，然而吸纳力的增速放缓；而新兴的城市群，吸纳力基数较小，但未来对农民工的吸纳力仍有较大潜力。

（5）地区特征对农民工住房需求的影响主要有两个方面，地区经济发展水平等所导致的农民工住房需求总量的不同、地区特征导致农民工整体与个体对住房质量、数量、结构需求的不同。前者表现为，对农民工吸引力较大的地区现实情况下农民工数量较多，农民工住房需求总量也较大；同时二、三产业增长率较高的潜在农民工吸引力地区，未来对农民工住房需求量将会有所增加。后者表现为，地区收入差距导致的农民工住房可支付能力不同，产业结构差异导致的农民工住房需求结构不同；地区对农民工接纳程度、地区间的迁移成本差异导致农民工对住房质量、数量需求不同。

（6）根据地区对农民工的吸引力与吸纳力差别，可将所有地区划分为九个类型：明星地区、发展型地区、增长极地区、保守型地区、问号地区、承接型地区、独特地区、后发展型地区和辅助型地区。其中，明星地区是当前情况下农民工住房需求较大、问题较为突出的地区；发展型地区与承接型地区农民工住房需求会在今后一段时期内处于增长状态。其他类型地区的农民工供求矛盾不如以上三个地区强烈，并且大部分地区为农民工主要输出地。

第 5 章　农民工住房需求特征与内部分异

农民工虽然居住在城市中，但由于受到社会、制度、市场和社会网络等多重制约，使得他们的住房需求特征与城市居民有很大差异。深入了解农民工住房需求特征，是制定农民工住房政策、防止政策盲目性的重要基础。本章从农民工住房需求的制约因素出发，建立分析农民工住房需求特征的三个维度：农民工消费特征、社会空间特征和居住空间特征。在分析农民工住房需求的一般特征之后，还要探究不同类型农民工住房需求特征的差异。鉴于新生代农民工的独特性，本章还将专门对新生代农民工住房需求特征进行分析。

5.1　农民工住房需求的一般特征

住房需求特征是住房消费者出于延续和发展自身的需要，在消费住房产品或相关服务过程中的内在活动与外在表现及其表现出的行为取向特点。由于受其自身社会经济属性的制约，农民工住房需求并非完全是在市场条件下所表现出来的行为，往往也受到外生因素（如企业性质等）的影响。本研究中所指农民工住房需求的对象并非全部是上市交易的商品住宅及其相关服务，还包括公房、企业自有房屋及其他居民自有的住房。基于农民工自身的特点和收入等现实状况，农民工以投资为目的的住房需求取向不在我们的研究范围内。

5.1.1　农民工住房需求的影响因素

5.1.1.1　农民工群体的消费特征

农民工的消费行为是他们在日常生活（包括衣、食、住、用、行、劳务消费等）过程中，为了满足他们的自身物质和文化生活的需要，根据其收入条件取得消费资料并进行消费的行为总和。消费不仅是经济或心理现象，而是一种集经济、心理、文化和社会现象为一身的综合性现象。消费不但是经济学意义上的消费者追求个人效用最大化的过程，而且也是社会学意义上的消费者进行“意义”建构、趣味区分、文化分类和社会关系再生产的过程[1]。农民工作为一种特殊群

[1] 严慧，夏辛萍．农民工消费行为考察——与下岗职工消费行为比较［J］. 消费导刊，2006（11）：224-230.

体，其在消费过程中表现出了不同于城市其他群体的特异性。通过对农民工群体消费特征的考察，有助于分析消费特征对农民工住房需求的影响。

由于消费是收入约束下的行为，通过对农民工收入及其特征的分析，可总结出其消费特征的基本表现，主要有如下几个方面：

（1）农民工的消费是预算约束下的支出行为

农民工个体的消费额是在预算约束下形成的，在选择预算方法时，一般农民工主要用当期收入进行消费，只有在突发事件降临时，不得已才会动用储蓄或进行借款消费。他们的预算方法是，计划支出额＝预计该期收入总额－计划储蓄额，正如经济学家们分析的，用这种方法制定消费预算的家庭，多半是储蓄意识很强，但收入水平不高的家庭[1]。农民工正是这样一个消费群体。

（2）低档期消费倾向、高储蓄倾向

农民工制定的消费预算，意味着其事先规定自己的消费和储蓄的比例，即按主观选择的方式较理智地对自己维持生存的消费和挣钱养家的目的进行安排。由于农民工被排除在城市社会保障范围之外，而农村又缺乏相应的社会保障体系，在风险分散机制缺乏的情况下，农民工将大量的收入储蓄起来以应付各种风险，而其当期消费倾向则明显偏低。而农民工“家庭共同体”的消费意识和延期性消费的存在也使得农民工心理储蓄额度大大增加。

（3）求廉的消费动机占主导

农民工在对消费对象的选择上，突出特征是求廉求实的消费动机占主导地位。他们在城市为了多积攒些钱财，一般都节衣缩食，找最便宜的住处，吃最节省的饭菜，千方百计降低迁移流动成本。

（4）消费构成偏重于生存型消费

农民工求廉的理性消费占主导地位主要表现在他们的消费构成偏重于食物等生存型的消费，这些消费由于缺乏弹性，对收入变化、市场价格变化反应不敏感，因此，农民工的消费具有一定的稳定性和恒常性，即消费结构不会随着市场的价格变化产生很大变化。

（5）消费分化不明显

虽然在消费观念等方面不同地域、不同职业的农民工存在一定的差异，但从整体来看，无论是农民工的消费倾向、储蓄倾向、对满足型消费品的认识态度等方面的分化并不明显，这也是与农民工群体整个经济、社会地位、收入水平以及乡村文明的传承性相关的。

从以上分析可知，农民工的消费支出水平是具有传承性的，其当期消费支出往往会延续上一期的消费支出模式；农民工的消费是预算约束下的支出行为；农

[1] 臧旭恒．中国消费函数分析［M］．上海：上海三联书店，上海人民出版社，1994：36.

民工的支出与其财富积累有关。因此，农民工的住房消费支出也应表现出同样的特性，与上一期住房消费额、收入和储蓄相关。

5.1.1.2 农民工群体的社会空间特征

农民工由农村来到城市以及在城市中的空间秩序是“生存压力”和“理性选择”共同博弈的结果，包括农村资源环境（如人多地少，劳动力过剩）恶化带来的生存问题，也包括制度性壁垒的存在、解冻和逐渐宽松的事实。在这种“生存压力”和“理性选择”的背后，“无形的手”不仅仅是利益最大化的经济理性选择，而是存在体制、群体、个体的相互联系和制度、市场和社会关系网络的内在作用。因此，农民工在城市中的秩序可看做一种多维决定的“人造的秩序”，即一种组织或安排源于外部设计的秩序。而农民工的社会空间是在这种秩序下的一种综合表现，决定农民工的行为取向、利益构架和对社会体制或其他群体的影响力，即农民工的行为空间、利益空间和影响力空间。

对于农民工的行为空间而言，一方面，农民工在城市的许多行为带有明显的传承性，即传承于其地域、文化、家庭的属性，而农民工在城市中也是着重依托于其“乡土资源”，如对地缘、血缘关系的重新构建或复制，这是农民工在城市中为追求自身利益理性追求的结果，是实现最大化生存效用的必然选择；另一方面，与一般农民相比，他们的行为在很多方面表现出显著差异性，这种行为是杂糅了农民工先期在乡村社会获得的行为经验和到城市后获得的行为经验的混合体，显示出明显的杂糅性。

对于农民工的利益空间而言，主要表现为两个方面：第一，农民工的利益空间被体制严重挤压，而挤压的原因在于农民工的弱势地位，农民工的户籍身份决定了他们生活在城市却得不到与城市居民同等的权利，许多企业为追求更多的利润，大量使用廉价的农民工，却不按政策给他们应有的报酬，农民工的基本权利得不到保障。而且这种差异延续到了农民工的下一代身上，不少农民工子女面临着教育和卫生保健等问题；第二，农民工也在拓展与维护自身利益空间，农民工作为理性人，其也有基于自身属性的利益空间，农民工进入城市，建构了属于自身的利益空间，并在努力维护，突出表现在农民工的各种实际需求及其外在实体反映。

对于农民工的影响力空间而言，则表现在农民工话语权的缺失和生活方式的边缘化。由于在农民工身上，二元体制的松动仅仅体现在户籍制度对农民职业规定功能的取消，其对农民身份规定的功能仍在发挥作用。农民工的流动仅仅是地理意义上的流动，而不是身份意义上的流动。农民工社会地位的获得仍要受到以户籍身份制为依据的评价标准的影响，影响其身份界定的城乡分割制度仍在一定范围内发挥作用。而正是这种职业身份与户籍身份的分离，造成了农民工在城市社会中话语权的缺失。

因此，农民工社会空间的特征及构成如图5-1所示。

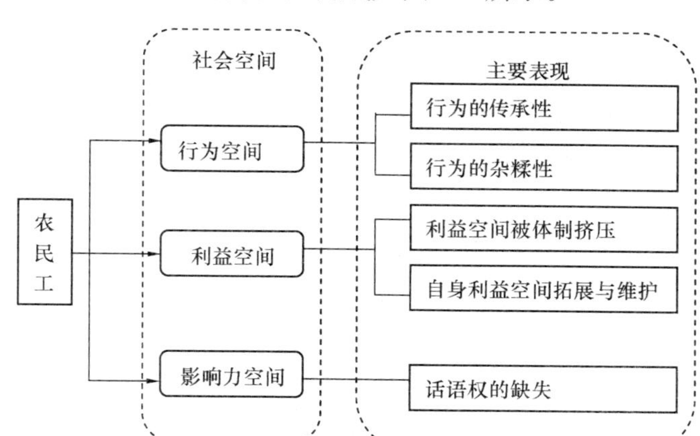

图5-1　农民工社会空间的特征及构成

从以上分析可知，农民工社会空间体现出农民工在整个社会体系中的地位及其行为空间、利益空间与影响力空间。它们直接影响着农民工在城市的住房需求特征，也影响着解决农民工住房问题的途径。

5.1.1.3　农民工群体的居住空间特征

农民工由农村进入城市，在空间上类同于将一个迥异于城市社会的群体“镶嵌”入城市的社会空间和实体空间，必然在实体空间形态上受到影响居住分异的力量的作用，从而呈现出不同的特征，通常表现为有机构成型居住空间特征、社区型居住空间特征和散居型居住空间特征。

（1）有机构成型居住空间特征

有机构成型居住空间特征主要是由于体制性因素的作用，使一部分类型的农民工在空间上被固定在某一个城市空间上，如工棚、厂区宿舍等。具有这一类型居住空间特征的农民工在同一居住区通常具有同质的从业属性，即其从事的工作具有相似性，如在一个工棚中居住的都是建筑工，在一个厂区宿舍中居住的都是在这个工厂工作的工人，在一个出租屋居住的可能都是某个餐饮企业的服务人员等。但是，在同一个居住区居住的农民工来源却存在差异，即存在群体的内部差异性，这些农民工可能来自不同的地域，拥有不同的文化、社会背景以及不同的后天获致，如生活、工作经验等。这一类型居住空间特征，不仅使农民工的居住地与工作地比较近，方便出行工作，也便于雇主或企业主管理农民工。有机构成型居住空间特征在空间上呈现出廊道状的布局，即分布于工业区、服务业集中区域的周边。

（2）社区型居住空间特征

社区型居住空间特征主要由于农民工源于其社会空间特征而为了延续在乡村

业已养成的居住习惯和社会秩序，以及农民工在城市中的空间跃迁渠道的限制性的综合作用所形成的一种居住空间特征，外在表现主要为在城市边缘区、城中村的农民工聚居区。具有这一类型居住空间特征的农民工在同一居住区通常具有异质的从业属性，即在同一居住区居住的农民工可能从事着不同的职业，如在一个城中村居住的农民工虽然来源相似，但可能从事不同的职业，或即使从事相同的职业，也具有不同的职业细分（例如在废品从业农民工中，就有沿街收购者、货场主、货场雇工、捡拾者❶等不同的职业细分）。但在同一个居住区居住的农民工来源却存在着一致性，即存在群体的内部均质性，这是由于社会资本在农民工水平流动中起到了主导作用，自身拥有的社会关系网络是农民工空间跃迁的主要渠道，由于农民工的社会关系网络通常是基于地缘、血缘、亲缘等初等社会关系建立起来的，因此，农民工的空间跃迁结果必然是在空间上与和自己有着相同来源属性的农民工居住在一起。这一类型居住空间特征的出现，使其居民能够集合与其有着相同属性的其他人的力量，产生合力，以实现群体的防卫、支持、维护、攻击等行为。社区型居住空间特征在空间上呈现出斑块状的布局。

（3）散居型居住空间特征

散居型居住空间特征的形成通常是由于农民工工作属性（流动性较大的行业，如小生意经营者、搬运工、泥沙工、维修工、补鞋者、拾荒者等）的原因在综合衡量了房租、通勤费等因素后在城市中选择居住地。对于不同农民工个体而言，空间坐标的离散度很大。散居型居住空间特征的实现形式通常是租住城市居民或城市郊区农民的房屋，因此，在空间上呈现出多变的局面，且由于这一空间布局是自发生成的，因而具有自然衍生的特点。由于具有此类型居住空间特征的农民工住房的租期通常很短，因而在时间上也存在多变性。具有这一类型居住空间特征的农民工在同一居住区不仅从业属性存在异质性，而且在来源属性方面也存在异质性。这一类型居住空间特征是农民工实现自身经济价值的一种空间策略。散居型居住空间特征在空间上呈现出散点状的布局。

综上所述，农民工的居住空间特征可由表5-1概括：

农民工居住空间特征及其表现 **表5-1**

居住空间特征	空间形状	居民属性	居民从业属性	功能
有机构成型	廊道状	异质	同质	便于雇主管理
社区型	斑块状	同质	异质	防卫、支持、维护、攻击
散居型	散点状	异质	异质	农民工实现自身经济价值的一种空间策略

❶ 唐灿，冯小双.“河南村”流动农民的分化［J］. 社会学研究，2000（4）：72-85.

5.1.2　消费特征影响下的农民工住房需求

5.1.2.1　农民工住房消费的传承性——对上一期住房消费支出额的考察

设农民工上一期住房消费支出为 Ch_{t-1}，当期住房消费支出为 Ch_t，当期收入为 Y，上一期和当期其他支出分别为 Co_{t-1} 和 Co_t。农民工当期住房消费支出函数为：

$$Ch_t = Ch_{t-1} + f(Y, Ch_{t-1}) \tag{5-1}$$

式中，$f(\cdot)$ 是农民工根据上一期住房消费支出判断出的住房消费支出变化额，由当期收入 Y 和上一期住房消费支出额 Ch_{t-1} 决定。

由于农民工的收入在短期内具有恒定性，上式可改写为：

$$Ch_t = Ch_{t-1} + f(Co_t, Ch_{t-1}) \tag{5-2}$$

从式（5-2）中可以看出，Ch_t 与当期其他消费支出额 Co_t 相关。农民工在城市的其他消费支出大部分为生存型消费支出，弹性很小。由式（5-2）可以推导出，农民工当期住房消费支出额 Ch_t 与上一期期住房消费支出额 Ch_{t-1} 不会有很大变化，农民工更倾向于居住在原先居住的房屋中，农民工住房消费支出存在着传承性。因而，农民工当期住房需求特征也存在着传承性，即与上一期住房需求特征有关。

如图 5-2 所示，纵轴 A 为住房带给农民工的效用，横轴 T 为时间。0—t_1 时段为上一期的住房消费时段，其住房需求的效用为 a_m。由于当期住房需求特征与上一期住房需求特征存在着传承性，在 t_1 时刻以后，农民工对住房需求的目标效用也为 a_m，在 a_m 上下一定范围内（$a_l < a'_m < a_h$）波动，但通常不会发生太大变化。

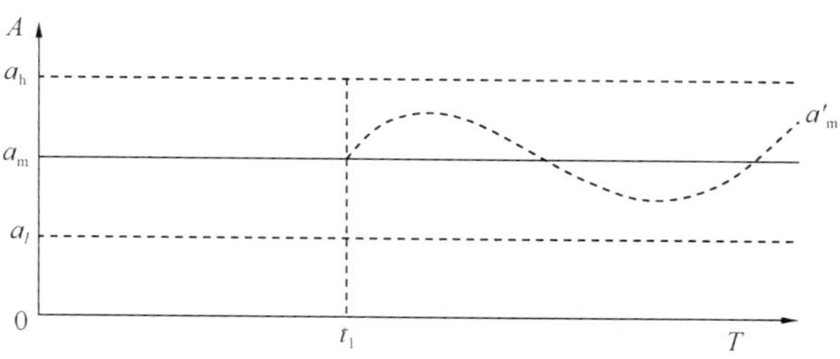

图 5-2　农民工住房需求的传承性图示

当期住房消费支出与上一期住房消费支出相关，对上一期不存在显性住房消费支出的农民工而言，其当期住房消费支出仍将为 0；而对于上一期存在显性住房消费支出的农民工而言，其当期住房消费支出是在上一期住房消费支出的基础上做出的选择。因此，大部分农民工从经济上讲并没有切实的住房需求，真正在城市中有切实住房需求的是那些从事流动行业的农民工，他们应是政府为农民工供给住房最主要的受益群体。

5.1.2.2　农民工住房需求的低层次性与非正规性——对消费者偏好的考察

消费者购买商品时要受其收入的限制，即预算约束。农民工到城市的主要目的是挣钱，储蓄是他们对收入一个主要去处；农民工的消费支出主要包含4类，即基本生存消费（自己及家人温饱和最基本的医疗消费，不包括住房）、住房消费、子女教育及其他（如人情世故消费等）。由此，在不考虑信贷支持的情况下，农民工的收入与消费可用式（5-3）表示：

$$Y = P_h X_h + P_s X_s + P_e X_e + P_o X_o + S \tag{5-3}$$

式中，P_h，X_h 分别为住房（以租金形式表示）的单价及数量，P_s，X_s 分别为基本生存消费的单价及数量（自己及家人温饱和最基本的医疗消费，不包括住房），P_e，X_e 分别为子女教育消费的单价及数量，P_o，X_o 分别为其他消费的单价及数量，S 为收入中作为储蓄的部分。

需要特别指出的是，农民工个体的流动性、身份的特殊性和财产状况使得他们很难获得相应的信贷支持，就农民工本身来说，传统的消费习惯使得他们不会轻易做出借贷的决策——即使有条件、有机会。因此，农民工的预算约束不会受到信贷产品的影响，即在每一确定时段，农民工消费加储蓄的数额与其收入是相等的。

预算约束对农民工整体的住房需求会产生两个方面的影响：房屋租金选择、房屋属性选择。

第一，房屋租金选择。由式（5-3），得

$$\begin{aligned} P_h X_h &= Y - P_s X_s - (P_e X_e + P_o X_o) - S \\ &= Y - s - m_o - S = Y' - m_o - S \end{aligned} \tag{5-4}$$

农民工总体收入水平 Y 较低，为了在城市生存下去并维持劳动力的再生产，农民工的消费大部分都为生存型消费。建立在最低基础上的生存型消费，其外在表现是刚性的，即可以将 $P_s X_s$ 看作为一个常数 s。因此，$P_h X_h$ 由扣除生存型消费后的收入 Y'、其他消费 m_o 和储蓄的数量 S 决定。Y' 是在一个低水平上，加之农民工进城的主要目标是 S 最大化，这就决定了农民工可接受的房屋租金是在一个很低的层次上。如图5-3，纵轴 P 为房屋租金，横轴 Q 为住房给农民工带来的效用。农民工可以接受的均衡房屋租金 p_a，必然满足 $p_a < Y'$；而为了实现在城市中生存

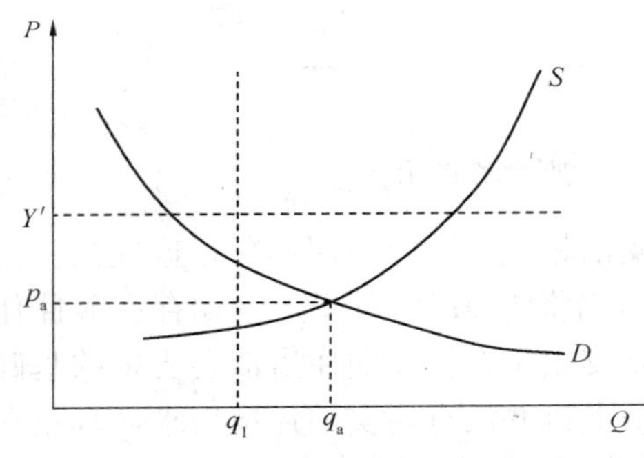

图5-3　农民工的住房需求的低层次性图示

和劳动力再生产的目标，必然有一个最低限度的房屋效用 q_1，即 $Q>q_l$。因此，农民工房屋供给与需求的均衡点必然在 p_h 之下，$q_1$1 以右。在实践中，农民工的选择通常是使 q_a 尽量接近于 q_1，相应地，q_a 也极低，外在表现为条件简陋、面积狭小、设施不完善、存在安全隐患等。因此，农民工的住房需求特征具有低层次性。

第二，房屋属性选择。收入水平决定了大部分农民工通常是在非正规的住房市场上进行选择，而在一些行业中，则是在既定的非市场上选择（如大部分建筑业、制造业、餐饮业工棚或员工宿舍等）。

如图 5-4，纵轴 P 为租金，横轴 Q 为房租的效用，S_c 为正规住房市场的供给曲线，D 为农民工住房需求曲线。由于农民工的收入水平较低，在预算约束下，农民工的住房需求曲线 D 与正规住房市场的供给曲线 S_c 不相交，农民工只能在非正规住房市场中寻找房源。非正规住房市场的供给曲线为 S_n，其与曲线 D 的交点即为农民工住房需求与供给的均衡点，该均衡点决定了农民工接受的房租水平 p_a 和相应的房屋效用 q_a。

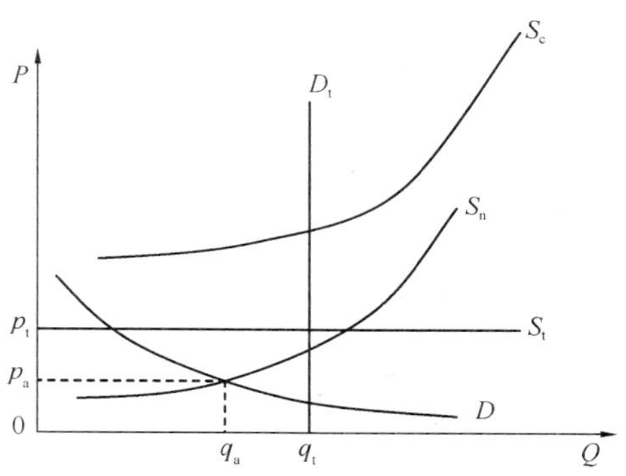

图 5-4　农民工住房需求的非正规性图示

对于那些不存在显性住房消费支出的农民工（如建筑业、制造业和一些服务业的农民工）而言，其住房供给是外生给定的、短期内是刚性的，其供给曲线为 S_t，农民工基本上被外生设定了住房供给的类型、区位等；在此情况下，农民工的住房需求是被限定了的一个常数，因此，其住房需求曲线为 D_t。对应的房屋租金（由雇主从农民工薪酬中扣除）和房屋效用分别为 p_t 和 q_t。

显然，农民工需求的目标市场是非正规市场，要么在城市边缘区、城中村的租赁房屋，要么由雇主外生给定，其住房需求特征具有非正规性。

5.1.2.3　农民工住房需求的稳定性——对收入不确定性的考察

农民工高储蓄倾向、低当期消费倾向的主要原因在于不确定性的存在。不确定性是指消费过程中，外部环境存在的一些风险性或不可预期性，包括收入不确定性和将来各种消费支出的不确定性。

根据已有的研究成果（庄佳，2006）[1]，我国城镇居民的边际消费倾向为 0.690，收入的不确定性与人均消费的相关系数为−0.150，农村居民的边际消费

[1] 庄佳. 不确定性影响我国居民消费行为的实证分析 [J]. 世界经济情况 (World Economic Outlook), 2006 (8): 26-29.

倾向为0.615，收入的不确定性与人均消费的相关系数为−0.177。这一结果显示出城镇居民的边际消费倾向稍高于农村居民，而收入的不确定性对农村居民消费倾向的影响大于城镇居民。

下面，根据中国社会科学院2006年农民工问卷调查报告在13个特大城市得到的相关数据，进行计量回归分析，寻找农民工的边际消费倾向和住房边际消费倾向的特点。具体的变量设置及含义如表5-2：

变量的设置及含义　　**表5-2**

变量名称	变　量　含　义
CONS	农民工平均每人全年生活消费支出（单位：元）
CONSh	农民工平均每人全年的住房消费支出（单位：元）
INCO	农民工平均每人全年可支配收入（单位：元）
UNCE	农民工的收入不确定性
CPI	居民消费价格指数

需要说明的是，收入不确定性的指标是借鉴卡罗尔（Carroll，1996）[1] 在研究预防性储蓄时采用的方法。以农民工人均纯收入的标准差作为衡量收入不确定性的指标。

基于以上设定，本文建立如下的计量模型：

$$CONS = \alpha + \beta_1 INCO + \beta_2 UNCE + \beta_3 CPI + \mu \tag{5-5}$$

$$CONSh = \alpha + \beta_1 INCO + \beta_2 UNCE + \beta_3 CPI + \mu \tag{5-6}$$

根据数据[2]进行广义最小二乘法估计，结果如表5-3所示：

模型的估计结果　　**表5-3**

	被解释变量：CONS	被解释变量：CONSh
INCO	0.553 (71.440)**	0.107 (18.725)**
UNCE	−0.206 (−2.498)*	−0.568 (−32.156)*
CPI	−3.332 (−1.424)	2.254 (2.493)*
R^2	0.995	0.991

注：括号中的数字为 *t* 统计量；* 表示在5%的置信水平下显著，** 表示在1%的置信水平下显著。

---

❶ Carroll，C. D.，Kimball，M. S. On the Concavity of the Consumption Function [J]. Econometrica，1996 (64)：981-992.

❷ 数据来源于中国经济信息网数据库。

上述结果表明，农民工边际消费倾向 $MPC=0.553$，农民工收入每增加 1 元，其消费支出就会增加 0.553 元，即农民工新增收入中大约 55.30%用于消费支出。对比我国城镇居民的边际消费倾向（0.690）和农村居民的边际消费倾向(0.615)，可以看出，农民工的消费较城镇居民或农村居民更趋保守和谨慎，在城市中生存所需要的较高的生活费用和相对微薄的薪酬使得农民工往往选择较低的当期消费。在新增收入中，仅有 10.7%的部分用于住房消费。这一结果表明，收入因素仍是制约农民工消费需求的最主要因素，收入的增加对住房消费的刺激作用远小于对其他消费的刺激作用。

由模型还可以看出，农民工消费支出与收入的不确定性呈负相关，这一结果表明不确定性已显著影响了农民工的消费行为。而对于住房消费来说，这一影响更为显著，相关系数达到－0.568，远超过收入不确定性与整体的消费支出的相关系数（－0.206）。这表明，农民工收入的不确定性对住房消费影响非常大，农民工更倾向于在既有的条件下保持住房消费的稳定，而将增加的收入中用于消费的部分更多地投入到其他消费项目中去。

根据以上分析，可以得出一个结论：在不确定性条件下，收入的增加不会带来农民工住房消费的大幅度提升，农民工的住房需求呈现出一定的稳定性。

5.1.3　社会空间特征影响下的农民工住房需求

5.1.3.1　农民工住房需求的实用性、二元性与不连续性——对农民工行为空间的考察

（1）农民工住房需求的实用性

农民工的传统型行为是来源于其主观意识的传统性和小农性，突出表现为吃苦耐劳、疏于享乐、安于现状等，传统型行为会影响到农民工对住房不同种类、不同层次的需求，即对不同效用住房的选择。基于在西安市和东莞市的问卷调查，设定农民工的住房效用倾向度。问卷设置的住房效用分为三等，即基本效用、满足效用及发展效用。

基本效用是指住房对农民工基本居住需要的满足。在这一效用下，农民工能生存并维持劳动力再生产，这一效用记作 U_b，具体表现为住房能够遮风挡雨、防寒保暖等。

满足效用是指住房在满足农民工基本居住需求的情况下，还能够满足农民工抚养或赡养的家人的居住以及提升生活品质等需要。住房对于农民工抚养或赡养的家人的满足效用主要体现在为农民工子女享受城市良好的教育条件和农民工长辈享受城市良好的医疗条件提供住所。住房对于农民工自身的满足效用体现在为农民工提升生活品质创造物质条件。如很多已婚农民工在城市住所为集体宿舍，只能把配偶留在农村，即使夫妻共同出来打工由于住房问题也难以生活在一起，

客观造成了其性生活不能满足的问题。因此，要实现住房的满足效用除了足够的面积之外，还要有一定的私密空间。满足效用记作 U_s，具体表现为足够的面积和私密性、齐全的设施等。

发展效用是指住房为农民工个体及其下一代的发展创造的条件，满足农民工为获取更好的社会身份、更好的职业以及未来在城市的生活、发展的需要。住房是农民工获取城市户籍的一个重要条件，也是农民工在城市创业、发展的基本要求，良好的住房条件能满足农民工在城市发展的需求。发展效用记作 U_d，具体表现为拥有房屋的所有权。

上述住房效用如表 5-4 所示：

农民工住房效用分层及解释　　**表 5-4**

效用分层	效用的具体外在表现
基本效用 U_b	遮风挡雨、防寒保暖
满足效用 U_s	足够的面积、设施齐全
发展效用 U_d	拥有房屋的所有权

在问卷中，基于上述三个层次的效用设计了 3 个选项供农民工按其重要性排序，西安市与东莞市两地各因素排第一位（最重要）的样本占样本总数的百分比见表 5-5。

西安市、东莞市农民工住房效用选择结果　　**表 5-5**

效用分层	西安市		东莞市	
	出现在第一位的有效频次	百分比（%）	出现在第一位的有效频次	百分比（%）
基本效用 U_b	987	81.50	482	77.62
满足效用 U_s	218	18.00	130	20.93
发展效用 U_d	6	0.50	9	1.45

数据来源：东莞市和西安市的问卷调查。

从表 5-5 中可以看出，大部分农民工更偏重于住房的基本效用 U_b，两地的基本情况相差不大，没有地域差异。这显示出，传统型行为在很大程度上影响了农民工的住房效用评价，他们对住房的选择倾向于其基本效用，而不贪图享受更具有高层次效用的住房。

将问卷中各效用分别赋以分值，即该效用出现在第一位时赋值为 5，第二位赋值为 3，第三位赋值为 1，分别基于每个样本的选择测算出每个效用的总分值，再除以样本总数，得出每个效用的相对分值，结果如表 5-6 所示。

基于西安市、东莞市数据的各效用分值表　　表 5-6

效用分层	西安市	东莞市
基本效用 U_b	4.87	4.79
满足效用 U_s	3.02	3.08
发展效用 U_d	1.11	1.13

数据来源：东莞市和西安市的问卷调查。

从上面的分析可以看出，在农民工传统型行为的影响下，农民工的住房需求明显显示出追求实用和适用的特点，而相应的住房需求特征可以描述为具有实用性或适用性。

（2）农民工住房需求的二元性

农民工身份认同困惑的结果是产生了乡土依赖和过客心态两种互相杂糅的行为。

在“乡土依赖”行为的影响下，农民工会在城市和乡村产生两个位于不同空间坐标的住房需求，即在乡村对基于宅基地的住房需求、为在城市存续和发展而产生的住房需求，前者是农民工在缺乏社会保障的情况下依靠自身的力量建立起来的现实的保障，后者则是农民工在城市存在的物质基础。因而，农民工的住房需求特征显示出明显的“二元性”。这两种类型的住房需求不存在替代关系，而是并存互补关系。图 5-5 为农民工在城市的住房需求曲线图 5-5（a）和农村的住房需求曲线图 5-5（b）。在农村地区由于通常是自己在自有宅基地上建房，不存在住房市场，因此，其需求是没有弹性的，且在一定时期内，农民工为保持其在农村的“保障”，必须要维持数量为 q_r 的住房。

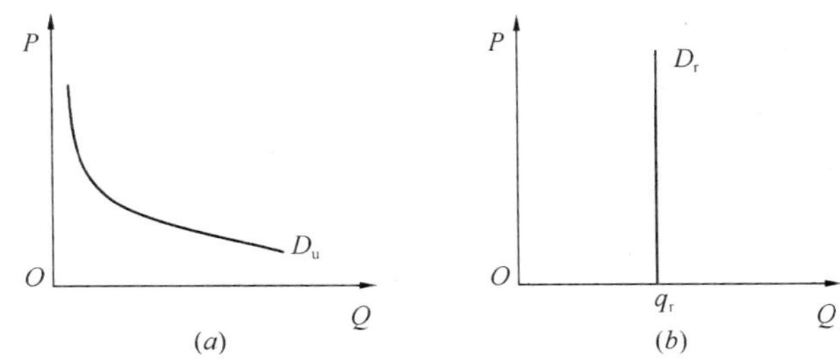

图 5-5　农民工在城市（a）和农村（b）地区的住房需求曲线

设农民工为维持其在城市的存续和发展，在城市需要 m 单位效用为 U_u 的住房，为维持其在农村的现实保障（及心理保障），在农村需要 n 单位效用为 U_r 的住房，则农民工的住房需求总量为

$$H = mU_u + nU_r \quad m \neq 0, n \neq 0 \tag{5-7}$$

mU_u 和 nU_r 不存在替代关系，即 m 的增加并不意味着 n 的减少，而往往是 m 的增加直接带来 H 的增加。在实践中，nU_r 的值在一定时期是固定的，但也存在 nU_r 增大的情况（如农民工在城市挣到钱后回乡增盖房屋）。

因此，在"乡土依赖"行为的影响下，农民工的住房需求特征呈现出在农村地区和城市地区双重需求的状况，可以以住房需求特征的"二元性"来表述。农民工住房需求的二元性特征使得在城市解决农民工住房问题会产生农民工"城乡二元占地"的情况。

（3）农民工住房需求的不连续性

农民工"过客心态"的行为反映在其住房需求特征上，就是住房需求的不连续性。由于农民工将自己定位为城市的过客，他们倾向于落叶归根，认为自己最终的归宿还是回到农村。因此，对于位置固定且价值量较大的住房，农民工的需求是阶段性，即这种需求并不是连续分布。假设：在 t 时刻，农民工需求数量为 m_t、效用为 U_t 的住房，其住房需求函数为

$$D_t = m_t U_t \tag{5-8}$$

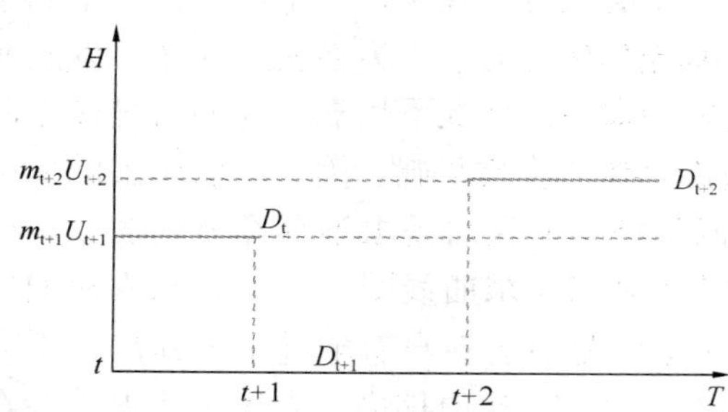

图 5-6　农民工住房需求的阶段性示意图

如图 5-6 所示，若在 $t+1$ 时刻，农民工放弃在城市中继续工作下去而返乡务农，则农民工在城市的住房需求为 $D_{t+1}=0$。而假设在 $t+2$ 时刻，农民工又返城务工，则农民工在城市的住房需求为 $D_{t+2}=m_{t+2}U_{t+2}$。这显示出了农民工住房需求的不连续性。

在"过客心态"行为的影响下，农民工的住房需求特征呈现出不连续性的特点。

5.1.3.2　农民工住房需求的自承性与妥协性——对农民工利益空间的考察

农民工的利益空间外在表现为两个方面，即被动型的利益空间和主动型的利益空间。农民工被动型利益空间表现为农民工利益被挤压，农民工主动型利益空间表现为农民工自身对其利益空间的拓展与维护。农民工住房需求在两种利益空间的影响下呈现出其自承性与妥协性的住房需求特征。

（1）农民工住房需求的自承性

农民工被动利益空间的主要特征是农民工的利益空间被挤压，突出表现在无法获取城市以社会保障形式存在、以城市户籍为门槛的公共资源，且城市政府也缺乏为农民工在城市立足提供更多的动力。

二元户籍制度使我国法律规定的许多公民权利，在实践中都不同程度、不同形式地与户籍制度相关联，形成了依附于不同户籍制度的各种权利。在这个体系

内，一个最重要的制度便是社会保障制度。我国现行的社会保障制度是在计划经济体制下建立起来的，二元社会的结构模式使得社会成员被人为地划分为城镇居民和乡村居民。在社会保障制度设计方面，原本主要是为国有企业职工设计的，明显表现出对城镇居民的倾斜，即城镇居民以就业单位作保障，有了单位就有了福利保障。而在进行市场经济改革后，相应的社会保障主体虽然由单位转为社会，但现有城市管理、服务体系仍局限于原计划时期的“属地管理”。原有的城乡按户籍分隔管理，对现实社会规模巨大的流动就业、特别是大量农民工进入城市就业、定居，缺乏科学、统一管理理念，使得庞大的社会群体长期游离于城市社会秩序控制体系外

农民工被排除在城市的住房保障范围之外❶，其住房需求只能通过自身的经济力量来支撑；同时，城市政府缺乏改善农民工生存状态的积极性，不会在寻找房源、住房维权等方面为农民工提供帮助，大部分农民工只能通过个人力量或小群体力量来实现对自身对住房需求的满足。

西安和东莞的调研（表5-7）显示，大部分农民工都认为政府不注重解决外来务工人员的住房问题。

西安市、东莞市农民工对政府在解决自身住房问题方面作为的态度　　表5-7

对政府在解决外来务工人员住房问题方面的态度	西安市		东莞市	
	有效频次	占样本总数百分比（%）	有效频次	占样本总数百分比（%）
重视，解决得很好	31	2.56	20	3.27
重视，但是没有得到切实的执行	167	13.79	93	15.20
不重视，没有看到什么措施出台	981	81.01	408	66.67
不清楚	32	2.64	91	14.87

数据来源：东莞市和西安市的问卷调查。

设农民工 i 的住房需求为 D_i，其当期的经济承付能力为 φ_i，该农民工根据自己的经济承付能力确定数量为 m、效用为 U_1 的住房，则

$$mU_1 = f(D_i, \varphi_i) \tag{5-9}$$

其中，$f(\cdot)$ 为农民工个体基于其住房需求和经济承付能力的决策函数。

而对于城市居民 j 而言，若其当期住房需求为 D_j，经济承付能力为 φ_j，该居民在没有住房保障的情况下，根据自己的经济承付能力确定数量为 n、效用为 U_2 的住房，则

❶ 自2007年下半年起，一些地区开始有限开放城市的住房保障资源给农民工，如将农民工纳入廉租住房保障范围、允许购买经济适用住房等，但并不普遍，而且实际开放资源的这些地区，农民工若想真正享受到这些福利，还需要履行繁琐的手续等。

$$nU_2 = f(D_j, \varphi_j) \tag{5-10}$$

城市居民可以享受到附着于其城市户籍的住房保障，不管这一保障是什么形式，都可以增加城市居民的承付能力，假设城市居民 j 当期能享受到的住房保障（实物折算为租金补贴）为 η_j，则居民 j 的住房经济承付能力变为 $\varphi_j + \eta_j$，他最终能获得数量为 l、效用为 U_2 的住房，即

$$lU_2 = f(D_j, \varphi_j + \eta_i) \tag{5-11}$$

对于农民工而言，由于无法享受到这样的住房保障资源，其仍然只能基于自身的经济承付能力获取 mU_1 的住房。

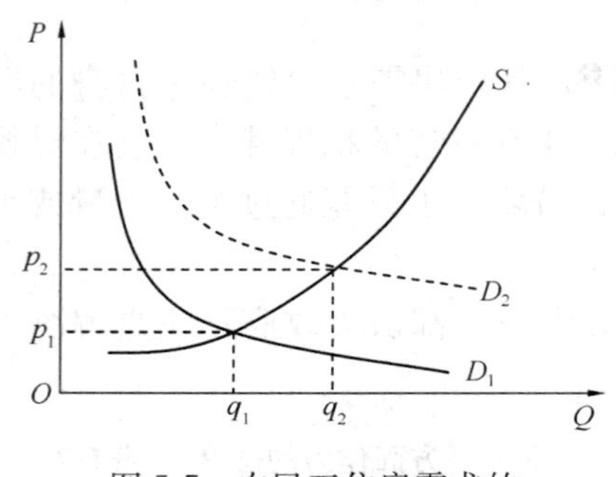

图 5-7 农民工住房需求的“自承性”特征示意图

如图 5-7 所示，农民工基于自身住房需求、经济承付能力等因素，确定了均衡价格为 p_1、数量为 q_1 的住房。假如农民工能享受住房保障，等于增加了他的经济承付能力，其住房需求曲线向右上方移动（“收入效应”），在新的均衡点，可享受到价格为 p_2、数量为 q_2 的住房；然而这种情况对于农民工而言是不可能的。

在被动利益空间的作用下，农民工自己承担住房费用而无外力协助，即农民工的住房需求特征表现出自承性。

(2) 农民工住房需求的妥协性

农民工的主动利益空间在现实中表现为农民工对自身利益空间的维护和拓展上，而维护和拓展的“利益空间”在现实中表现为农民工的各类需求的设立与满足。

农民工住房需求包括：生理型的住房需求 Dp，心理型的住房需求为 Dt 和拓展型的住房需求为 Dd。农民工 i 基于住房需求的主动利益空间 Φ_i 为：

$$\Phi_i = \{Dp_i, Dt_i, Dd_i\} \tag{5-12}$$

在受到外生制约因素 Γ_i 的作用下，农民工个人效用最大化所需满足的条件为：

$$\Phi'_i = \max(\Phi_i - \Gamma_i) = \max(Dp_i + Dt_i + Dd_i - \Gamma_i) \tag{5-13}$$

式（5-13）表明，农民工为了拓展和维护基于住房的利益空间，通常要对多个因素进行协调，即在考虑外生的制约因素 Γ_i 的作用下，平衡 Dp_i、Dt_i、Dd_i 之间的关系。

表 5-8 显示了西安市和东莞市两地农民工不同住房需求的实际满足情况。如“已婚农民工夫妻在打工地住在一起”这一选项可显示出已婚农民工能否实现其性的满足，而结果显示大部分已婚农民工夫妻双方不能居住在一起，处于分居状

态；“有孩子的农民工小孩在打工地上学”选项能够反映农民工住房在对子女教育方面需求（属于自我发展的需求）的满足程度，而结果显示大部分有子女的农民工其子女均不在自己身边上学，大部分农民工并未将实现自我或家庭发展的需求放在重要位置；“在现在所居的住所住是否感觉安全”选项可反映住房对农民工基本安全需求的满足状况，而结果显示大部分农民工并不认为住房实现了基本安全的需求。

西安市、东莞市农民工住房分类需求满足情况表 **表5-8**

项目		占样本总数百分比（%）		
		西安市	东莞市	成都市
已婚农民工夫妻在打工地住在一起		15.78	8.04	37.67
有子女的农民工小孩在打工地上学		25.71	7.62	27.25
现在所居的住所	安全	24.86	8.17	—
是否感觉安全	不安全	75.14	91.83	—

数据来源：西安市、东莞市和成都市的问卷调查。

上述结果表明，农民工现有的住房不能给其有效的满足，即农民工的主动利益空间的拓展与维护在多种外生力量的影响下没有达到合理的或预想的状态。这一结果也显示了农民工在协调平衡 Dp_i、Dt_i、Dd_i 之间的关系时，通常是做出了很大的妥协，不得不将那些相对次要的需求舍弃掉。如性的需求虽然是基本需求，但由于高昂的房租，夫妻租住一个单间显然要支付不菲的经济代价，于是，大部分农民工在权衡了经济代价后，都舍弃了这一基本需求，双方都去挤集体宿舍。从调研情况看，越是在经济发展较好的务工地，农民工越难以支付高昂的房租，夫妻租住一个单间的概率越小，表明农民工主动利益空间受到经济约束。

如图5-8，横坐标为住房综合支出额（C，包括经济上的支出和其他类型的支出，如搜房成本等），纵坐标为相应的住房属性（H），曲线 U_1，U_2 及 U_3 分别为住房对应于不同需求类型 Dp_i、Dt_i、Dd_i 的住房需求曲线，h_0 为满足农民工生存及劳动力再生产最基本的住房条件。

若农民工为实现自身对住房的需求 h_1，即在 Dp_i、Dt_i、Dd_i 之间权衡与选择时倾向于同时满足这三类需求，则农民工必须支付的综合支出额为 y_1。如果农民工在综合衡量后，基于自己的支出额选择妥协而舍

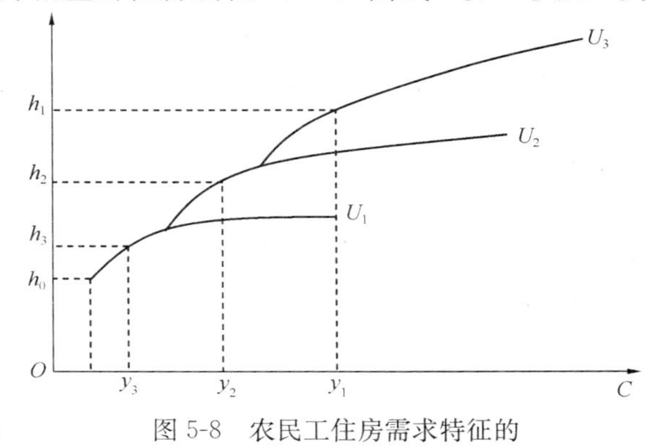

图5-8 农民工住房需求特征的“妥协性”示意图

弃对 Dd_i 的追求，则农民工就会在支出额为 y_2 的情况下选择的住房需求为 h_2。进而，如果农民工在权衡且妥协后，决定舍弃对 Dt_i、Dd_i 的追求，则农民工最终的住房需求为 h_3。因此，农民工住房需求的权衡与选择过程实际上也是一个不断妥协的过程。

在农民工主动利益空间特征的影响下，农民工的住房需求表现出"妥协性"的特征。

5.1.3.3 农民工住房需求的内循环性——对农民工影响力空间的考察

农民工的影响力空间具体表现为农民工个体或群体对其他社会群体或个体以及社会体系本身的影响能力，而这些影响往往是通过在社会体系中所形成的并为社会成员所接受的个人或群体的社会影响力来实现。这一影响力的实体表现便是话语权。

所谓话语权，是指在特定的社会情景下掌握对社会行动及其相关规则的言语规范的权利[1]。按照福柯的观点，"话语意味着一个社会团体依据某些成规将其意义传播于社会之中，以此确立其社会地位，并为其他团体所认识"[2]。话语权是行动者极其重要的权力，它是其他权力的基础，同时又是其他权力追求的终极目标之一。无论是对单个行动者还是作为整体的集群，话语权力在制定各种社会规则、参与社会行动中都发挥着重要的作用。它不仅潜在地影响到社会行动者参与社会行动的范畴、模式、规范及行为准则，更直接决定其在社会行动中所获得或所追求的经济和政治利益。

通常情况下，为了自身更大的发展，为了巩固或改变拥有的社会地位，各阶层加大对资源特别是权力资源的追求，而话语权便是重要的权利资源之一。而在实践中，农民工这个弱势群体，在拥有精英话语权、知识话语权、权力话语权强势攻击下，表达的空间越来越有限，农民工话语权被边缘化。话语权边缘化使得城市社会倾听不到农民工的声音，漠视乃至怀疑、害怕农民工，而农民工群体也由于缺乏对城市社会的话语权，没有掌握对自己生存利益相关的社会事物的影响力，没有合法的、制度化的利益表达渠道和利益诉求渠道。

在话语权缺失的情况下，农民工影响力空间有限，其住房需求也会受到相应影响。农民工话语权的缺失对农民工住房需求的影响有两个方面，即后致影响和前向影响。

后致影响。第一，农民工缺少表达自身利益诉求的合理途径，政策制定者和政策执行者往往不能了解到农民工的住房现状及其真正的住房需求，因而在政策制定和执行过程中，往往对农民工的利益缺乏考虑，或者政策产生偏差。在此情

[1] 欧文·M·费斯（Owen M. Fiss）著，刘擎，殷莹译. 言论自由的反讽［M］. 北京：新星出版社，2005：132.

[2] 王治河. 福柯［M］. 长沙：湖南教育出版社，1999：159.

况下，农民工的住房需求倾向只能封闭在农民工群体内部，在内部实现内循环，即产生需求→需求表达→缺乏渠道→无反馈→需求表达；第二，由于在信息沟通方面的障碍，农民工无法在住房市场上表达自身的住房需求，住房市场也无法对这种需求进行反馈，因而，农民工住房需求只能在农民工群体内部或者非正规住房市场实现内循环。

于是，农民工的住房需求通常独立于城市住房市场和住房制度的“需求—反馈”体系之外，没有对农民工住房需求的供给回应或政策回应。表 5-9 显示，绝大部分农民工都没有听说过廉租住房的政策，超过 80％的农民工认为政府和社会没有考虑到自己的住房需求，大部分农民工还是倾向于依靠自身的力量实现住房需求。调查结果在两地间无明显差异。

西安市、东莞市农民工住房相关问题调查结果　　表 5-9

项目		西安市		东莞市	
		有效频次	占样本总数百分比（％）	有效频次	占样本总数百分比（％）
是否听说过“廉租房”	听说过	39	3.22	17	2.78
	没听说	1172	96.78	595	97.22
您认为自己的住房需求政府和社会考虑到了吗	没有考虑到	1023	84.48	537	87.75
	考虑到	105	8.67	39	6.37
	说不清	83	6.85	36	5.88
您认为解决自己的住房问题要依靠谁	政府	233	19.24	69	11.27
	社会	67	5.53	23	3.76
	自己	883	72.91	485	79.25
	说不清	28	2.31	35	5.72

数据来源：东莞市和西安市的问卷调查。

前向影响。由于农民工的话语权缺失，社会其他群体通常不会去了解农民工的住房需求状况，这就造成了农民工住房需求特征或者对住房利益的诉求常常被漠视，农民工住房方面的权益常常得不到维护并受到侵害。在这一层面上，农民工的住房需求也是在其内部实现内循环，无法突破既有的壁垒。2007 年在北京市对北京市民的一项调查[1]也显示出了这一结果。在对市民的调查中，超过 75％

[1] 2007 年北京市对北京市民的住房调查是北京市哲学社会科学“十一五”规划项目的配套调研，有效样本总数为 2541 份，涉及北京市内城四个区（东城、西城、宣武、崇文）和城郊四个区（海淀、朝阳、丰台、石景山）。

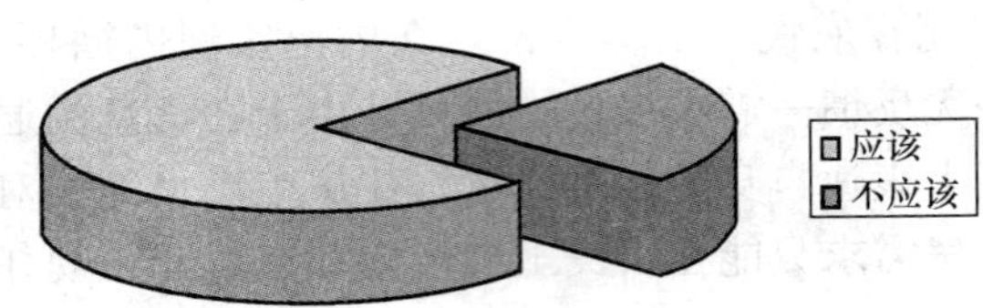

图 5-9 北京市城市居民对农民工是否应享受廉租房的态度

数据来源：2007 年 5 月对北京市居民的调查问卷。

的北京市居民不赞同为农民工提供廉租住房，如图 5-9。

由上述分析可知，由于话语权缺失，农民工的住房需求缺乏通达住房市场和住房政策的有效渠道，导致住房政策不能根据农民工的住房需求特征而予以政策反馈，住房市场也不能予以市场反馈。农民工的住房需求只能在农民工范畴内实现内循环，进而引起屏障的阻碍作用更强，农民工话语权越发缺失，进入一个循环的陷阱（图5-10）。

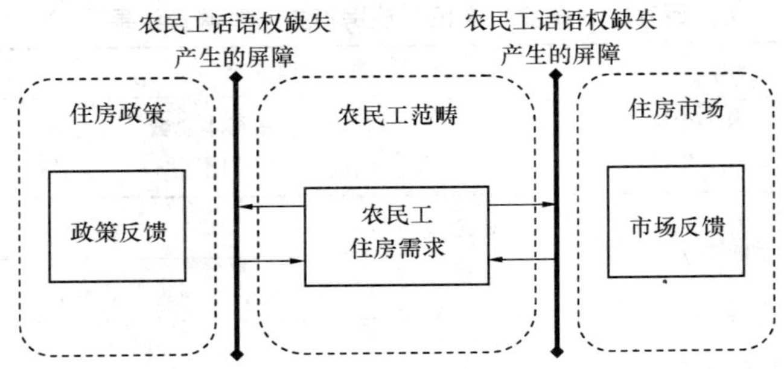

图 5-10 农民工的住房需求特征的“内循环性”图示

5.1.4 居住空间特征影响下的农民工住房需求

（1）有机构成型居住空间特征对农民工住房需求的影响

具有有机构成型居住空间特征的农民工一般由企业或雇主统一安排住宿，这类农民工一般居住在工厂或者工作地点周边，由企业或雇主提供就餐，并统一管理，如统一的就寝起床时间，统一的用餐时间和娱乐时间等，更接近于一种校园式或军队化的管理模式。具有此种类型居住空间特征的农民工一般按照职业分布聚集在一起，和外界联系很少。他们的住房需求是被外生限定的，这一限定不仅是房屋属性（包括房屋面积、设施等）的限定，更是一种空间坐标的限定。

因此，农民工的住房需求在空间上具有明显的指向性，即被限定于工厂或工作地周边。

如图 5-11 所示，具有有机构成型居住空间特征的农民工，其住房需求特征在空间上表现为距厂区有效半径为 R（R 是可以容忍的通勤距离）的一个圆的范围内。农民工宿舍在厂区或工业区内的空间坐标通常由先期规划确定，即在进行厂区详细规划时，将生产区与职工生活区在空间上配套安排，在相应的用地上设置有厂区配套用地。另一种比较常见的情况是一些工厂利用闲置的厂房或仓储建筑物、构筑物改建为农民工宿舍，其内部设施条件与外在环境条件远不如前者。在空间关系上，农民工宿舍与厂房等是分开配套布置，但两者属于同一有机整体，即在很多工厂中表现为空间的内部围合，便于对工厂的员工进行管理。

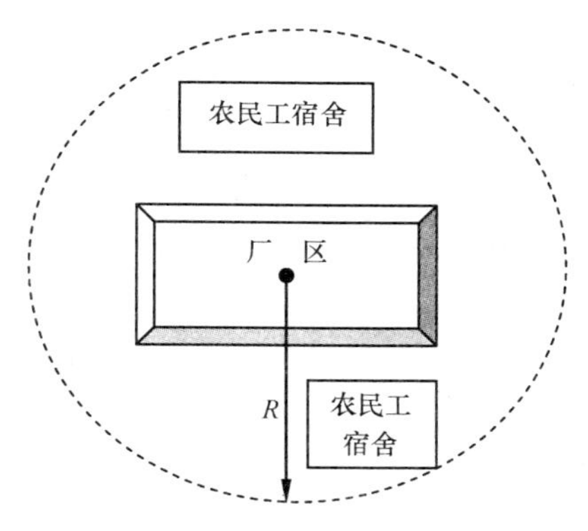

图5-11 具有有机构成型居住空间特征的农民工住房需求特征的空间表现

（2）社区型居住空间特征对农民工住房需求的影响

社区型居住空间特征对农民工住房需求的影响通常以农民工的空间取向为基础，分别通过下列形式产生影响：

第一，农民工迁移的“羊群效应”。农民工大多来自于偏远农村，缺乏现代的信息传播途径，社交圈子局限于狭小的自然村落，信息的获取主要通过人们之间口头传播，人们在决定是否外出务工以及选择务工地的时候主要依靠已经在外务工的亲戚或同乡所传递的信息。首先是原居住区内个别成员在大城市找到合适工作，然后将信息反馈给家乡的亲朋好友，带动少部分人出来，这一批人又会带动和自己有密切关系的人外出，这种过程不断进行，最终使原居住地的人口在异地重新聚居；

第二，收入水平的限制。大多数农民工在城市中从事简单的体力劳动，只能获取城市中最低水平的工资，不足以支付城市房产的价格，居住区域通常位于城市边缘区或城中村；

第三，思想观念的差异。农民工与城市居民思想观念上有差异，彼此难于沟通，并由此产生许多矛盾。大多数经济发达地区的城市人口存在不同程度对农民工的歧视心理，各城市制定规章制度中也存在歧视排斥农民工的现象。农民工之间，具有相同的社会地位，从事相同类型的工作，相互之间更容易交流。更为普遍的现象是，一个城市往往有大量农民工来自同一地区，他们具有相同风俗习惯、方言，交流起来更为自然，更趋向于聚居在一起；

第四，聚居区的聚集效应。农民工通过聚居在还会产生一些聚集效应，使人口进一步向已有的聚居区聚集。其一，农民工通过聚居在一起可以更好地维护自己的权益，在与政府的管理部门、企业主谈判或者自己的合法权益遭到非法侵害时，拥有更强的谈判实力和保护自己的能力；其二，大规模流动人口的聚集，导致聚集区内服务性设施不断完善，如饮食、娱乐、教育、医疗等，完善的服务设施使人口进一步向这个区域聚集；其三，通过聚居还能够获得更多有用的信息，通过相互之间的交流，人们更容易获得工作机会或者获得比现在工资更高的工作机会。

因此，具有社区型居住空间特征的农民工，其住房需求特征表现出明显的空间指向性，即指向其地缘、血缘或亲缘关系的空间坐标。在宏观上，这些空间坐标通常位于城市边缘区和城中村，因此，在空间形态上，表现出与原有基质住房空间分布特征相似的空间特征，如图 5-12 所示，农民工在原有的城市边缘区的聚落中越积越多，进而将原有的居民排斥，经过这一置换过程，新形成的聚落虽然在空间形态上还保持了原来的样子，但居民属性方面已发生了根本的变化。

图 5-12 北京市海淀区东升乡八家村农民工聚居区空间形态图

图像来源：Google Earth 中北京市海淀区的卫星影像。

(3) 散居型居住空间特征对农民工住房需求的影响

具有散居型居住空间特征的农民工一般都具有工作流动性大的特点，他们对住房的空间坐标选择通常是基于房租与通勤成本的权衡。设农民工 i 在住房 H 居住，需要支付房租为 r。农民工从住房 H 到上班的地点需支付通勤费用 Ch，花费时间成本 Ct。那么，农民工会倾向于选择满足式（5-14）的住房：

$$Tc = \min(r + Ch + Ct) \tag{5-14}$$

其中，Tc 是农民工居住在住房 H 所需的总花费。农民工在选择居住的空间坐标时，通常选择能够使 Tc 最小化的住房。

从西安市和东莞市的问卷调查结果来看，两地农民工普遍的策略是尽量降低通勤成本，即大部分都采用步行作为由居住地去上班地的通勤手段（如表 5-10）。

西安市、东莞市农民工的通勤手段统计表

表5-10

每天您在从住处去上班的路上的车费	西安市		东莞市	
	有效频次	占样本总数百分比（%）	有效频次	占样本总数百分比（%）
0元	859	70.93	464	75.82
1～2元	251	20.73	123	20.10
2～5元	101	8.34	25	4.08
5～10元	0	0.00	0	0.00
10元以上	0	0.00	0	0.00

数据来源：东莞市和西安市的问卷调查。

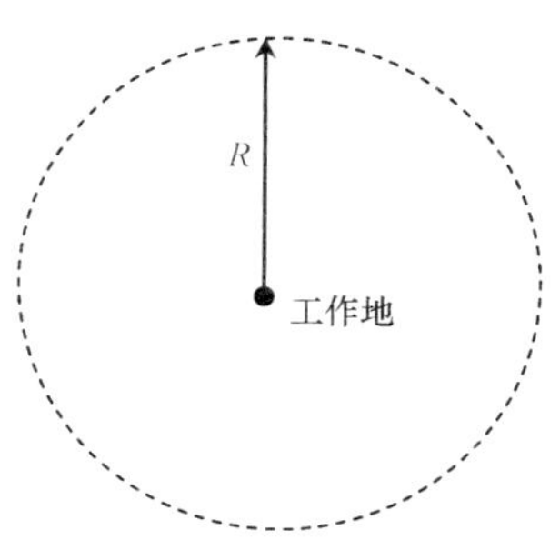

图5-13　具有散居型居住空间特征的农民工住房需求特征的空间表现

因此，具有散居型居住空间特征的农民工通常是在一个以工作地点为圆心，适当的通勤距离 R 为半径的圆面中选择住房，其住房需求的空间表现便是这个圆面，如图5-13所示。

5.2　农民工住房需求特征的差异化

5.2.1　农民工群体内部分异的演替

农民工离开农村进入城市寻找就业机会，是趋利机制的具体体现，其行为过程是在社会化的背景之下，由农民工离开农村社会而主动或被动融入城市社会的“空间嵌入”过程。从宏观上考察，这种行为可分为水平流动（horizontal mobility）和垂直流动（vertical mobility）。水平流动是物理意义上的个体空间位移，对农民工而言，由于是在物质资源差别极大的两类区域（农村地区和城市地区）之间位移，可称之为“空间跃迁”，反映了地理空间结构的变化；垂直流动是社会或经济意义上的个体位移，即职业上的变动，对农民工而言，是从第一产业向第二、三产业位移，因此称为“职业跃迁”，反映了社会分层结构的变化。下文基于上述两种类型的“空间嵌入”分别进行说明。

5.2.1.1　农民工群体的空间跃迁——水平流动

农民工的空间跃迁正如物理学意义上的物质迁移或能量交换，其动力是环境系统的非均衡性，即场（field）[1] 的存在，而位势是场的量度。位势能导致物质

[1] 现代物理学在19世纪用力场的概念代替了力的概念，从而越出了牛顿物理学的边缘。在物理学中，场（field）是指物质存在的一种形式。电磁场为电子的运动与存在提供了物质基础．地球引力场为地球上的一切形式的物质，提供了一种赖以存在的空间。

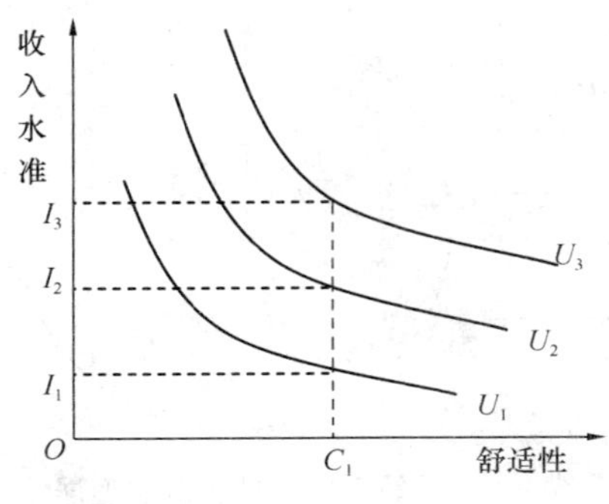

图 5-14　农民工空间偏好等效用曲线

迁移、能量交换和信息传递。农民工的空间物质形态的位移是环境条件和社会经济条件差异背景下的有场运动。环境条件可用舒适性来表征（如生活、教育、卫生等条件的便利等），而收入水准则直接反映人口移动的经济影响。

对于农民工而言，其收入水准和舒适性程度的个体空间偏好等效用曲线如图 5-14 所示。

图 5-14 中 U_1、U_2、U_3 分别为同一环境体系中的等效用曲线（对于农民工而言可设定为在农村、中小城镇、大城市的等效用曲线），在曲线上各点人口的空间偏好效用是一致的，即在同一环境体系中，个体如果想追求更高的收入，其舒适性必然会受到损害，而追求更高舒适性的代价则是收入水平的降低。因此，为了追求更高的收入而不降低舒适性，农民工选择跃迁入新的环境体系，如在舒适性为 C_1 的情况下，为了追求 I_2 或 I_3 的收入水平，必然会由农村地区进入中小城镇或大城市。

5.2.1.2　农民工群体的职业跃迁——垂直流动

农民工进入城市，意味着由同质的乡村进入一个异质性的城市，而异质性体现在城市内部的社会空间分异。城市中社会空间和边界往往是以职业来划分的，这是一种区域性的社会安排，通过各种制度性或日常生活的惯例，或者通过“发展逻辑”[1] 将城市中的个体在社会空间中“固化”，以便维持一种秩序的存在，使个体的日常生活实践和各种意识实践“嵌入”在各种客体场景之中，通过这些场景，来实现行为主体身份、地位、规则权利的确认、协商或权衡，对于农民工而言，则是实现主体重构。因此，农民工在城市中的职业选择在一定程度上决定了其主体重构的结果，即个体特征。

职业的内涵不仅仅是职业的社会声望评价，而且是一种社会地位的评价指标，它包括价值观、品味、眼界、财富、声望等，即处于社会地位等级体系中的职业地位，是由职业权力、职业所能带来的财富，以及职业所具有的声望所构成的[2]。职业是联系社会阶层深层结构和表层结构的结合点，它一方面与社会阶层深层结构中的财产所有权有关，另一方面又与社会阶层的表层结构相联系，因此不同职业所具有的社会声望、教育程度、经济收入和财富、生活方式、价值观念是有差别的，这也构成了群体内部分异的性状其过程如图 5-15 所示。

---

❶ 发展逻辑是基于个体的天赋和后致的特点，基于不同职业的属性，基于逻辑判断，预测出个体在未来可能获得的社会空间坐标。

❷ 庞树奇，仇立平．我国社会现阶段阶级、阶层结构初探［J］．社会学研究，1989（4）：15-17.

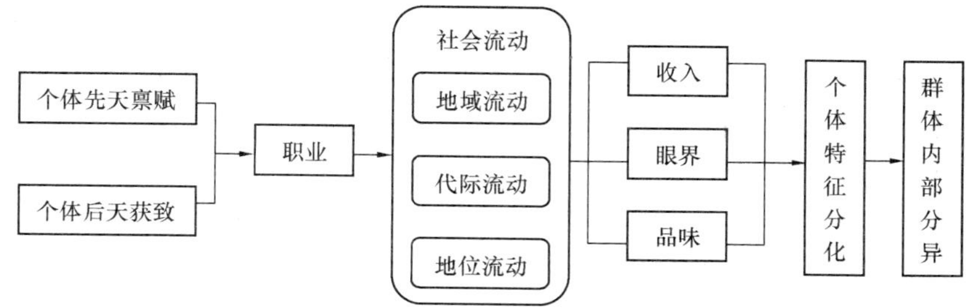

图 5-15　农民工基于职业分化产生的群体分异过程

由此可以看出，不同的职业跃迁形态会产生不同的主体特性，也即职业形态是决定农民工群体内部分异的另一个重要因素。

5.2.2　农民工群体内部分异的度量

5.2.2.1　农民工群体内部分异的度量指标——收入与职业

基于上文对农民工群体内部分异演替过程的考察，可以看出，农民工群体的内部分异的两个表现是职业分化和收入差距（或者说是收入层级化），因此可以以这两个因素作为衡量农民工群体内部分异的指标。虽然农民工群体内部分异的性状还可以由其他指标进行考察（如文化程度、从业层级等），但这些指标都与前两个指标存在很强的相关性，且不好量化，因此，为研究方便，选择农民工的收入和职业作为度量农民工群体内部分异的指标体系。

根据上文的设定，设农民工 i 的收入属性坐标为 I_i，职业属性坐标为 O_i，因此可以设定该农民工的属性坐标为（I_i，O_i），这一坐标能反映出农民工 i 在体系中的属性的特异性。不同农民工在这一体系中拥有不同的坐标，因此就产生了群体内部的分异。对一个农民工而言，其收入坐标可称为 I 坐标，而职业坐标可称为 O 坐标。

基于不同的属性坐标（I 坐标和 O 坐标），农民工群体表现出了内部分异的性状，因此，拥有相似属性坐标的农民工为同一类，因此可以以属性坐标划分农民工的类别。

由于收入对于每一个个体而言是不相同的，都有细微的差别，因此，若以每一个个体的收入作为指标时可能会出现划分出的农民工类型数过多的现象，因此，需要以收入区间作以代替，以减少指标的取值范围。对于职业而言也有此种状况，需要将那些具有相似属性的细微分工的职业合并。这样处理的结果便于研究。

5.2.2.2　对收入坐标的进一步设定

在魏建平等（2003）[1] 对收入层级划分的研究中，运用正态分布的基本原理，

[1] 魏建平，宋宝英，谢洪起．小康建设中中等收入群体界定与发展研究——以河北省城镇为例［J］．经济探索，2003（5）：20-23.

根据正态分布曲线的特性，并结合我国各阶层收入水平分布的特点，得出在一个“三分法”的收入层级体系中，中等收入阶层的下限（即低收入的上限）为平均收入减去总体收入差距的23%，而上限（高收入的下限）平均收入加上总体收入差距的18%。设一个群体的平均收入为C_a，最低收入为C_l，最高收入为C_h，则

低收入的区间为［C_l，$C_a-(C_h-C_l)\cdot 0.23$］；

中等收入的区间为［$C_a-(C_h-C_l)\cdot 0.23$，$C_a+(C_h-C_l)\cdot 0.18$］；

高收入的区间为［$C_a+(C_h-C_l)\cdot 0.18$，C_h］。

如某一群体平均收入为1000元，群体内最低收入为600元，最高为1200元，则中等收入的范围为862元［$1000-(1200-600)\times 0.23$］到1108元［$1000+(1200-600)\times 0.18$］。

因此可以借助这一方法将农民工的收入划分为（相对）高、中、低三个等级，分别以h、m、l表示。

由于农民工各职业间收入存在差距，因此农民工收入（相对）高、中、低三个等级的划分也是基于其职业内部的划分，如一个农民工的职业为家政服务员，则其坐标的划分基础是基于家政服务员的收入分布状况，即划分中所依据的平均收入、最高收入、最低收入都是对职业为家政服务员的人员进行的相关统计。

在经过上设定后，农民工i的I坐标的值可能是h、m或l中的一个。

5.2.2.3 对职业坐标的进一步设定

农民工的职业分布也呈细碎化状态，为了将相似的职业类型归并，可进行聚类分析。聚类分析又称群分析，就是根据样品或指标的“相似”特征进行分类的一种分类的多元统计分析方法，这里的类就是“相似”元素的集合。系统聚类的方法有多种，本研究采用离差平方和法（Ward法）。

职业的属性十分复杂，从不同的维度进行分析，可以形成不同的职业分化类型。因此，需综合选定能表征职业属性的指标。本研究选取平均收入（X_1）、职业收入的标准差（X_2）、周工作时间（X_3）、住房面积（X_4）、月度住房支出（X_5）、居住地与上班地距离（X_6）6个指标作为判定职业分化的标准。前X_1、X_2表征基于职业的收入水准以及职业群体内部的收入差距情况，X_3表征职业的工作性质（连续劳动或断续劳动），X_4及X_5表征该职业的住房情况（是否为雇主提供住房，住房属性等），以便为下文分析农民工的住房消费特征作以铺垫，X_6则表征了职业的空间属性。

基于西安市调查问卷的相关统计数据（需进行数据的标准化处理），对12个职业类型[1]的6项指标进行聚类分析。计算样本间的欧式距离，根据Ward法，

[1] 12个职业是最初的设定，分别为建筑工、保安或门卫、餐饮娱乐服务员、家政、其他服务业、批发零售、制造业员工、流动商贩、打零工者、自雇或个体户、清洁工、运输业员工。

进行 Q 型聚类分析。Ward 给出与分类有关的几个统计量的值，如表 5-11 所示。

聚类过程的有关统计量　　表 5-11

统计量	样本被合并的类数					
	1	2	3	4	5	6
Pseudo F	n. a.	71.2	57.8	44.3	56.1	55.4
Pseudo T^2	71.2	20.4	9.1	13.0	7.1	5.6
R^2	0	0.706	0.802	0.845	0.886	0.921
SPRSQ	0.7025	0.0812	0.0543	0.0361	0.0198	0.0120

数据来源：西安市调查问卷。

从表 5-11 中可以看出，Pseudo F 统计量在归为 2 类、3 类或 5 类时较大，说明将农民工的职业归为 2 类、3 类或 5 类较好。Pseudo T2 统计量在归为 1 类、2 类、4 类时较大，由于 T2 大表明上一次聚类的效果好，所以由 Pseudo T2 可知归为 2 类、3 类、5 类时较好。类似的由统计量 R^2 和 SPRSQ 可得归为 3 类或 5 类时较好。考虑到类的个数应该具有一定的实用性，所以，最终将农民工的职业划分为 5 类。分类结果如表 5-12。

聚类过程输出的有关统计量　　表 5-12

类别	样本个数	包含职业类型	代号	说明
1	312	建筑工	b	
2	425	餐饮娱乐服务员、其他服务业、保安或门卫、清洁工、运输业员工	s	综合服务业
3	337	制造业员工	m	
4	88	批发零售、流动商贩、自雇或个体户、打零工者	c	流动性较大的职业
5	49	家政	h	

数据来源：西安市调查问卷。

因此，农民工 i 在农民工群体内其属性坐标为：

$$(I_i, O_i), I_i \in (l, m. h), O_i \in (b, s, m, c, h) \tag{5-15}$$

每一个农民工都有自己的坐标，而有着相同坐标的农民工为一类。因此，通过农民工的属性坐标（I_i，O_i）可以度量出农民工群体的内部分异性状。

需要注意的是上述的度量过程是在同一个环境体系下的，即只有在同一个区域（城市）的农民工才能进行比较，跨区域比较并分类是不能采用上述方法的且没有意义。

5.2.2.4　西安市、东莞市农民工群体内部分异的度量

基于上述的方法度量统计问卷涉及的西安市、东莞市的农民工群体内部分异的性状。分别确定农民工个体的属性坐标（I_i，O_i），其中 I 坐标可通过上文中对 h、m、l 的确定公式来确定，O 坐标可通过表 5-12 确定。将两地各类坐标的相关

属性即问卷涉及的1823个农民工个体的分异的基本情况列于表5-13中。

西安市、东莞市农民工群体内部分异性状 **表5-13**

编号	属性坐标	西安市		东莞市	
		涉及样本数	相同O坐标群体占总样本数的比例（%）	涉及样本数	相同O坐标群体占总样本数的比例（%）
1	(l,b)	63	20.19	9	21.95
2	(m,b)	164	52.56	22	53.66
3	(h,b)	85	27.24	10	24.39
4	(l,s)	88	20.71	38	20.77
5	(m,s)	236	55.53	99	54.10
6	(h,s)	101	23.76	46	25.14
7	(l,m)	41	12.17	45	13.80
8	(m,m)	242	71.81	231	70.86
9	(h,m)	54	16.02	50	15.34
10	(l,c)	18	20.45	10	23.26
11	(m,c)	51	57.95	23	53.49
12	(h,c)	19	21.59	10	23.26
13	(l,h)	6	12.24	4	21.05
14	(m,h)	38	77.55	12	63.16
15	(h,h)	5	10.20	3	15.79

数据来源：根据西安市、东莞市调查问卷的相关内容计算。

从农民工群体的内部分异性状可以看出以下三点：

（1）属性坐标为(m,m)及(m,h)的农民工类别，即中等收入的制造业员工（O坐标为m）与家政服务（O坐标为h）所占相应职业属性样本总数的比例较高。这反映出制造业和家政服务业收入水平的分化不明显，主要由于涉及这两类职业的劳动力市场的流动性和相对规范性，且劳动也具有同质性；而建筑业、综合服务业及流动性较大的职业收入分化却十分明显，I坐标为l或h的群体所占比例相对较高，这反映出这几类职业不具有稳定性，收入风险较高，劳动存在异质性，再加上流动性大，造成单位时间的工资水平存在较大差异。

（2）虽然地域之间存在着收入水平、产业结构等差异，但农民工群体总的分异性状基本相似。从表5-13中可以看出，虽然位于经济发达地区的以服务业和制造业为主的东莞市和位于西部地区的无明显主导产业的西安在产业结构、收入水平、农民工来源等方面存在巨大差异，但从相应的数据中可以看出，各属性坐标所占相同O坐标群体总样本数的比例具有相似性，即两地农民工群体的分异性状基本相似。这反映出我国虽然存在劳动力市场的地域分割，但随着农民工的大范围流动，不同地域之间的劳动力市场的差别越来越小，农民工群体基于各种外生因素和内在因素产生的内部分异也越来越趋同。

(3) 通过农民工个体的属性坐标（I_i，O_i）来度量农民工群体的内部分异在实践中具有很强的操作性，且便于实施。度量的结果基本可以反映出农民工群体的内部分异的演替结果，能够为基于农民工群体的内部分异性状的相关研究提供良好的基础。

农民工实现空间跃迁、进入城市以后，其个体将在收入、职业等社会经济意义上产生分异，这无疑导致农民工的住房需求产生差异。对农民工住房需求特征方面的差异性进行度量可从两方面入手，即静态差异性度量和动态差异性度量。

静态差异性度量，是度量出外生或内在条件影响不同类型农民工住房需求特征的差异性。通过计量分析，测算出：基于不同类型农民工，影响农民工住房需求特征的因素所表现出的数值差异。

动态差异性度量，是度量与住房相关的外界环境发生变化的情况下（如收入增长等），不同类型农民工的住房需求特征如何发生变换，以及在变化过程中表现出的差异性。由于边际住房消费倾向能较好地反映出在外界环境影响下农民工住房需求的变化情况，因而，以边际住房消费倾向作为动态差异性的度量指标。

需要说明的是，由于一些类型的农民工没有显性住房消费支出，因此，就无法测算出相应的住房支出数据，无法对其进行住房需求特征进行动态差异性度量和动静态差异性度量，因此，下文中度量的对象均是存在显性住房消费类型的农民工，其属性坐标为（h，s）、（l，c）、（m，c）和（h，c）。

5.2.3　不同类型农民工住房需求影响因素差异分析——静态差异性度量

5.2.3.1　模型建立与变量选择

(1) 模型建立

农民工的住房需求特征是由多种因素共同作用而导致的结果，影响农民工边际住房消费倾向的因素主要包括三类：一是就业情况，主要以月收入水平、职业类型反映；二是农民工所拥有的社会资本，主要包括农民工在当地的亲缘关系，由于这一变量难以测量，且不是政策供给需要重点考虑的问题，因此，对这一变量不作分析；三是农民工的消费观念，主要受其个人禀赋（如年龄、性别、婚姻状况和子女数量等）的影响。为研究方便起见，农民工的住房需求特征以农民工月度住房消费支出额代替。

建立农民工住房需求特征与影响因素之间的关系模型为：

$$\log H = \alpha_0 + \alpha_1 \log W + \alpha_2 Gender + \alpha_3 Marriage + \alpha_4 \log Age + \alpha_5 (\log Age)^2 + \alpha_6 \log CHildren + \mu \tag{5-16}$$

模型中，$(\log Age)^2$ 为收入对数的平方项，以此来反映年龄因素对于住房消费的非线性影响。基于数据基础，仅选择数据比较好的 $X(m,c)$,$D(m,c)$ 和 $X(h,s)$ 三类农民工。

（2）变量选择

根据以上分析，主要选择以下变量：

①月收入。一般认为，农民工的收入越高，其住房消费支出额越高，二者应该是正相关关系；

②年龄。农民工的年龄也是其消费观念的主要影响因素之一。一般认为，年纪较轻的农民工更倾向于住在条件相对较好的房屋里（在调研中发现，大部分类型的已婚农民工夫妻双方很少有住在一起的情况），但是在实际调查中发现，农民工住房消费数额随年龄的增加呈先增后减的倒“U”形变化趋势；

③性别。农民工的性别是其消费观念的主要影响因素之一，因此，对其住房需求也有重要影响。一般认为女性农民工基于其自身的生理、心理特点住房消费支出额要大于同类型男性农民工；

④婚姻状况。农民工的婚姻状况也是其消费观念的主要影响因素之一。一般认为，已婚农民工由于家庭负担较重，使得其住房消费支出额比未婚农民工少；

⑤子女数量。农民工的子女数量反映了其家庭负担程度。一般认为子女数量较多的农民工其住房消费支出要少于同类型子女数量相对较少的农民工。

模型中各变量的具体含义表5-14如下：

变量的设置及含义 **表5-14**

变量名称	变量含义
H	农民工月度住房消费数额（元/月）
W	农民工月收入（元/月）
Age	农民工性别（男性=0，女性=1）
$Gender$	农民工婚姻状况（已婚=0，未婚=1）
$Marriage$	农民工年龄
$Children$	农民工子女数量（人）

5.2.3.2 各种特征农民工住房需求差异分析

模型的估计结果 **表5-15**

解释变量	$X(m,c)$		$D(m,c)$		$X(h,s)$	
	系数估计值	t 检验值	系数估计值	t 检验值	系数估计值	t 检验值
C	−9.338*	−2.346	−11.128*	−1.539	−8.256*	−2.041
$\log W$	1.539**	12.975	1.648**	8.216	3.549**	4.779

续表

解释变量	$X(m,c)$		$D(m,c)$		$X(h,s)$	
	系数估计值	t 检验值	系数估计值	t 检验值	系数估计值	t 检验值
Gender	0.153	1.864	0.113	2.033	0.088 *	2.564
Marriage	−0.194 *	−2.531	−0.129 *	−3.029	−0.105 *	−2.786
log*Age*	7.241 *	2.556	6.503 *	2.954	0.078	5.703
$(\log Age)^2$	−1.951 *	−2.106	−1.883 *	−2.094	−1.213	−1.912
log*Children*	−2.874	−1.125	−1.685	−4.324	−5.423	−2.531
F		35.182		43.221		28.833
R^2		0.307		0.392		0.268
$\overline{R^2}$		0.286		0.331		0.255

注：1. 数据来源：东莞市和西安市的问卷调查；

2. 表中 R^2 为样本决定系数，$\overline{R^2}$ 为修正后的样本决定系数，F 为 F 检验值；

3. * 和 * * 分别表示估计量在 0.05 和 0.01 的置信水平上显著。

模型的估计结果如表 5-15 所示。

从表 5-15 可以得出以下结论：

第一，对具有相同职业坐标的农民工来说，影响其住房消费支出的因素的作用趋向具有相似性。对比 $X(m,c)$ 和 $D(m,c)$ 相应的参数可以看出，两者在大部分参数上具有相似性；

第二，总的来说，收入水平能影响住房需求，收入增加，住房需求会增加。统计结果显示，收入变量的回归系数均为正，且较显著，收入因素对农民工住房消费支出额有显著的正向影响；

第三，性别对住房需求的影响与农民工类型有关。对 $X(m,c)$ 和 $D(m,c)$ 类型的农民工而言，性别变量的回归系数虽然为正，但在统计上并不显著；对 $X(h,s)$ 类型的农民工，性别变量的回归系数显著为正，说明该类型的女性农民工愿意花费更多的住房支出，$X(h,s)$ 类型的男性和女性农民工间存在着住房需求差异；

第四，已婚农民工更加倾向于减少住房消费支出。对所有类型的农民工而言，婚姻状况变量的回归系数都显著为负，反映在住房需求上则是已婚农民工的住房需求明显小于未婚农民工。这可能是因为已婚农民工有更大的家庭负担；

第五，年龄因素对农民工住房需求影响的程度，与农民工的职业类型有关系。对于 $X(m,c)$ 和 $D(m,c)$ 类型的农民工而言，log*Age* 的回归系数显著为正，而（log*Age*）回归系数显著为负，年龄因素对于农民工住房消费数额的影响方向是随着年龄的变化而变化的，该数额先随着年龄的增长而增加，后又随着年龄的增长而降低，呈倒“U”型关系；对于 $X(h,s)$ 类型的农民工，其回归系数在统计上并不显著，并没有明显表现出这一特性；

第六，对所有农民工类型来说，log*Children* 的回归系数虽然为负，但是在统计上并不显著，这表明家庭孩子数量的多少对农民工的住房需求没有显著的影响。

5.2.4　不同类型农民工边际住房消费倾向分析——动态差异性度量

农民工边际住房消费倾向，表示农民工的住房消费在扣除基本的住房消费（满足生存及劳动力再生产的住房条件相应的租金）后，剩余部分用于改善住房条件的比例。这一指标能反映出农民工对改善居住条件的态度和倾向性，进而能反映出在外界环境发生变化时农民工住房需求的变化趋势。下面运用扩展线性支出系统（ELES，Extended Liner Expenditure System）计量模型来测算农民工的边际住房消费倾向。

5.2.4.1　模型建立与变量选择

在对消费需求进行定量分析时，常用“线性支出系统”（LES，Liner Expenditure System）或者“扩展的线性支出系统”（ELES，Extended Liner Expenditure System）建立模型。最初，线性支出系统是把各类消费支出或需求量看做收入或总支出的随机函数。1954 年，经济学家斯通（R. Stone）在此基础上推出了一种较为复杂的线性支出系统 LES；1973 年，英国经济学家路迟（Liuch）又推出了扩展的线性支出系统 ELES[1]。相比前者，ELES 排除了价格变动等各种因素对消费结构的影响，能比较准确地反映出收入与各项支出的数量关系，进而估算需求的收入弹性、价格弹性并对消费需求进行预测。这种方法比较适合分析基于调查问卷获得的数据。

ELES 模型的基本表达式为：

$$P_iX_i = P_iX_i^0 + b_i^*\left(y - \sum_{i=1}^{n} P_iX_i^0\right) + \mu_i \quad i = 1,2,\cdots n \tag{5-17}$$

其中，P_i 为第 i 类商品的价格，X_i 为第 i 类商品的消费量，X_i^0 为第 i 类商品的基本消费量，y 为人均纯收入，b_i^* 为边际消费倾向。

由（5-17）式可得

$$P_iX_i = \left(P_iX_i^0 - b_i^* \sum_{i=1}^{n} P_iX_i^0\right) + b_i^* y + \mu_i \quad i = 1,2,\cdots,n \tag{5-18}$$

因为价格 P_i 在同一截面上是不变的已知数，因此，$\left(P_iX_i^0 - b_i^* \sum_{i=1}^{n} P_iX_i^0\right)$ 是一常数，并且只与 i 有关，设其为 a_i^*，即

[1] 安格斯·迪顿，约翰·米尔鲍尔著，龚志民等译．经济学与消费者行为［M］．北京：中国人民大学出版社，2005：13.

$$a_i^* = (P_iX_i^0 - b_i^* \sum_{i=1}^{n} P_iX_i^0) \tag{5-19}$$

将（5-19）式代入（5-18）式可得：

$$P_iX_i = a_i^* + b_i^* y + \mu_i \tag{5-20}$$

其中，i 为消费品类型，有 y 为人均纯收入（月度），P_iX_i 第 i 类消费品的月度消费支出，μ_i 为随机扰动项。为简化起见，仅将农民工的消费区分为住房消费和非住房消费两种，因而，i 只有“住房”和“非住房”两个取值。

5.2.4.2　各类型农民工边际住房消费倾向分析

如前文所述，将要分析的农民工类型为 (h,s)、(l,c)、(m,c) 和 (h,c)，为区分不同地域，在属性坐标前加 X 和 D 分别代表西安和东莞。由此，这些农民工类型为 $X(h,s)$，$D(h,s)$、$X(l,c)$，$X(m,c)$，$X(h,c)$，$D(l,c)$，$D(m,c)$ 和 $D(h,c)$。

根据调查数据，将各类型农民工的 y 和 P_iX_i 的截面数据分别代入模型（5-20）进行参数估计，以定量分析不同类型农民工的边际住房消费倾向。计量结果见表 5-16。

不同类型农民工 ELES 模型参数估计结果表　　表 5-16

农民工类型	消费项目	a_i^*	b_i^*	R^2	$\overline{R^2}$	F	$S.E$
$X(h,s)$	住房	8.822 (1.856)	0.069 (1.957)	0.560	0.414	3.825	7.080
	非住房	113.251 (2.703)	0.412 (1.713)	0.578	0.517	9.579	11.237
$D(h,s)$	住房	10.332 (1.523)	0.095 (3.114)	0.583	0.526	19.522	3.257
	非住房	87.239 (1.255)	0.497 (2.019)	0.633	0.571	53.123	31.178
$X(l,c)$	住房	8.981 (1.763)	0.053 (2.224)	0.432	0.394	26.117	12.331
	非住房	63.228 (3.667)	0.403 (2.566)	0.731	0.692	9.504	1.227
$X(m,c)$	住房	19.113 (2.708)	0.071 (4.029)	0.663	0.602	33.227	15.307
	非住房	78.289 (1.826)	0.428 (1.447)	0.551	0.512	2.018	17.229
$X(h,c)$	住房	31.236 (3.023)	0.109 (2.394)	0.623	0.589	19.336	5.894
	非住房	81.336 (2.012)	0.419 (1.937)	0.443	0.401	8.260	46.449

续表

农民工类型	消费项目	a_i^*	b_i^*	R^2	$\overline{R^2}$	F	$S.E$
$D(l,c)$	住房	21.226 (1.937)	0.057 (2.368)	0.623	0.584	22.009	8.420
	非住房	105.338 (2.937)	0.448 (3.307)	0.591	0.522	8.217	19.236
$D(m,c)$	住房	37.769 (2.396)	0.066 (1.887)	0.402	0.398	18.221	8.289
	非住房	123.722 (2.167)	0.451 (2.364)	0.519	0.423	5.238	19.291
$D(h,c)$	住房	52.339 (1.861)	0.089 (1.967)	0.336	0.320	29.372	8.961
	非住房	182.334 (2.329)	0.443 (2.624)	0.591	0.553	8.020	5.003

注：1. 数据来源：东莞市和西安市的问卷调查；

2. 其中，住房消费是指农民工月度住房消费数额，非住房消费＝月收入×（1－储蓄比例）－月度住房消费额。在东莞市和西安市调查问卷中，对于题目“您一家每年存下来的钱占年收入多少”，为方便数据处理，将三个选项“（1）三分之一以下（2）一半左右（3）一半以上”分别定为“1/4，1/2，3/4”，以此作为农民工的“储蓄比例”；

3. 表中括号中的数值为 a_i^* 和 b_i^* 相对应的 t 检验值，R^2 为样本决定系数，$\overline{R^2}$ 为修正后的样本决定系数，F 为 F 检验值，S.E 为标准差。

从表 5-16 中可以看出，总体上农民工的边际住房消费倾向不高，均在 0.05～0.11之间，即农民工每增加 1 个单位的收入，仅会将其中 0.05 至 0.11 个单位投入到住房消费中去。这表明，农民工的住房需求对收入的变化不敏感，收入的提升对农民工住房需求的提升没有太大影响。

结果还显示出，不同类型农民工的边际住房消费倾向存在差异，这一差异体现在两个方面，即收入差异和地域差异。

第一，收入差异。由表 5-16 可以看出，相对于收入较低的农民工而言，收入变化对收入较高农民工住房需求的影响更大。这是与不同收入的农民工住房属性相关的。在调研中发现，农民工属性坐标中 I 坐标为 l 或 m 的农民工，往往居住在条件较差、环境恶劣的地区，住房条件仅能满足生存与劳动力再生产的需要，这样的房屋与 I 坐标为 h 的农民工居住的“出租屋”的租金差距很大（如在东莞，一个城中村的床位租金为 45 元/月，而一个出租屋的租金达 320 元/月）。收入的少量增加，并不能促使坐标为 l 或 m 的农民工跨越这样大的租金差距去改变自己的居住状态，因此，其边际住房消费倾向相对较低。

第二，地域差异。西安市和东莞市拥有相同属性坐标的农民工其边际住房消费倾向存在着差异，东莞市农民工的边际住房消费倾向普遍要高于与其有相同属性坐标的西安市农民工。造成这种现象的原因除了上述收入差距造成的原因之外，另一个原因是两地经济、社会环境存在的差异。经济相对发达的东莞市的农民工更容易接受新鲜事物，又多以年轻人居多，因此，在消费倾向上虽然还会带有农民工的普遍性质，但对消费的态度显得与城市居民相对接近一些，而西安市的农民工的消费观念则相对保守一些。

5.2.5　职业分化和收入分层下的住房需求差异

从上文的分析可以看出，职业属性、收入属性和年龄因素[1]对农民工住房需求特征有显著影响。年龄因素对农民工住房消费额的影响呈倒“U”型，这表明年轻农民工与老一辈农民工的住房需求特征差异较大，我们将专门对年轻农民工的住房需求特征进行讨论。下面，仅分析职业分化和收入分层下的住房需求差异。

5.2.5.1　职业分化下的住房需求差异

首先，不同职业属性的农民工的住房消费支出额存在着差异，这源于不同用工属性下对农民工居住的设置。通过问卷调查，将西安市、东莞市不同类型农民工的月度住房消费数额列于表 5-17 中。

西安市、东莞市不同类型农民工住房消费支出额（不含工资扣除）　表 5-17

农民工类型（属性坐标）	住房特点	月度住房消费支出额（元/月）	
		西安	东莞
(l, b)	工棚	0	0
(m, b)	工棚	0	0
(h, b)	有些技术类的农民工（如模板工）会选择外出居住	78	80
(l, s)	雇主安排的宿舍	0	0
(m, s)	雇主安排的宿舍	0	0
(h, s)	自己租住	60	110
(l, m)	厂区宿舍	0	0
(m, m)	厂区宿舍	0	0
(h, m)	厂区宿舍	0	0
(l, c)	自己租住	45	80
(m, c)	自己租住	69	153
(h, c)	自己租住	123	201
(l, h)	雇主家中	0	0
(m, h)	雇主家中	0	0
(h, h)	雇主家中	0	0

数据来源：根据西安市、东莞市调查问卷的相关内容。

[1] 由于婚姻状况、子女等与年龄有较高的相关关系，我们仅从年龄的角度来分析。

从表中可以看出，对于建筑业来讲，具有很大的流动性和时段性，通常其工人均居住在工地上的工棚（或活动房）中（一些管理人员可能会有自己的居所，但几乎所有农民工均居住在工地上），他们通常不同支付房租（已在工资中显性或隐性扣除），因此其上一期不存在住房消费支出；对于一些服务业和制造业而言，也存在集中为农民工提供宿舍的现象，其原因为便于管理并节约用工成本。这些类型的农民工也不存在显性住房消费支出的情况。而家政业从业农民工往往是居住在雇主家中，也不用支付租金。而存在显性住房消费支出额的是那些具有从事流动性职业的农民工和一些具有相对较高收入的建筑业、服务业农民工，而又以前者数量较大。

另一方面，不同类型农民工住房选择呈现出分化的局面，即住房需求呈现出差异性。正如前文所述，农民工通常是在非正规的住房市场上选择住房，因此存在一个既定的租金区间，而对租金的选择决定于式（5-18），受到变量 Y'、m_0 和 s 的影响。当然，这是对于可以自由选择住房的农民工类型而言，而对建筑业、一些服务业、大部分制造业的农民工而言，其住房消费是被外生给定的（以显性或隐性的工资扣除的形式存在），此种情况的住房消费支出额受到雇主的行为取向影响，实际上是由雇主决定了所供给住房的面积、条件等。因此，不同类型农民工的住房消费选择的决定变量是不同的（如表 5-18）。这就决定了不同类型农民工的住房需求特征存在着差异，因此，对农民工的住房供给不能“一刀切”，应区分不同类型的农民工的住房需求特征。

不同类型农民工住房消费支出属性及相应支出额影响因素表　　表 5-18

农民工类型（属性坐标）	住房消费支出属性	住房消费支出额影响因素
(l, b)	被外生给定	雇主的行为取向
(m, b)	被外生给定	雇主的行为取向
(h, b)	被外生给定或被非正规住房市场给定	雇主的行为取向或 Y'、m_0、s
(l, s)	被外生给定	雇主的行为取向
(m, s)	被外生给定	雇主的行为取向
(h, s)	被外生给定或被非正规住房市场给定	雇主的行为取向或 Y'、m_0、s
(l, m)	被外生给定	雇主的行为取向
(m, m)	被外生给定	雇主的行为取向
(h, m)	被外生给定	雇主的行为取向
(l, c)	被非正规住房市场给定	Y'、m_0、s
(m, c)	被非正规住房市场给定	Y'、m_0、s
(h, c)	被非正规住房市场给定	Y'、m_0、s
(l, h)	被外生给定	雇主的行为取向
(m, h)	被外生给定	雇主的行为取向
(h, h)	被外生给定	雇主的行为取向

对于不同类型的农民工，其居住空间特征存在着差异。根据实地调研的结果，不同类型农民工的居住空间特征如表 5-19 所示：

不同类型农民工的居住空间特征类型　　表 5-19

编号	农民工属性坐标	居住空间特征类型
1	(l, b)	有机构成型
2	(m, b)	有机构成型
3	(h, b)	有机构成型或散居型
4	(l, s)	有机构成型
5	(m, s)	有机构成型
6	(h, s)	有机构成型或散居型
7	(l, m)	有机构成型
8	(m, m)	有机构成型
9	(h, m)	有机构成型
10	(l, c)	社区型或散居型
11	(m, c)	社区型或散居型
12	(h, c)	社区型或散居型
13	(l, h)	散居型
14	(m, h)	散居型
15	(h, h)	散居型

从表 5-19 中数据可知，职业是导致农民工居住分化产生的主要原因，不同职业类型的农民工有不同的居住空间特征，建筑工人、餐饮等服务业农民工、制造业农民工多为有机构成型居住空间特征；批发零售等行业农民工多为社区型或散居型居住空间特征；家政服务业的农民工多为散居型空间居住特征。而在建筑工人、餐饮等服务业农民工中，由于收入的不同，其居住空间也产生了分化。其中收入较高的农民工除了建筑工地、服务业公司或老板统一安排住处外，还倾向于单独在外租住，以获取更加自由、舒适的住宿环境。

5.2.5.2　收入分层下的住房消费支出

从前文的分析可以看出，边际住房消费倾向随着收入增加而增加，同时，收入变化对拥有相对较高收入农民工住房需求的影响大于收入相对较低的农民工。对于收入较低的农民工来说，城市住房租赁价格太高，提供不同居住效用的住房之间租金差距太大，收入的少量增加并不能促使这些农民工跨越巨大的租金差距去改变自己的居住状态；而对于收入较高的农民工来说，其居住的“出租屋”则呈现出了租金一效用的连续分布的状况，改变更好的居住状态所需跨越的租金门槛并不高。

在收入分层的状态下，低收入农民工很难通过自身努力改变恶劣的住房条件，其住房标记消费倾向很低，他们迫切需要通过外界援助改善居住环境。

5.3　新生代农民工住房需求特征

5.3.1　新生代农民工的基本特征

5.3.1.1　人口学特征

（1）人口规模

新生代农民工规模巨大，已逐渐成为外出务工人员的主体（图5-16）。

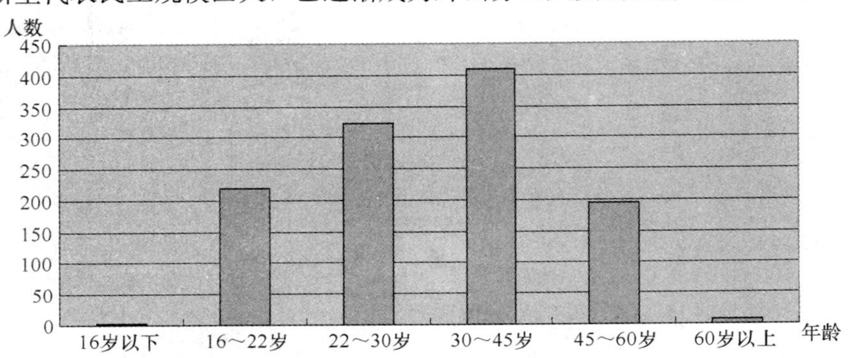

图5-16　六省农民工年龄分布图

数据来源：六省调研数据。

根据六省调查的情况来看，16岁以下被访者占总人数的0.17%；16～30岁农民工占总人数的46.83%；30岁以上农民工占总人数的52.99%。可见，新生代农民工已经占到农民工的近半壁江山。

（2）性别

新生代农民工和老一代农民工之间存在明显的性别差异，新生代农民工中女性的比例要比老一代农民工高。从整体来看，男性占农民工总人数70.4%；在新生代农民工中，男性比例为65.6%❶。

（3）受教育程度

新生代农民工主要从20世纪90年代开始接受教育，教育条件较好，教育机会也比较多，新生代农民工的受教育程度明显高于老一代农民工（表5-20）。

在小学及以下的比例，新生代农民工比老一代农民工低20.03个百分点，但在“高中或中专”的比例上，要比老一代农民工高15.18个百分点。

（4）务农经历

相对于老一代农民工，新生代农民工的务农经历较少。他们大多是从学校直

❶ 数据来源于课题组2010年中西部六省调研。

接走向工厂、社会的，几乎没有从事过务农活动，甚至很多人连基本的务农常识都没有。

所有被访农民工与新生代农民工受教育程度分布表　　表 5-20

农民工 / 受教育程度	所有被访农民工		新生代农民工	
	有效频数	比例	有效频数	比例
小学及以下	178	29.52%	40	7.49%
初中	329	54.56%	306	57.30%
高中或中专	88	14.59%	159	29.78%
大专及以上	8	1.33%	29	5.43%

数据来源：六省调研数据。

由图 5-17 可知，绝大多数新生代农民工务农时间在 3 年以下，其中有大约 55%完全没有务农经历。相对于新生代农民工来说，老一代农民工务农经验更加丰富，近 35%的非新生代农民工务农时间超过十年，务农时间超过 5 年的非新生代农民工更是占大多数。新生代农民工的务农经验较少，在城市化迅速发展、经济结构不断调整的宏观背景下，更倾向于放弃传统的农业劳动大量涌入城市。由于大部分的新生代农民工没有务农经验，今后如若在城市中的就业不顺利，不可能像老一辈农民工那样选择回乡务农。

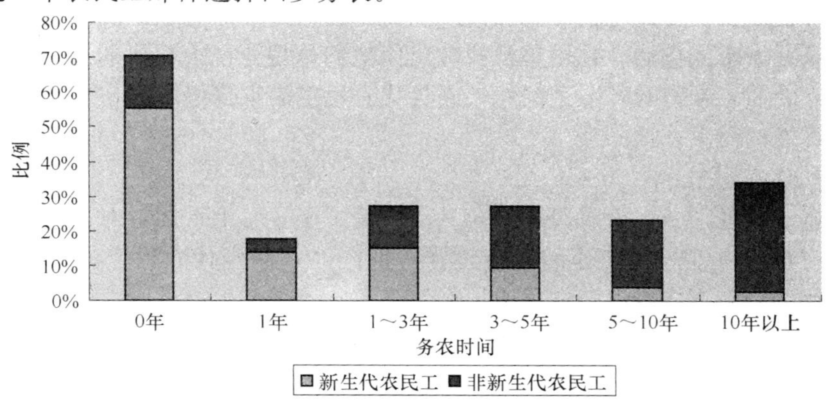

图 5-17　六省新生代农民工与非新生代农民工的务农时间比较

数据来源：六省调研数据。

（5）城市定居意愿

从表 5-21 中可明显看出新生代农民工与非新生代农民工在城市定居意愿上的差别：34.03%的新生代农民工表示今后要努力留城，这一比例几乎是非新生代农民工的二倍；而表示“可能回老家，但不会种地”的新生代农民工也显著高于非新生代农民工。

六省新生代、非新生农民工城市定居意愿对比 表 5-21

	过几年回去		老了回去		可能回老家但不种地		努力留城	
	有效频次	百分比（%）	有效频次	百分比（%）	有效频次	百分比（%）	有效频次	百分比（%）
新生代农民工	49	14.63	86	25.67	86	25.67	114	34.03
非新生代农民工	120	22.51	225	42.21	93	17.45	95	17.82

5.3.1.2 意识与空间特征分析

（1）务工动机

第一代农民工外出打工是为了挣钱养家，回农村盖房子，一般都把最终回到农村作为自己的归宿。而新生代农民工一般都没有种过地、不会种地、也不愿意种地，他们不愿意回到贫困落后的农村，而更倾向于在城市谋求生存之路。

生活目标上，老一代农民工对自己赖以生存的土地十分记挂，终归要回农村去；但是不少新生代农民工在城市长大甚至出生在城市，没有什么务农经历，因而他们没有父辈那么强烈的乡土情结。比起父辈，他们更希望留在城市中生活，对于城市的依赖感和归属感要远远大于农村[1]。

新生代农民工较之第一代农民工的外出动机也有了很大的变化，开始从生存理性向发展理性转变。他们受教育的程度较他们的父辈高，国民待遇的意识较他们的父辈也高，一方面他们不愿意回到农村，另一方面他们也不满意在城市生存却不能享有城市人待遇，在城市没有住房使他们总是处在边缘化的地位，相继带来婚姻、就业、教育等一系列问题。新生代农民工渴求良好的住房条件，来满足在城市发展的需求。

（2）就业倾向

整体上来说，新生代农民工比第一代农民工受教育水平高，对城市的技术工作比老一辈适应性好，工作的创造性强。但同时，新生代农民工自身的一些特质，导致他们并不像老一辈农民工那么受欢迎。

第一点，新生代农民工就业观念不同于第一代农民工。老一代农民工出于“生存理性”的考虑来到城市，他们进城的目的就是要赚钱，因此他们的就业观念很务实，能够吃苦耐劳。根据课题组访谈得到的资料，新生代农民工外出务工的目的一般是“刚毕业，出来锻炼自己”、“学一门技术”、“在家乡没意思”、“羡慕城市生活”、“外出能够享受现代生活”等，加之年轻人“好面子”。因而，这些农民工基本不考虑那些比较辛苦、没有技术含量的职业，比如说家政、环卫等。他们总是“这山望着那山高”，对企业的忠诚度不如其父辈，会在不同的城市和工作中更频繁流动。

---

[1] 吴漾．论新生代农民工的特点［J］．东岳论丛，2009（8）：57-59.

第二点，新生代农民工的期望与能力不相匹配。第一代农民工大多都有务农经历，而且很多人务农时间比较长，能够吃苦耐劳，加上对自己文化程度的正确认识，他们对务工收入的期望值并不高。但是新生代农民工受教育程度相对较高，加之他们接触互联网和现代信息的频率较高，对工作的期望值无形中就拔高了。然而，新生代农民工在城市工作中的综合素质还是欠缺的，不能完全适应快速发展要求。新生代农民工初中或高中毕业就急切地外出闯世界，缺乏安身立命的一技之长❶。

第三点，新生代农民工基本职业素养欠缺，耐受力低，常常不能踏踏实实地干活，容易受到挫折。因而，他们更倾向于换工作，工作不长久，流动性大，很可能成为职业枯竭早发群体❷。

（3）市民意识

由于成长经历和受教育环境的不同，新生代农民工社会诉求、身份认同和价值取向等都与第一代农民工有很大的差异。在他们身上，可以明显看到对城市生活方式认同和融入城市生活的渴望。他们进入城市的定位比老一辈高，适应现代城市生活比老一辈快，融入城市的手段也比老一辈多。

一方面，新生代农民工对与自身利益相关的法律规则和制度认知不足，相关知识非常匮乏。由此导致的后果就是“半城市化”：他们对城市管理制度虽然有自己的评价，但因为制度设计的缺失使得他们和城市社会有一定的隔膜，既无法参与规则的制定，也无法顺利融入当地社会；同时，虽然他们有一定的自主意识，有组织化维权的需要，但因为缺少相应的训练和实践，也无法在现实生活中有效地利用规则进行自我保护❸。

另一方面，新生代农民工从小就通过电视、书籍等方式了解了城市生活，接触的多是城市的大众文化，和城里同代人的差距相对较小；进城以后，他们初步了解了市民角色，对什么行为是恰当的，什么行为是不恰当的，应该是怎样的，不应该是怎样的等等一系列的问题，他们有了不同于以往的看法。通过生活和工作实践，他们初步具备了市民角色认知能力。他们处于市民角色认知向市民角色移情阶段❹。如果说老一辈农民工对城市市民的生活方式还处于模仿甚至拒绝的阶段，那么，新生代农民工对城市市民的生活方式、文化消费方式等方面已经逐渐习惯、适应。在这样的过程中，城市的地域意识、邻里意识、文化消费意识、男女平等意识和契约意识等市民意识在他们身上不断地被内化。虽然与传统市民

❶ 董振国　梁鹏　张军．双重边缘化：新生代农民工调查［J］．检察风云，2009（9）：60-62.

❷ 严翅君．警惕：新生代农民工成“职业枯竭”早发群体［J］．江苏社会科学，2010（1）：125-131.

❸ 李伟东．新生代农民工的城市适应研究［J］．北京社会科学，2009（4）：29-33.

❹ 于宝钗．新生代农民工的市民意识与行为——以辽宁省沈阳市为例［D］．兰州大学，2007：27.

的市民意识仍有差距，但可以说新生代农民的市民意识已经觉醒❶。新生代农民工与城市的联系越来越紧密，对于城市的依赖性也越来越强。

(4) 社会空间特征

第一代农民工由农村来到城市是“生存压力”和“理性选择”共同博弈的结果，他们并不适应城市的生活方式，也没有融入城市生活的意愿。他们在城市社会中的社会融合并不是对原有社会结构的融入，而是构建了新的“社会空间”，这一社会空间被动地受到城市社会的影响。然而，新生代农民工一出“学堂”就奔向了城市，觉醒的市民意识促使他们更愿意融入到城市市民生活中，其社会空间特征表现出与第一代农民工不一样的特点。

对于农民工的行为空间而言，绝大多数新生代农民工对于土地其实没有什么感情，随着外出时间的增多，农村、农业对他的吸引力也越来越小，他们对家乡的依恋更多只是对亲情的依恋。在城市，他们的职业转换频繁，地缘和血缘关系构建的城市生态对于他们来说，已不那么重要，中国新生代农民工从行为特征来看，已经具有第二代移民的心理特点❷。因而，新生代农民工的行为空间表现为传承性弱化和更明显的杂糅性。

对于农民工的利益空间而言，相对于任劳任怨的老一辈农民工，新生代农民工维权意识更高。尽管利益空间依然被压缩，但这种压缩可能会逐渐减弱。如果继续按照以往的不公正作法对待新生代农民工，势必会引起新生代农民工的不满，容易使之丧失社会归属感，并使之产生强度较大的相对剥夺感❸。如果要求与住所地居民（城市居民）更多平等权利的需求得不到回应的话，可能产生更多的对抗行为❹。

对于农民工的影响力空间而言，新生代农民工社会地位的获得仍要受到以户籍身份制为依据的评价标准的影响，影响其身份界定的城乡分割制度仍在一定范围内发挥作用。但新生代农民工喜欢也善于运用网络，在现实生活中缺失的话语权，可以依靠网络的力量来稍有弥补，网络正在帮助他们争取越来越多的利益，新生代农民工的影响力空间稍有扩展。

(5) 居住空间特征

二元体制对农民工的区隔作用依然强大，微观制度对农民工住房在空间上的规制作用也依然存在甚至更加强化，因而，新生代农民工的居住空间特征与老一

❶ 于宝钗．新生代农民工的市民意识与行为——以辽宁省沈阳市为例［D］．兰州大学，2007：27.

❷ 朱建中．新生代农民工管理与和谐城市建设［J］．中国地质大学学报（社会科学版），2007（5）：34-36。

❸ 吴漾．论新生代农民工的特点［J］．东岳论丛，2009（8）：57-59。

❹ 朱建中．新生代农民工管理与和谐城市建设［J］．中国地质大学学报（社会科学版），2007（5）：34-36。

辈农民工并无二致，依然表现为有机构成型居住空间特征、社区型居住空间特征和散居型居住空间特征三种特征。

5.3.1.3　消费特征分析

新生代农民工的消费习惯也有老一辈农民工所表现出来的特点，比如生存型消费、求廉的消费动机占主导、储蓄倾向等。相对于老一辈而言，新生代农民工的消费还表现出消费观念更开放、消费结构多元化的特点。

由于收入偏低，他们又希望克制自己的消费以储蓄更多的钱带回家[1]，新生代农民工表现出与老一辈相似的特点，但这并不代表新生代农民工消费观念上依然保守。新生代农民工受城市人消费观念的影响很大，他们的花销不再像父辈那样仅用于简单的衣食住行，而是会有一部分用于娱乐和改善生活质量方面的消费。为了获得更多的城市认同和自身心理适应，新生代农民工会将消费作为一种融入城市的符号，他们希望通过消费的方式努力去适应城市。他们更注重个人物质和精神生活享受，追求时髦的服装、轻松体面的工作以及时尚的休闲方式，这在老一辈农民工那里是不可想象的。仅从服饰外观上，已经很难把这些新生代农民工与同龄的大学生区分开来了[2]。

新生代农民工的消费结构呈现出多元化的特点。他们会把钱花在诸如电器、手机、电脑、网络、服饰等诸多方面。

既有生存性消费特点，又表现出消费结构多元化；既求廉，又追求时髦的服装和休闲方式；既表现出储蓄倾向，又呈现出开放的消费观念。这些消费特征集中在新生代农民工身上，体现出一种矛盾的张力。这一方面，是由于新生代农民工的生存压力没有第一代农民工那么大；另一方面，体现出新生代农民工在努力融入城市与返回农村之间摇摆不定。新生代农民工在消费上的张力本质是对城乡张力的体现[3]。

5.3.2　新生代农民工住房需求特征

与老一辈农民工相比，新生代农民工以生存为目标的务工动机更弱、就业的不稳定程度更高，对城市的认同度更高，行为空间表现出传承性弱化和更明显的杂糅性，利益空间和影响空间有所扩展，消费观念更开放、消费结构更加多元化。新生代农民工住房需求特征表现出了一些不一样的特点：

（1）储蓄倾向弱化的住房消费观

大多数农民工将倾向于储蓄以应付各种风险，而新生代农民工消费观念更开

---

[1] 唐有财．新生代农民工消费研究［J］．学习与实践，2009（12）：102-107。

[2] 张兆伟．新生代农民工的符号消费与社会认同研究——基于某高校外来务工群体的个案研究［D］．济南：山东大学，2008：34。

[3] 唐有财．新生代农民工消费研究［J］．学习与实践，2009（12）：102-107。

放。尽管储蓄依然是他们收入的主要去向之一，但在住房消费上，他们愿意承租租金更高的房屋，更乐于超前消费，部分新生代农民工住房需求也表现出与其收入水平不太相符的超前性。

(2) 求廉基础上的住房消费质量动机

与父辈一样，新生代农民工囿于工资的限制，在对住房的选择上，依然表现出求廉求实的消费动机。但新生代农民工年龄不大，生活压力不像其父辈那么大，对住房质量和环境条件要求更高；加之，新生代农民工受教育程度相对提高，通过网络等媒体接受了更多民主自由的观念，对自我权益保护的意识更强，利益空间和影响力空间有所扩展。因而，除了非正规性外，新生代农民工已逐渐到正规住房市场租赁住房，开始表现出正规性的特征。

(3) 工作频繁更换带来的住房需求波动

由于就业的不稳定程度更高，新生代农民工更倾向于高频率的流动，居住地点变动更快；同时，他们住房消费支出受即期就业收入的影响更大。因而，他们的住房需求表现出一定的波动性。

(4) 缺乏支持的住房消费自承

新生代农民工市民意识增强，有更强烈的留居城市的意愿，相对于老一辈农民工，他们的行为空间表现出传承性和杂糅性弱化的特点，对农村房屋的需求降低，更希望能够在城市长期居住。由于城镇住房保障还没有覆盖农民工，新生代农民工的父母也没有能力为其在城镇购置房产，因而，他们的住房需求表现出自承性的特点。

(5) 住房消费倾向出现分化

从整体来看，老一辈农民工的住房消费倾向分化并不明显，但不同地域、不同职业的新生代农民工在住房消费观念上的差异逐渐显现，新生代农民工的住房选择从城中村、工厂宿舍、地下室、城区物业小区等，分布非常广。

因此，新生代农民工的住房需求特征除表现为农民工住房需求的一般特征外，还表现为表5-22所示的特征。

在社会空间特征影响下的农民工住房需求特征　　表5-22

新生代农民工特征	对住房需求的影响	住房需求特征
以生存为目标的务工动机更弱	对住房质量和环境条件要求更高	正规性
就业的不稳定程度更高	对标准性临时住房需求高	波动性
行为空间表现出传承性和杂糅性弱化	对农村房屋的需求降低，更希望获得城市住房	自承性
利益空间和影响力空间有所扩展	对住房质量和环境条件要求更高 对城市政策性住房产生需求	正规性
消费观念更开放	愿意承租租金更高的房屋	超前性
消费结构更多元化	可用于住房消费的资金有限	有限性

新生代农民工住房需求特征与其父辈并没有颠覆性的差异。不过，非新生代农民工如果无法融入城市、无法在城市安居乐业，至少可以回到农村中去，农村中的耕地、宅基地是其最后的生存、生活保障，而由于新生代农民工没有务农经验，在农村的生活技能十分缺乏，进入城市后可谓“后无退路”。且在调查过程中了解到，大部分新生代农民工也并无回乡务农的打算，即使回到农村去，也不会像他们的父辈那样从事农业劳作。因此，相对于老一代农民工来说，城市中的新生代农民工群体更需要工作、住房等方面的保障，其对于住房的需求与老一代农民工相比，也呈现出新的正规性、超前性特征，需要较多的资金支持，这也与其自承性和有限性相矛盾。因而，相较于老一辈来说，新生代农民工的住房问题更需要借助于外界力量的帮助才能得以解决。

5.4　本章小结

本章的主要目的是探索农民工住房需求特征，为农民工住房政策的构建提供基础。农民工居住在城市，受到社会、制度、市场和社会网络等多种排斥，使得他们的住房需求特征与城市居民有很大差异。本章从这些制约因素切入，建立了分析农民工住房需求特征的三个维度：农民工消费特征、社会空间特征和居住空间特征，这三个维度的特征对农民工住房需求特征产生了不同的影响。在分析农民工住房需求的一般特征之后，以农民工内部分异的度量为基础，采用西安、东莞两地的调研数据，从动态和静态两个角度实证研究不同类型农民工住房需求特征的差异，并在此基础上，对职业和收入两个重要因素的影响效果进行了分析。对于新生代农民工的住房需求特征，本章开展了专门研究。

本章主要研究结论如下：

（1）农民工住房需求特征受三个维度因素的影响，即消费特征、社会空间特征和居住空间特征。农民工消费特征外在表现为农民工的边际住房消费倾向，这一倾向直接影响到政府相应住房政策能否达到有效供给，也影响到政府的资金支持力度以及住房供应方式或结构；农民工社会空间特征，直接影响着解决农民工住房问题的途径；农民工居住空间，反映出不同类型农民工的住房在城市的平面分布。这些维度的因素综合作用，形成农民工住房需求特征。

（2）农民工的住房消费通过上一期住房消费支出额、收入和储蓄三个层面影响住房需求特征。农民工的住房需求特征会延续上一期住房需求特征表现出传承性的特点；农民工的住房消费支出受到明显的预算约束，表现出有限性、非正规性和差异性的特点；农民工往往具有高储蓄倾向、低当期消费倾向的特点，住房需求趋于稳定，住房需求特征具有稳定性。

（3）农民工的行为空间分为传统型行为空间和杂糅型行为空间。在传统型行为空间的影响下，农民工的住房需求特征表现出实用性或适用性的特点；在杂糅型行为空间的影响下，农民工的住房需求特征显示出明显的“二元性”和阶段性。

(4) 农民工的利益空间外在表现为被动型的利益空间和主动型的利益空间。农民工的利益被挤压，住房需求具有“自承性”的特征；农民工在对各种需求进行权衡、比较和取舍过程中，通常是做出了很大的妥协，住房需求具有“妥协性”的特征。

(5) 在居住空间特征的影响下，农民工的住房需求都表现出明显的空间指向性。具有有机构成型居住空间特征的农民工，住房需求在空间上被限定于工厂或工作地周边；具有社区型居住空间特征的农民工，住房需求指向其地缘、血缘或亲缘关系的空间坐标；具有散居型居住空间特征的农民工，通常是在一个以工作地点为圆心，适当的通勤距离 R 为半径的圆面中选择住房。

(6) 农民工群体进入城市的过程可以分为空间跃迁（水平流动）和职业跃迁（垂直流动）两个互相交织、互相联系的过程。农民工实现空间跃迁的主要动力是由个体生态位势和空间生态位势之间的差别产生的势场，而在实践中，这一势场最显著的指标便是收入水平的差别；农民工实现职业跃迁的结果是农民工个体在现代性的嬗变过程中实现了主体的重构，即基于职业转变所附带的各种个体属性的改变。因此，收入水平差距和职业分化是农民工群体产生分异的两个重要因素；基于上述结论选择度量农民工群体内部分异的指标为两个维度的综合指标，即收入水平和职业。为研究方便起见，将相应的收入数值归并后以设定为收入区间，而职业也在集并具有相似属性的职业类型后设定为5类。

(7) 从静态差异性来看，职业、收入、性别、年龄和婚姻状况等都不同程度地会影响农民工住房需求特征。相似职业的农民工，影响其住房消费支出的因素的作用趋向具有相似性；收入因素对农民工住房消费支出额有显著的正向影响；性别、年龄对住房需求特征的影响程度与农民工的职业类型有关；已婚农民工更加倾向于减少住房消费支出。

(8) 从动态差异性来看，收入和地域的改变，会显著地影响农民工的边际住房消费倾向。相对于收入较低的农民工而言，收入变化对收入较高农民工住房需求的影响更大。由于经济、社会环境的差异，不同务工地农民工的住房消费观念有差异。

(9) 不同类型农民工住房选择呈现出分化的局面，住房消费选择的决定变量不同。建筑业工人均居住在工地上的工棚（或活动房）中，住房支出被外生地给定；服务业和制造业农民工大多居住在集体宿舍，家政业从业农民工往往是居住在雇主家中，不存在显性住房消费支出的情况。存在显性住房消费支出额的是那些具有从事流动性职业的农民工和一些具有相对较高收入的建筑业、服务业农民工。不同类型农民工的住房需求特征存在着差异，因此，对农民工的住房供给不能“一刀切”，应区分不同类型农民工的住房需求特征。

（10）与老一辈农民工相比，新生代农民工住房需求特征表现出一些新特点。新生代农民工以生存为目标的务工动机更弱、就业不稳定程度和对城市的认同感更高，行为空间表现出传承性和杂糅性的弱化、利益空间和影响空间有所扩展，消费观念更开放、消费结构更加多元化。除了具有与老一辈农民工相同的住房需求特征外，新生代农民工的住房需求特征表现出非正规性与正规性兼有、超前性和波动性的特点。

第 3 篇

实践探索

第6章 国内政策实践

以关注“三农”问题为发端，中央政府对农民工境遇的关注和政策介入逐步深化，农民工住房问题在2006年国发5号文件中被明确提出。

6.1 国家层面改善农民工居住条件的主要政策

6.1.1 政策发展脉络

2000年6月，中共中央、国务院发布《关于促进小城镇健康发展的若干意见》，鼓励农民在县城和乡镇落户；2000年7月，《关于进一步开展农村劳动力开发就业试点工作的通知》要求，改革城乡分割体制，取消对农民进城就业的不合理限制；2001年3月，国务院发布《关于推进小城镇户籍管理制度改革的意见》，明确农民可以在县级市市区、县人民政府驻地镇及建制镇落户；2001年3月，《第十个五年计划纲要》指出，要打破城乡分割体制，改革城镇户籍制度，形成城乡人口有序流动的机制，引导农村富余劳动力在城乡、地区间有序流动。随着地区产业结构调整，特定年龄、性别和技术水平的农民工供给出现短缺，局部地区出现“民工荒”。农民工就业、职业教育和权益保护等受到重视。

2006年3月，国发5号文引起各级地方政府和全社会对农民工问题的广泛关注。在该意见中，中央政府首次明确提出改善农民工居住条件。农民工住房问题涉及城市空间资源和财政资源的重新分配，在我国当前的公共政策制定和执行模式下，农民工缺乏利益代表集团，农民工住房问题不足以影响中央政府的目标函数。虽然中央政府并没有将农民工住房问题作为良好的政策问题纳入政策输入过程，但不可否认的是，自2006年国发5号文下发以来，中央有关部门先后多次制定相关政策，鼓励企业、地方政府、社会力量等多渠道，采用多形式改善农民工居住条件。

2007年，《国务院关于解决城市低收入家庭住房困难的若干意见》要求采取多种途径改善农民工居住条件，并出台了《关于改善农民工居住条件的指导意见》。2008年10月召开的中共十七届三中全会通过了《中共中央关于推进农村改革发展若干重大问题的决定》，指出在保护农民工权益、农民工劳动报酬、就业条件、子女就学、公共卫生、住房租购、社会保险等方面的目标。2010年中央一号文件《中共中央国务院关于加大统筹城乡发展力度进一步夯实农业农村发展基础的若干意见》，再一次强调了农民工就业和居住条件等问题，并将解决新生代农民工问题纳入政策视野。在推进新农村建设、兼顾城乡发展的大背景下，中央政策在不同层面改善农民工生活条件，农民工住房问题一度引起广泛关注。然而，受限于政府财政能力和城镇住房保障的压力，中央政府很难在改善农民工住房条件上采取实质性的措施。因而，2007 年后，中央文件再未将农民工住房问题放到更受关注的地位。

2010 年 6 月，经国务院同意，住房和城乡建设部与发展改革委、财政部等七部门联合印发了《关于加快发展公共租赁住房的指导意见》（建保［2010］87 号），意见指出，有条件的地区，可以将新就业职工和有稳定职业并在城市居住一定年限的外来务工人员纳入供应范围。中央鼓励部分有条件的地区改善农民工住房条件，政策制定更加理性、缓行。

从关注农民工就业和权益到强调改善农民工居住条件，中央政府对农民工住房问题的干预增强，这是一个好的信号，但同时也给地方政府增加了无法克服的财政压力。农民工住房政策的逻辑起点不是住房供应的数量和质量，农民工住房问题的冲突，本质上是农村与城市的冲突，是进城务工的农民与城市居民、城市政府之间的冲突。导致农民工住房状况糟糕的根源，主要是农民工无法享受到城市居民的待遇。2007 年以后，中央政府逐步将改善农民工居住条件与城镇化、新农村建设等政策联系起来，以户籍制改革为长远目标，并在此框架下坚持改革和创新，逐步实现住房保障的城乡一体化。这既是对中国当前发展阶段的正确理解，也是解决农民工住房问题的政策逻辑起点和必然趋向。不过，我们要警惕《关于加快发展公共租赁住房的指导意见》中回避这一政策议题的表述。

6.1.2 农民工住房保障政策

(1) 租赁性住房政策[1]

用工单位要向农民工提供符合基本卫生和安全条件的居住场所[2]。用工单位可以采取无偿提供、廉价租赁等方式向农民工提供居住场所；农民工自行安排居住场所的，用工单位应当给予一定的住房租金补助；招用农民工较多的企业，应充分利用自有职工宿舍或通过租赁、购置等方式筹集农民工住房房源；在符合规划的前提下，可在依法取得的企业用地范围内建设农民工集体宿舍[3]。

地方政府要将长期在城市就业与生活的农民工居住问题，纳入城市住房建设

[1] 此处“租赁性住房”含农民工集体宿舍，下文与此处含义相同。

[2] 国务院．国务院关于解决城市低收入家庭住房困难的若干意见（国发［2007］24 号），2007-08-07.

[3] 建设部等五部委．关于改善农民工居住条件的指导意见（建住房［2007］276 号），2007-12-05.

规划。中央政策要求，农民工集中的开发区和工业园区，集中建设农民工集体宿舍，由用工单位承租后向农民工提供或由农民工直接承租；城中村改造时，要考虑农民工的居住需要，在符合城市规划和土地利用总体规划的前提下，集中建设向农民工出租的集体宿舍❶；对集中建设的向农民工出租的集体宿舍项目，要在选址、供地及相关配套设施建设等方面予以支持；鼓励有条件的城市将有稳定职业并在城市居住一定年限的农民工逐步纳入城镇住房保障体系❷，逐步实现农民工住房租购等与城镇居民享有同等待遇❸。

地方政府还要保证农民工居住场所的安全、卫生。对农民工聚居区域，市、县人民政府要加强规划和管理，强化治安及环境卫生治理，加大公共交通等市政公用事业建设力度；地方政府要检查工程施工类企业提供的集体宿舍，保证其符合安全和卫生标准，要保证集中建设的农民工集体宿舍和专供农民工租用的住房符合规划设计和建设管理相关要求。❹

充分发挥社会和市场的力量，积极引导和鼓励城乡结合部居民利用自有住房向农民工出租❺；有条件的地方，可比照经济适用住房建设的相关优惠政策，政府引导，市场运作，建设符合农民工特点的住房，以农民工可承受的合理租金向农民工出租❻。

在总结地方实践经验的基础上，经国务院同意，住房和城乡建设部与发展改革委、财政部等七部门联合印发了《关于加快发展公共租赁住房的指导意见》（建保［2010］87号）指出，有条件的地区，可以将新就业职工和有稳定职业并在城市居住一定年限的外来务工人员纳入供应范围。

（2）经济适用房、限价房政策

经济适用房、限价房，是城镇住房保障体系的组成部分，中央政府未针对农民工入住该类型住房提出相关政策。

6.1.3 农民工住房信贷政策

中央政府出台的农民工住房金融政策仅有住房公积金制度，未出台农民工住房贷款政策。2007年3月，原建设部发布的《2006年全国住房公积金缴存使用情况》首次提出，要将住房公积金制度覆盖范围扩大到在城市有固定工作的农民工。

---

❶ 建设部等五部委．关于改善农民工居住条件的指导意见（建住房［2007］276号），2007-12-05.

❷ 中共中央，国务院．中共中央国务院关于加大统筹城乡发展力度进一步夯实农业农村发展基础的若干意见，2009-12-31.

❸ 中共中央十七届三中全会．中共中央关于推进农村改革发展若干重大问题的决定，2008-10-12.

❹ 建设部等五部委．关于改善农民工居住条件的指导意见（建住房［2007］276号），2007-12-05.

❺ 同上。

❻ 国务院．国务院关于解决城市低收入家庭住房困难的若干意见（国发［2007］24号），2007-08-07.

城镇单位聘用进城务工人员，单位和职工可缴存住房公积金[1]；有条件的地方，城镇单位聘用农民工，用人单位和个人可缴存住房公积金，用于农民工购买或租赁自住住房[2]。

6.1.4 其他相关政策

与“改善农民工居住条件”相关的其他政策主要包括：社会保障政策、户籍政策、就业政策和农民工子女教育政策等。

（1）社会保障政策

养老保险。《国务院关于建立统一的企业职工基本养老保险制度的决定》、《中华人民共和国劳动合同法》先后出台相关规定，指出：农民工合同制企业应缴纳养老保险。《关于完善城镇职工基本养老保险政策有关问题的通知》明确规定：参加养老保险的农民合同制职工，在企业终止或解除劳动关系后，由社会保险经办机构保留其养老保险关系，保管其个人账户并计息，凡重新就业的，应接续或转移养老保险关系；也可按照省级政府的规定，根据农民合同制职工本人申请，将其个人账户个人缴费部分一次性支付给本人，同时终止养老保险关系，凡重新就业的，应重新参加养老保险。2006 年国发 5 号文提出，要探索适合农民工特点的养老保险办法，实现农民工养老保险“低费率、广覆盖、可转移，并能够与现行的养老保险制度衔接”。2009 年 2 月 6 日，人力资源和社会保障部[3]就农民工养老保险转移接续问题、调整缴费比例、实现养老保险参保缴费全国查询和异地提取、基本养老金领取等问题提出改革方案。

医疗保险。1998 年《国务院关于建立城镇职工基本医疗保险制度的决定》指出，与城镇用人单位建立劳动关系的农民工，可以参加基本医疗保险。原劳动和社会保障部（2003 年[4]，2004 年[5]）进一步明确了农民工参加医疗保险的有关政策。2006 年国发 5 号文提出，各统筹地区要重点解决农民工进城务工期间的住院医疗保障问题，根据当地实际合理确定缴费率，主要由用人单位缴费；完善医疗保险结算办法，为患大病后自愿回原籍治疗的参保农民工提供医疗结算服务；有条件的地方，可直接将稳定就业的农民工纳入城镇职工基本医疗保险。农民工也可自愿参加原籍的新型农村合作医疗。

---

[1] 建设部等三部委. 关于住房公积金管理若干具体问题的指导意见（建金管〔2005〕5 号），2005-01-07.

[2] 国务院. 国务院关于解决农民工问题的若干意见（国发〔2006〕5 号），2006-03-28.

[3] 人力资源和社会保障部. 就《农民工参加基本养老保险办法》公开征求意见，2009-02-06.

[4] 劳动和社会保障部. 关于城镇灵活就业人员参加基本医疗保险的指导意见（劳社厅发〔2003〕10 号），2003-05-26.

[5] 劳动和社会保障部. 关于推进混合所有制企业和非公有制经济组织从业人员参加医疗保险的意见（劳社厅发〔2004〕5 号），2004-05-28.

工伤保险和失业保险等。《工伤保险条例》规定，各类用人单位都应为其员工参加工伤保险。2006年国发5号文提出，所有用人单位必须及时为农民工办理参加工伤保险手续，并按时足额缴纳工伤保险费；未参加工伤保险的农民工发生工伤，由用人单位按照工伤保险规定的标准支付费用。《失业保险条例》规定，城镇企事业单位招用的农民合同制工人应当参加失业保险。

（2）户籍、就业和农民工子女教育政策

2006年国发5号文指出：要逐步地、有条件地解决长期在城市就业居民和居住农民工的户籍问题。中小城市和小城镇要适当放宽农民工落户条件；大城市要积极稳妥地解决符合条件的农民工户籍问题。改进农民工居住登记管理办法。

逐步实行城乡平等的就业制度。建立城乡统一、平等竞争的劳动力市场；城市公共职业介绍机构要向农民工开放；大力开展农民工职业技能培训和引导性培训，提高农民转移就业能力和外出适应能力。

建立农民工工资支付保障制度、工资支付监控制度、工资保证金制度，加大工资清欠力度，并确保不发生新的拖欠。合理确定和提高农民工工资水平，促进农民工工资合理增长。

输入地政府要承担农民工同住子女义务教育的责任，将农民工子女义务教育纳入当地教育发展规划，列入教育经费预算，以全日制公办中小学为主接收农民工子女入学，并按照实际在校人数拨付学校公用经费。

6.2 典型地区解决农民工住房困难的政策总结

农民工政策的主要执行者是地方政府。各地根据实际情况，针对国家相关政策出台了实施细则，其中不乏创新性的实践。

6.2.1 农民工住房保障政策

（1）租赁性住房政策

重庆模式。重庆将分散在城市中的劳务市场空置房、中小企业闲置车间库房和破产小企业用房转为供农民工居住的公寓。其中以南岸区最为典型，该区本着低价出租为主体的原则，通过税费减免，鼓励社会单位和个人将闲置房屋改建为适合农民工租住的公寓。构建了如阳光公寓、棒棒公寓、农友经济公寓等多个公寓群。该类公寓以低价、完备的配套设施，吸引了大量农民工居住，其运营长期处于饱和状态。[1]

长沙模式。长沙主要在城乡结合部农村集体建设用地上建设农民工公寓。

[1] 国务院研究室课题组. 中国农民工调研报告［M］. 北京：中国言实出版社，2006：282-283.

2005年10月出台新的《廉租房管理办法》降低了入住门槛，规定：只要与用人单位签有劳动合同的农民工，都可以入住农民工公寓；其租赁形式多样化，既可按床位租，也可按单间、独立套间租赁。

上海模式。上海实行“三集中”战略，整合工业园区内企业为员工建房的土地，集中建造公寓式集体宿舍。这一模式是中央政府明确倡导的，并在全国多地广泛采用。此模式便于土地集约节约利用，也有利于外来人口的统一管理。

除以上三种模式外，各地还在探索新的农民工住房保障方式，主要以新建农民工保障性住房为主，这些探索大致都在“公共租赁房”的政策范围内创新。

（2）政策性安居房、经济适用房和限价房政策

政策性安居房、经济适用房和限价房政策，以成都市最为典型。成都市的政策性安居房、经济适用房和限价房都拓展到了拥有农民户籍的进城务工人员。安居住房售价实行政府定价，比周边同类经济适用住房价格低10%～15%，住房标准为单套建筑面积控制在70m^2以内❶。成都市在将受惠范围扩大的同时，也对申购资格和上市条件等作了严格规定：政策性安居房的销售对象为成都市农村原有住房已有偿转让或农村宅基地已退回当地集体组织，并首次购房的进城务工农村劳动者，每户限购一套，在取得房屋所有权证五年后，方可上市交易；经济适用房的申购资格更加严格，对申购家庭年收入、户籍、家庭人口等均予以限制，农民工购买经济适用房之后，必须住满五年后才能上市交易❷；限价房的销售对象是在成都行政区域内城镇务工、签订劳动合同一年以上（含一年）的成都籍农民工❸。

（3）普通商品房和二手房优惠政策

本类住房，以重庆最为典型。其购买对象为，在当地工作5年以上、家庭人均年收入在社会平均收入70%以下、有固定收入来源的农民工。农民工家庭在城镇首次购买普通商品住房和二手住房，减免或免交相关契税。

（4）住房补贴政策

部分地区还采用了农民工住房补贴政策，包括购房补贴和租房补贴两种形式。购房补贴以成都市为例。为鼓励进城务工农村劳动者在城镇购房居住，成都市房产管理局和市财政局2008年联合出台了《关于对我市进城务工农村劳动者购房进行补助有关问题的通知》，规定：签订了一年以上劳动合同的成都市进城务工和自主创业的农村劳动者，首次在成都市五城区和高新区范围内购买建筑面积90m^2以下商品住房，可以享受政府补助。租房补贴以山东省威海市为例。2007年，威海市政府下发了《进一步解决好城市低收入家庭住房困难的通知》，

❶ 成都市房产管理局．关于促进我市进城务工农村劳动者进城定居的实施办法，2008-04-11.

❷ 成都市房产管理局．进城务工农村劳动者申购经济适用房，2008-05-04.

❸ 成都市房产管理局．促进进城务工农村劳动者向城镇居民转变的意见，2008-04-11.

提出要为农民工发放农民工租房补贴，规定：确有困难无法为农民工提供住房的用工单位，可给予农民工一定的租金补贴，但不得因此降低农民工的工资水平。

对于其他省市区而言，具体操作行为大多是基于国家政策的总体框架下的适度细化。具体实施细则，不赘述。需要指出的是，在出台和落实农民工住房保障政策上，中西部大中城市比东部城市走得更远；在北京、上海、深圳、广州等一线城市，除广州外，其他城市均相对比较落后。

6.2.2 农民工住房信贷政策

（1）重庆模式

就缴存对象而言，有固定用工单位和无固定工作单位的农民工均可缴存住房公积金。其个人按月缴存公积金的工资基数，不得低于上年全市城镇经济单位职工最低工资标准的60%，不得高于上年全市城镇经济单位职工平均工资的3倍，缴存比例在现行工资总额7%～15%的范围内自由浮动。

就提取权限而言，当缴存人为农民工，即使不买房，也可以每年提取一次本人账户余额。

（2）成都模式

进城务工农村劳动者与用人单位签订了一年以上（含一年）劳动合同的，用人单位应为农民工缴存住房公积金，而进城务工农民工则可以用这笔钱购房、租房。

就缴存数额而言，通过职工代表大会确定缴存基数最低标准，但不得低于最低工资标准。进城务工农村劳动者个人缴存的那一部分住房公积金，用人单位每月从务工者的工资中代扣代缴。就用于购房而言，进城务工农村劳动者已连续正常缴存住房公积金12个月（含12个月）以上，购买成都行政区域内的自住住房，都可以按规定申请住房

公积金贷款。浙江湖州也有类似政策，由于地区经济发展层次相对较高，农民工收入相对丰厚。再加上农民工建立公积金账户实行低门槛准入（单位和个人每月各缴存66元），正常缴存6个月后就能申请住房贷款。推出初期，饱受欢迎。

就用于租房而言，进城务工农村劳动者租赁自住住房可提取住房公积金。租赁自住住房提取住房公积金一年申请办理一次，每次提取金额不超过当期实际已支付的房租金额。江苏常州也有类似政策，即：非本市户籍的职工租住本地农民工公寓，且农民工公寓产权人或管理人已向住房公积金管理中心申报备案的，可以申请提取住房公积金用于支付房租。

此外，为确保公积金制度的推行，各地纷纷采取配套政策。如安徽、山西把公积金提取同生活保障功能相衔接，具体政策如下：在职职工住房公积金封存两

年或职工与单位解除劳动关系后满两年未再就业、享受城市居民最低生活保障、部分或者完全丧失劳动能力，发生危重疾病以及遇到其他突发事件，造成家庭生活严重困难的，可以提取本人住房公积金账户内的存储余额。又如广东东莞、福建泉州表示劳动关系解除，可提取住房公积金，具体政策如下：与原单位终止（解除）劳动关系，或回原籍居住的非城镇户籍的农民工，提供原单位的《终止（解除）劳动关系证明书》和非城镇户籍证明的，可提取住房公积金，同时注销职工个人住房公积金账户，并上缴其住房公积金缴存卡。

第7章　各地探索的模式总结

由于部分大中城市商品住房价格较高、上涨过快，市场上可供出租的小户型住房供应较少，外来务工人员阶段性住房支付能力不足等问题日益凸显。为解决这些问题，不少城市加大政府投入，实施土地政策等优惠措施，并陆续制定出具体实施办法，不断探索农民工住房问题的解决途径。尽管某些地方实践的效果不太令人满意，却提供了一些有益的启示。本章基于几个典型城市的实践，对我国实践中解决农民工住房问题的几个方案进行简要的介绍和评析。

7.1　农民工住房解决方案的主要类型

由于政策出发点和城市经济发展水平等方面的差异，各地采用了不同的形式来解决农民工住房问题。根据各地的实践，当前探索出的农民工住房问题解决方案主要有以下四种基本类型：

解决农民工住房实践类型和主要内容　　表7-1

类　型	准市民化型	公共租赁型	园区配建型	市政改造型
典型地区	成都、嘉兴	长沙、重庆、昆明	天津、杭州、上海	深圳
户籍	转为城市居民	保留农民身份	保留农民身份	保留农民身份
入住条件	本市农民工，放弃农村宅基地	本市农民工为主	签订就业合同	不限
住房来源	政府＋开发商	政府＋正规住房租赁市场	园区＋用工企业	政府＋非正规住房市场
住房性质	购买或租赁	租赁	租赁	租赁
背　景	城乡统筹试点城市	无	高新技术或新兴产业改革试点城市	高新技术或新兴产业改革试点城市

在具体实践中，各地还对以上四种类型进行了改造。比如：重庆市鼓励社会单位集中建造农民工公寓，实际上是对“公共租赁型”进行了改造，在公共租赁住房的建设环节也引入市场力量；杭州有较多大型的工业企业，一个企业可能就形成了一个园区，该市在运用园区配建型时就以企业为主导力量。

7.1.1 准市民化型

“准市民化型”是指通过改变农民工的农民身份，积极推进农民工在物质层面的市民化，把农民工住房问题放在城市住房保障体系的制度框架下安排，在一定条件下将其纳入城市，实现对农民工的住房保障。成都、嘉兴、武汉汉南区等城市正在探索这一制度模式。

以成都为例，2004 年 2 月，成都市委、市政府出台了《关于统筹城乡经济社会发展、推进城乡一体化的意见》，并随后陆续颁布了 50 多个配套文件，改革涉及城乡规划、户籍制度、乡镇机构改革、产业布局、公共财政、就业社保、教育培训、医疗救助等方面[1]。2007 年 6 月，国家发展改革委下发《关于批准重庆市和成都设立全国统筹城乡综合配套改革试验区的通知》，将成都列为全国城乡统筹试点城市，以进一步推进城乡经济社会的协调发展。在此基础上，2008 年 4 月，成都市委、市政府共同出台了《关于促进进城务工农村劳动者向城镇居民转变的意见》，作为成都市解决农民工住房问题的总体指导。2008 年，成都市房管局出台了《成都市房产管理局关于促进进城务工农村劳动者进城定居的实施办法》和《成都市房产管理局关于进城务工农村劳动者申购经济适用住房的有关具体问题的通知》。这两个文件除了鼓励用人单位提供廉租住房外，最显著的特征就是：该政策面向成都当地农村原有住房已经有偿转让或宅基地已退回集体组织并首次购房的进城农民工，符合条件的农民工可以购买政策性安居住房、城镇经济适用房和限价商品房等。通过这种“一退一补”的方式，成都籍农民工就可以在户籍和住房政策等方面享受到城市居民的待遇，成为“准市民”。

嘉兴市对这一模式进行了改进。嘉兴是浙江省统筹城乡综合配套改革试点区。2005 年底，农民工达到 148.95 万人，相当于嘉兴市户籍人口的 44.6%[2]。2004 年，嘉兴市委、市政府颁布了《嘉兴市城乡一体化发展纲要》，正式确定全面实施城乡一体化发展战略。该战略的总体目标是：到 2005 年，城乡一体化步入轨道，基本建立城乡一体化的推进机制和推进体系；到 2010 年，初步消除城乡二元结构，城乡大部分指标实现接轨，基本形成城乡一体化发展格局[3]。2008 年，嘉兴市委、市政府出台了《关于开展统筹城乡综合配套改革试点的实施意见》，在此基础上，各个相关部门相继制定出配套政策和具体实施办法并进行细化，如《关于开展节约集约用地试点加快农村新社区建设的若干意见》、《关于改

[1] 周晓益. 城乡一体化的“成都模式”研究 [D]. 成都：西南交通大学，2008：31.

[2] 袁志明. 经济发达地区农民工权益保障及政府责任——以浙江省嘉兴市为例 [J]. 农业经济问题，2008 (01)：66-70.

[3] 中共嘉兴市委市人民政府. 嘉兴市城乡一体化发展纲要[EB/OL]. http://china.zjol.com.cn/05jx/system/2005/12/10/006397816.shtml，2009-12-3.

革户籍管理制度进一步推进城乡一体化的若干意见》以及《全面落实统筹城乡社会保险制度的若干意见》等等。为加快推进城乡一体化，解决农民工住房问题，并改善农业小规模兼业经营、农民建房散乱以及农村宅基地闲置等问题，嘉兴市提出“两分两换”的总体思路。2008 年 4 月出台的《关于开展节约集约用地试点加快农村新社区建设的若干意见》，对“两分两换”的工作目标、具体做法进行了详细的规定。“两分两换”是将宅基地与承包地分开、搬迁与土地流转分开，以宅基地置换城镇房产、以土地承包经营权置换社会保障。“两分两换”政策面向嘉兴籍农民工。该政策为自愿选择置换房产的嘉兴籍农民工提供了多种置换方式，包括以宅基地换货币补偿、将宅基地换成搬迁安置区内的置换搬迁安置房以及以部分或全部的宅基地到产业功能区置换标准产业用房。申请了该置换方式并入住城镇集聚社区的农民工，原则上可将户籍关系迁入社区管理，享受与城市居民同等的权利，并可继续享有原居住地村集体经济组织除申请宅基地以外的其他权利。

准市民化型的优点在于：(1) 通过改变农民工的农民身份，促进农民工在城里定居生活，享受与城镇居民平等的住房福利，彻底解决农民工住房问题；(2) 将农民工在农村的宅基地置换出来，有利于加快城镇化进程和新农村改造；(3) 从住房、就业、社会保障、户籍以及公共物品提供等多方面进行制度改革，比较容易形成制度变迁的合力。其缺陷在于：(1) 惠及面有限，只能解决本地户籍农民工的住房问题，不适用于外地农民工较多的城市，而当前农民工住房问题突出且最迫切需要解决的是那些以外地农民工为主的大城市和特大城市；(2) 地方政府将农民工纳入城市住房和社会保障体系的同时，切断了农民工回到农村的退路，这种机械的处理方式只会给城市带来大量吃低保的人员，政府财政压力和社会安定难以保证；(3) 城市政府给农民工的实惠有限，没有一技之长的农民工便不会放弃最后的一道保障——土地，政策效果难以显现；(4) 农民工人数多，地方基层组织管理混乱，政策执行和监管成本高。

7.1.2　公共租赁型

“公共租赁型”是指城市政府投入资金和土地为农民工建造专门的农民工公寓，由政府或政府委托的经营公司进行出租和日常管理，从而实现对农民工的住房保障。公寓产权归政府或相关国有资产经营公司所有。长沙、重庆和昆明等城市主要采取了这一制度模式。

以长沙为例，2005 年，长沙市政府 1 号文件《长沙市人民政府关于改善农民进城就业环境的意见》提出，要按规划和实际需要，通过加快廉租住房建设逐步完善进城就业农民工的居住条件。2004 年，长沙市委、市政府投资 8000 万在河西二环建设“江南公寓”农民工廉租住房，农民工廉租住房建设按经济适用住房建设的各项优惠政策落实。江南公寓在2005年年底竣工后，交由长沙市房产局属下的一家物业公司管理。根据《长沙市农民进城就业廉租住房管理（暂行）办法》，申请江南公寓的承租条件为：被本市单位录用并签有劳动合同、人均收入1200以下、本市五区外的进城就业农民。基本程序为：由本人或用人单位提出书面申请；各区房屋产权管理局负责对承租资格进行审查，在5个工作日内完成审查工作，并对符合规定的农民工实行轮候配租制。按规划，该小区可以解决4500～5000个农民工居住问题，但是实际入住率却很低，2006年5月的入住率仅为5.74%。“江南公寓”运行效果不理想的原因，后文将详细论述。

重庆市也出台了类似政策。重庆市南岸区以“农民工住得起，财政拿得出”为原则，探索通过“棒棒公寓”、低租房、低价房等方式将农民工纳入城市住房保障体系，享受与市民同样的待遇❶。重庆市的“棒棒公寓”以床位形式出租，租金是1元/床位/晚。入住率保持在90%以上。

昆明市安宁区建造的“安宁大屯建工新区”于2007年10月通过验收，成为昆明首个面向外来务工人员出租的专用出租房小区，将农民工纳入政府解决住房困难群体的服务对象。该小区是为配合大屯新区小屯村的拆迁改造而建设的，由政府出资、集中建设，以农民工可承受的合理租金进行出租。房屋室内面积近$20m^2$，每间宿舍将以150元出租，可供6～8人居住，平均每人每月20元左右。小区还配套建设了食堂、浴室、公厕及小卖部等生活用房。为配合大屯新区小屯村的拆迁改造，这批出租房将首先提供给在村内租房的农民工居住，以解决城中村拆迁改造农民工无法安置的问题❷。昆明市的做法与城中村改造相结合，小区采用活动房的形式建设，投资成本低，安装方便，易于拆卸，集约用地，可随时搬移到农民工集中的地区提供服务。

杭州市规划建设了一批外来务工人员公寓。鼓励外来务工人员比较集中的城区、街道（乡镇）、社区（村），在符合城市规划的前提下，利用撤村建居10%留用地以及其他可用土地，建设一批外来务工人员廉租公寓。制定《杭州市区经济租赁住房管理办法（试行）》，各区组织建设创业人才（大学毕业生）公寓、外来务工人员公寓，须具备基本的入住条件，配备必需的生活基本设施，并实施物业管理，符合条件的外来务工人员可按规定向有关部门提出申请。外来务工人员廉租公寓由各城区政府统一组织，统一规划，统一建设，统一管理，根据市场需求量，按市场运作方式组织实施。严格廉租公寓的出租标准和条件，优先保证外来务工人员中的先进工作者、劳动模范、技术骨干和杭州市域范围的在杭务工人员、长期居杭务工人员的需求，禁止转让买卖和擅自出租。目前，杭州市已开工

❶ 刘健，张桂林．“有岗只是民工，有房才变新市民”[N]．新华每日电讯，2008-2-19（004）．

❷ 吴劲松．农民工首次纳入住房困难群体服务对象[N]．昆明日报，2007-10-17（B01）．

建造两项公寓，即大学生创业人才和外来务工人员廉租住房，2009 年新开工 20 万 m^2，预计能解决约 4 万此类人群的租住问题。

公共租赁型的优点在于：(1) 政策灵活，不需要过多地甄别农民工户籍身份和收入情况，政策易于执行；(2) 与农民工流动性大的特点相适应，比较容易受到农民工欢迎；(3) 这一政策的实施往往与城中村、城乡结合部改造同时进行，既可以改善城中村居住条件，又可以解决农民工租房难题。其缺陷在于：(1) 由于农民工行业分布、收入差距等较大，租金收取标准难以确定，过高的租金水平容易导致入住率低，过低的租金水平又会扰乱当地住房租赁市场；(2) 申请条件不易确定，申请入住条件苛刻、程序复杂的，会给农民工申请带来障碍，申请入住条件简单的，又容易产生寻租行为；(3) 公寓类型难以定位，目前的农民工公寓主要提供集体宿舍，使得大量“双农民工”家庭无法租住。

7.1.3　园区配建型

“园区配建型”是园区（企业）配建型的简称，是指城市政府要求园区管委会和企业等在产业园区（或经济开发区）配套建造农民工公寓，用工企业向园区管委会或委托的经营公司提出申请，由企业参与实现对农民工的住房保障。公寓产权归政府或相关国有资产经营公司所有。现在多数城市已开始采用这种模式，天津、杭州和上海等城市主要采取了这一模式。福州、厦门、泉州、南昌、海口、三亚、合肥等地也要求园区企业承担起农民工住房责任。

以杭州为例，杭州市委、市政府于 2005 年 12 月出台了《关于做好外来务工人员就业生活工作的若干意见》。杭州的做法主要是鼓励民营经济发展，以产业带动就业、以就业推动定居，鼓励外来务工人员较多的企业在符合城市规划的前提下，利用合法的闲置厂房建设改造成外来务工人员集体宿舍，提供必要的生活设施，并尽可能做到生产区与生活区相分离。杭州市的做法以企业为主导力量，充分调动了企业的力量，这与杭州发达的民营经济是相适应的。

1985 年，上海市土地局和农委等部门提出了“三集中战略”❶。2004 年 11 月，上海市第八次党代会提出了切实推进“人口向城镇集中、产业向园区集中、土地向规模经营集中”的总战略。据此，上海市政府制定了《关于切实推进“三个集中”加快上海郊区发展的规划纲要》。上海城镇化程度高，在农民完成职业转移后，就要实现其空间转移，向城镇集中，上海市提出外省市人员试点城镇的准入条件。上海乡镇工业布局分散，新兴产业升级快，为适应产业发展的需要，上海市要求大多数工业企业进入工业园区。本着“以人为本”的理念，上海市要求在工业园区和其他产业园区配建农民工集体宿舍。农民工集体宿舍由园区管委

❶ 朱晋伟等. 苏南城乡一体化之路——胡埭镇的变迁和创新 [M]. 中国社会科学院，2008：26.

会在园区内配套建设，或利用合法的闲置厂房建设改造而成，并配备必要的生活设施。2009年8月出台的《关于单位租赁房建设和使用管理的试行意见》（沪府办发〔2009〕30号），鼓励企业和产业园区开发管理主体在自用土地上建设职工宿舍和来沪务工人员宿舍等单位租赁房，由用工单位或务工人员个人承租。

园区配建型的优点在于：（1）将企业纳入到农民工住房保障问题的解决中，提升了企业的责任感，增强了农民工与企业之间的结合；（2）以企业为主体的保障方式，能够有效地与农民工的职业相结合，降低其搜房和租房成本，也可以减少农民工的通勤费用；（3）政府建造和管理、企业租赁的方式，能有效保证农民工居住条件；（4）与城市产业布局和产业发展相结合，实际上是将农民工的居住与就业相结合，防止农民工住房供给的盲目性；（5）有效利用园区土地，实现土地的集约节约利用。其缺陷在于：（1）对企业要求高，对于经济发展水平相对落后的城市来说，对企业的引入是政府工作的重点，而这一方式增加了企业成本，不适用于经济发展相对落后的城市和劳动密集型的企业；（2）这一方式易异化，政府有意提高了公寓的建造质量和居住标准，将农民工公寓变为大学生或高新技术人才租住住房。

7.1.4　市政改造型

“市政改造型”是指城市政府不改变现有的农民工住房租赁状态，对现有的“城中村”和农民工聚居的城乡结合部配建市政设施和其他公共产品，从而改善农民工居住环境和居住条件。珠三角的一些城市主要采取这一方式。

广州市猎德村改造，就是市政改造型的一个典型。猎德村是广州市天河区街属下的行政村，位于珠江新城中南部，南临珠江。改造前共有户籍人口7000多人，3300多户，还有1万多外来暂住人口。村址面积约31万m^2，另外还有发展经济用地约23万m^2。根据拆迁方案，猎德村的补偿原则是拆一补一，即拆1m^2补回1m^2，以四层为上限，实施阶梯式安置。猎德村还在保留的专属用地内建设一座酒店作为集体经济发展的支撑项目，村民未来的长期分红有了稳定的经济来源。2007年9月29日，猎德村出让地块拍卖，最终以46亿元被富力和合景泰富联合体拍下，随后又宣布引入新鸿基集团共同开发。其东部作为村民的安置区，西部进行拍卖发展商业，而南部则建星级酒店，支撑集体经济。

市政改造型的优点在于：（1）不对现有的住房租赁市场造成太大冲击；（2）在维护本地城中村村民利益的同时，有效改善了市政环境；（3）优化了农民工住房状况，降低住房安全隐患。其缺陷在于：（1）政府对市政设施的改造，可能会带来住房租赁价格的上涨，政府财政投入的福利被城市房屋出租者获取，农民工不一定能得到实惠；（2）农民工进入城市的主要目的是增加个人收入，因此，他们会寻求更低租金的房屋，这种方式不能有效解决低收入农民工住房问题。

7.2　两个典型城市做法的深入分析——重庆市和广州市

在地方政府进行政策探索和实践的过程中，政府应该发挥什么样的作用？土地和资金筹集应该采用什么样的方式？各地政府的实践给出了不同的回答。本节选择重庆市和广州市这两个采用截然不同方式的城市进行对比分析。

7.2.1　重庆市的实践

（1）重庆市城乡统筹改革背景

2007 年 6 月，重庆和成都被确定为全国统筹城乡综合配套改革试验区。作为省一级的改革试验区，重庆市所辖的 40 个区（县、自治县）中有一半是贫困县，城乡居民收入差距为 4∶1。半年后，重庆市委、市政府确定将解决农民工问题作为统筹城乡改革的突破口。

根据统筹城乡改革方案，到 2020 年，重庆市的城镇化率将由目前的 46.7%上升至 70%，即有 800 万农民工进城变为新市民。重庆统筹城乡发展的关键是实行积极、稳妥、有序的城镇化户籍管理政策，引导有条件的农民工在务工地安家落户，支持优秀农民工加快向产业工人转化并优先转户安居，力争在 2012 年前每年引导 15 万左右有条件的农民工举家进入市内城镇定居。

2010 年 7 月，重庆市政府常务会议审议并原则通过了《重庆市统筹城乡户籍制度改革意见》、《重庆市户籍制度改革配套方案》和《重庆市城乡总体规划（2007～2020）修改方案》。改革具体分为两个阶段：一是 2010～2011 年，重点推进有条件的农民工及新生代农民工转为城镇居民，解决户籍历史遗留问题，力争两年内新增城镇居民 300 万人，非农户籍人口比重由目前的 29%上升到 37%。二是 2012～2020 年，通过系统的制度设计，建立完善土地、住房、社保、就业、教育、卫生支撑保障机制，进一步放宽城镇入户条件，力争每年转移 80～90 万人，到 2020 年，新增城镇居民 700 万人，非农户籍人口比重提升至 60%，主城区集聚城镇居民 1000 万人，区县城集聚城镇居民 600 万人，小城镇集聚城镇居民 300 万人，形成合理流动、权益公平、城乡一体的户籍制度体系。

这意味着，农民工及新生代、历史遗留问题，将是重庆市未来的重心。调研结果显示，重庆市“有条件农民工及新生代”约 294.1 万人。

2010 年 8 月 1 日，《重庆市统筹城乡户籍制度改革农村居民转户实施办法（试行）》正式实施，目标是在 10 年内让 1000 万农民转户进城。由于重庆市 98%的农民工是本地人，2%是外地人，因而，事实上不管外省还是本地，只要农民工进城干了五年以上，重庆市都可以给他户口。为此，重庆市过去几年中陆续出台了一些重要政策，如建立农村土地交易所，引入IT企业，新增几十万就业机会，大规模建公租房等。

(2) 重庆市改善农民工居住条件的政策实践

2007年，重庆市出台《关于解决城市低收入家庭住房困难的实施意见》(渝府发〔2007〕136号)，提出：采取政府引导、市场运作的方式，多渠道改善农民工居住条件。一是鼓励用工单位在符合城市规划和土地利用总体规划的前提下，利用自有存量土地，修建适合农民工居住的集体宿舍，提供给农民工使用；二是开发区和工业园区，要按照节约集约用地的原则，统一代用工单位，统筹规划、集中配套建设一定规模的集体宿舍和"探亲房"，面向园区内企业和务工农民工出租。三是社会单位和人员，将闲置房屋改建为适合农民工租住的公寓，面向进城流动务工农民出租，可减免租赁受益应缴纳的营业税、房产和企业所得税等相关税收。四是农民工家庭在城镇首次购买普通商品住房和二手住房，自主解决住房问题的，免缴相关契税。

2010年6月，重庆市政府印发《重庆市公共租赁住房管理暂行办法》(渝府发〔2010〕61号)，将符合一定条件的农民工也纳入公共租赁住房保障范围。

2010年11月，重庆市统筹城乡综合配套改革办公布《2011年为农民工办好五大类实事》(征求意见稿)，提出：进一步放宽农民工转户入城条件，引导有条件的农民工开展转户工作；继续推进公租房建设，在主城6个片区和10个远郊区县开工建设公租房1200万m^2的基础上，2011年全市再开工建设公租房1000万m^2，逐步解决包括农民工在内的无房人员居住问题。通过政策措施鼓励区县政府、工业园区为农民工建设集体宿舍或公寓，新增面积20万m^2。

目前，重庆市已建成农民工公寓130万m^2，规划2010～2020年在主城区建设2000万m^2公共租赁住房，其中2012年前建设1000万m^2。

(3) 其他相关政策

居民转户后，其就业、社保、住房、教育、医疗纳入城镇保障体系，与城镇居民享有同等待遇。自愿退出宅基地使用权及农房的转户居民，可以获得相当于征地标准的住房及其附着物补偿、宅基地使用权补偿及购房补助；另一方面，转户居民可申请城市公共租赁房，条件成熟时，可以转为购买。

重庆市允许"农转城"居民最长3年内继续保留宅基地和承包地的使用权及收益权。在3年过渡期内，转户居民可错位错时退出宅基地和承包地，既可以全部退出，也可以部分退出；既可以保留收益权和经营权，也可以保留收益权、流转经营权；既可以个人转户，也可以整户转户，以避免进入无地、无房、无业的"三无"行列。

对转户居民自愿退出宅基地使用权及农房的，参照同时期区县征地政策对农村住房及其附着物给予一次性补偿，并参照地票价款政策一次性给予宅基地使用权补偿及购房补助，今后征地时不再享有补偿权利。对自愿退出承包地的，按本轮土地承包期内剩余年限和同类土地的平均流转收益给予补偿。

转户农民还将获得“三项保留”：一是保留林地使用权，不要求退出，转户居民可根据自身实际情况选择流转或自主经营。二是保留计划生育政策，农转非人员在享受城镇居民社会保障和福利待遇后 5 年内，继续执行原户籍地生育政策，享受农村计生奖励扶助及特别扶助政策。三是保留农村各项补贴，农民目前享受的农村种粮直补、农机具补贴等与土地相结合的惠农政策，在农民自愿退出承包地经营权之前继续保留。

7.2.2　广州市的实践

据广州市流动人员出租屋管理办公室的最近调查统计数据显示，截至 2010 年 10 月底，广州登记在册的流动人口为 710 万，流动人口数已基本与户籍人口数持平，出租屋 350.59 万套。在这些流动人口中，有相当一部分为外来务工的农民工。改善农民工的居住条件、解决其住房困难问题成为广州市解决低收入家庭住房困难的重中之重。

广州市在 20 世纪 90 年代就对改善农民工的居住条件做了不少积极的探索，取得了一定的成效，特别是在 2007 年颁布了《关于印发〈广州市城市廉租房住房保障制度实施办法（试行）和〉〈广州市经济适用住房制度实施办法（试行）〉的通知》之后，坚持“富民优先、民生为重”，从观念改善、制度政策制定以及政策落实三方面进一步加大了对改善和解决农民工居住条件这一项目的支持力度。

由于广州市的住房租赁市场较为完善，民间建设力量活跃，且金融市场较为发达，因此，广州市在解决农民工住房问题时，主要坚持从两个路径来开展工作：一是坚持政府主导建设农民工公寓，改善其居住条件；二是坚持社会参与，提升其居住水平。具体而言，主要有以下三种做法。

一是以政府为主导力量，建设农民工公寓。这种做法相对较为灵活，可按照建造方和管理方的不同分为政府投资建设管理模式、民营资本建设管理模式、生产企业自建自管模式。具体地，政府投资建设管理模式是在政府建设的保障房小区中，配建一定比例的外来务工人员公寓；民营资本建设管理模式是政府鼓励一些单位在其划拨闲置土地上自行建造农民工公寓，并鼓励社会资本进行投资建设，政府会在税收政策方面给予扶持；生产企业自建自管模式是政府支持一些工业园区和生产企业在符合规划的前提下自行建设集体宿舍，并自行制定管理规章。不论是以何种模式，农民工公寓的建筑标准、租赁价格等都由政府进行统一规定；管理方按照政府规定的标准对入住人口进行严格把关。

二是以改善农民工的居住卫生、安全等条件为目标，通过整治出租屋，改善其居住环境。较为典型的是城中村改造。在城中村改造中，主要是以集体经济组织作为改造主体，广州市政府则扮演了监管和第三方的角色。集体经济组织可根据自身的财政状况，或通过土地公开出让招商融资，或采取自筹资金的方式来进行改造，融资方式可多元化。城中村改造采取“拆一补一”的方式，以复建房补偿被拆户。其中，复建房中，自住房和出租房将分开，且出租房由村集体自行运营，但用以作为公共租赁租房的复建房的建筑标准由政府规定和监控。

三是鼓励房地产企业积极参与和探索，自行建设和管理农民工公寓，目前，典型且较为成功的范例是万科的“万汇楼”项目和佳大的“时代公寓”项目。

未来，广州市将尝试通过各种方式引入更多的社会力量来解决农民工的住房问题，主要包括进一步推动城中村改造，由用工单位“团租”农民工公寓；推广“万汇楼”和“时代公寓”项目，鼓励更多的社会力量参与。另外，广州市还计划尝试将解决外来务工人员居住问题和促进广州市产业转型升级相结合，从而不断改善外来农民工的居住条件。

7.2.3　重庆市和广州市的对比分析

（1）两城市的共同点

一是坚持政府主导地位。重庆市陆续推出向农民工开放的大量公共租赁住房，以政府行政力量解决农民工住房困难；广州市以政府为主导力量建设农民工公寓，并制定建筑标准、租赁价格等，并强调政府在整治出租屋等工作中的监管作用。

二是重视建立市场运作机制。重庆市发挥市场力量建设公共租赁住房并实行管理，还建立了农村土地交易所等市场运作机制；广州市鼓励房地产企业积极参与和探索，自行建设和管理农民工公寓，也鼓励集体经济组织通过市场运作提升城中村住房质量。

（2）两城市的不同点

一是农民工构成有差别。重庆市98%的农民工是本地人，实行准市民化型的农民工住房政策方案，甄别成本较低；广州市外来务工人员基本与本地户籍人口数相当，农民工住房供需矛盾大。

二是区域经济基础差距大。重庆市地处中西部交界处，经济水平相对落后，民间资本力量有限；广州市地处珠三角，是中国改革开放的前沿，民营经济实力雄厚，有意愿参与农民工住房建设。

三是政策目标有差异。重庆市农民工住房政策改革的目标，是实现农民工向城市居民的转变，而非改善农民工居住条件；广州市的政策目标更加单一，仅是改善农民工居住条件，而非彻底解决农民工住房困难。

四是政策着力点不一样。重庆市更重视政府行政力量的作用，以户籍制度改革为核心，逐步推进农民工转变为城市居民；广州市更侧重于社会力量的参与，让开发商参与公共租赁住房建设、城中村改造以及建设面向农民工的住房项目。

(3) 政策启示

从两地各项改革的实践来看，重庆市政府更倾向于以政府为主体的改革模式，广州市政府更倾向于以市场为导向的运作模型，农民工住房政策取向必须与当地经济基础、产业发展状况和农民工构成等基本情况相适应。此外，城市政府理念和社会经济力量发育程度，也会影响农民工住房政策取向。

7.3　两个农民工公寓项目的对比分析

在农民工住房项目上，拟从分析总结长沙江南公寓的失败教训和广州佳大时代公寓的成功经验入手，总结改善农民工居住条件应当采用的微观策略。

7.3.1　长沙江南公寓

长沙市政府为贯彻落实《中共中央国务院关于促进农民增加收入若干政策的意见》(中发［2004］1 号)精神，于 2005 年发布 1 号文件《长沙市人民政府关于改善农民进城就业环境的意见》分别就逐步建立城乡统筹的就业制度、依法保障进城就业农民工子女接受义务教育的权利、积极改善进城就业农民工的居住条件、切实完善进城就业农民工的暂住管理四个方面提出具体措施。文中提出市房产部门和市内五区政府要按规划和实际需要，通过加快廉租房建设逐步完善进城就业农民工的居住条件。2004 年长沙市委、市政府投资 8000 万在河西二环建设"江南公寓"农民工廉租房，农民工廉租房建设按经济适用住房建设的各项优惠政策落实，利用住房公积金利差、银行贷款、政府贴息等方式筹集资金。江南公寓在 2007 年年底竣工后，交由长沙市房产局属下的一家物业公司管理。

小区占地 46 亩，该地块为转让地，由政府从原土地使用者买回，地价为 41 万/亩，总地价约 1900 万。政府提供 20%大约 1600 万启动资金(其中含三年贷款贴息)。2004 年底竣工，共建成 13 栋，建筑面积约 5 万 m^2，分别按一室一户、一室一厅、二室一厅、三室一厅多种户型设计。小区内绿化率达 40%；配套设施齐全，既配套了方便农民工存放工具的杂屋，又设计了个人使用壁柜，还安装了带对讲系统的不锈钢单元防盗门。租住这里的农民工能享受公寓配备的床铺、桌椅、暖壶等生活必需品，社会化的物业管理还将为他们提供公共食堂、水电维修等各项服务。有健身器械、商店、食堂、影视厅、娱乐室澡堂、车库；房内有床、柜、桌椅等。小区规划人均使用面积 8～10m^2/人，可以解决4500～5000 个农民工的居住问题。

根据 2005 年 10 月 1 日起实施的修正后的《长沙市农民进城就业廉租住房管

理（暂行）办法》，申请江南公寓的承租条件为：本市五区外的进城就业农民、被本市单位录用并签有劳动合同、人均收入1200元以下。并且必须由本人或用人单位提出书面申请，由各区房屋产权管理局负责对承租资格进行审查，并在5个工作日内完成审查工作，并对符合规定的农民工实行轮候配租制。江南公寓租赁房屋形式分为床位、单间、独立套间，单层床每月70元，双层床每月50元，单间每月120～170元，独立套间每月210～420元（以上费用均含物业管理费），小区每月总物业管理费约为12000元。

小区虽然可以解决4500～5000个农民工居住问题，但是入住率却很低，截至2006年5月仅有5.74%。这些人数所交费用很少连小区物业管理费都无法维持。

7.3.2 广州佳大时代公寓

佳大时代公寓是佳大实业有限公司在积极响应广州市经济技术开发区政府“吸引多种经济成分参与员工楼建设”的新思路，为营造“适宜创业、适宜居住”的城市环境，解决企业的生活配套设施，努力探索、构建的一种新型纯租公寓模式。

佳大时代公寓位于广州经济技术开发区开创大道骏业路，总占地面积逾5万m^2，总建筑面积约12万m^2，绿化面积逾2万m^2，可容纳1万人以上居住，是广州新型出租公寓。佳大时代公寓分三期建设。第一期为集体公寓，其中有9栋楼房，总建筑面积约5万m^2，共有1004个房间，每间建筑面积约45m^2，有单人间，双人间，四人间，六人间，八人间等户型；第二期共有2栋集体公寓、2栋白领公寓、1栋高层商务公寓，总建筑面积3.4万m^2，共有房间841套；第三期为员工夫妻公寓及企业管理层，总面积约4万m^2，共有房间744套。

佳大时代公寓的土地是佳大实业有限公司在2003年9月通过挂牌方式取得的。所需资金全部由佳大实业有限公司投资。所有的公寓均采取出租的方式。承租对象主要是开发区周围的外来务工人员，采取的租赁方式是佳大实业公司与承租人所在的单位签订租赁合同，确定租金，但是租金低于市场租金。并且对于所有的出租公寓都实行统一的租金价格。佳大时代公寓的租金大概是每平方米7元，这相对于市场上了租金低了不少。

由佳大实业公司对小区进行租后的物业管理。佳大时代公寓不仅拥有单独的卫生间和单独的洗浴设备，空调和电视机的相关设备插孔都已经安装；小区实行信息化管理，小区的每道楼梯出口以及房门出口都有相关的信息检查等智能化装置，同时，小区在整个社区内的公共部分安装了监控摄像头，实时监控小区的安全管理；凡准备入住公寓的人员均需出示身份证、暂住证、婚育证等证明，并进行登记。对入住人员有所选择，一般选择有家室、年龄较大、有较固定职业的人出租，尽量减少入住人员的复杂性。公寓设有专职保安，管理人员，24小时专人巡查，确保楼内无斗殴、打架现象。进出人员需要出示证件，携带东西出公寓要接受管理人员检查，保证公寓住户们的财产安全。佳大时代公寓是一个低容积率的小区，绿化面积较高，同时小区还有各种球类、棋牌、图书馆等公共休闲设施，每到重大节日还有各个公司之间的活动，使外来务工人员的身心健康发展。

佳大时代公寓解决了现阶段农民工住宿难的问题，实现了农民工工作、居住、生活、管理的集中，极大地降低了农民工的生活成本，提高了农民工的住房和生活质量。农民工公寓通过提供较高质量的居住条件和低价的租金，保障了农民工的住房需求。农民工公寓租赁可以集中采集信息、优化管理，给计划生育、社会治安、社会宣传教育等提供渠道，维护了当地的社会秩序，改善了社会的治安环境。优美的公寓环境对员工既是居住生活的保障，也是一份感情的归属，可以增加员工对企业的认同感和归属感，降低员工流动率。

7.3.3 长沙江南公寓和广州佳大时代公寓的对比分析

（1）江南公寓入住率偏低的原因分析

江南公寓入住率偏低的表观原因如下：

第一，农民工住房需求具有空间指向性，经济上的考虑是多数农民工拒绝江南公寓的理由。一位农民工算了一笔账：从河西赶到河东上下班，公交车每天要4元钱。一个月的房租和车费加起来，在相对繁华的河东找房已经不难。一位农民工说："江南公寓的租金虽然便宜，但还是觉得住工棚划算。因为从河西赶到河东上下班，一天车费至少要4元，一旦碰上堵车还耽误时间。一个月的房租和车费加起来，是一笔不小的开销，住工棚就可以省下来了。"

如果是单位集体租住，用人单位需要配备专车早晚接送，否则不方便。尤其是一些重点工程，经常要求农民工加班，如果晚上12点钟以后乘车回江南公寓睡觉，车费就划不来了。

第二，不同行业农民工住房有不同的方式。在与农民工闲聊时，多数人都对江南公寓表示淡漠：单位都是包吃住的，也不允许在外过夜。一位叫董军的技师称，一般在长沙的饭馆、商店打工，月收入在千元左右，老板大多包吃包住。在城市重点工程中唱主角的建筑工人对江南公寓也没有兴趣。湖南衡阳县的张群发说，他们的经验是每一个工地都有工棚，等楼房建得差不多了，工友们就会搬到房子里住。搞建筑的基本上就是这样"混"过来的。稍有一点规模的企业，也会在厂区辟出"集体宿舍"。

对于在附近务工，做家庭装修的农民工也没有意愿到江南公寓租住。装修工人曾师傅说，每到一个业主家庭做工，都可以住在业主家里，等装修搞得差不多了，工友们就会到下一个需要装修的业主家去住。"在长沙搞家装的这几年，基本上就是这样'混'过来的，还省下了一笔可观的住宿费。"

第三，申请入住条件苛刻。概括来讲，农民工的入住条件是：外地农民来长沙就业的劳动合同经劳动和社会保障部门备案、月收入在1200元以下者。最大的难题是大多数农民工拿不出符合条件的劳动合同，很多人压根儿就没签过劳动合同。农民工“承租申请表”须盖4个章，即工作单位、劳动部门、区房产局、市房产局。繁琐的程序阻挡了一部分人。

第四，农民工群体情况复杂，而江南公寓最初“集体宿舍”的定位，没有考虑到他们住房需求差异性的特点，使得不少携带家属的农民工望而却步。很多来咨询和参观的农民工，希望能够接纳两夫妻或一家人到该公寓租住。但是按照规定，只能提供集体宿舍，每个房间有5、6个床位，解决家属问题是不可能的。

以上是政策层面和农民工住房需求特征方面的原因，也是造成“江南公寓”入住率偏低的主要原因。下面基于边际住房消费倾向从农民工的住房需求特征进行深入分析。

统计显示，目前长沙市区人口约180万，其中来自农村的外来务工人员约40万。农民工月平均收入为706元，从收入水平分布来看，2%的农民工月收入在200元以下，78%农民工月收入在500～800元之间，12%在800～1100元之间，8%的人月收入在1100元以上。农民工月平均花费在300元左右。

假设农民工选择“江南公寓”中最便宜的标准，即每月50元，则若一个农民工月收入500元，则其用于住房消费的部分占总收入的10%。分别将收入高于其的农民工的收入及相应的住房消费列于表7-2中，计算其实际愿意支出的住房消费数额。

长沙市农民工住房消费分析表 表7-2

月收入（元）	根据边际住房消费倾向计算的收入中拟用于住房消费的金额（元）	该收入水平的收入不确定性*（括号内为不确定性所对应的收入区间）	收入不确定性下收入中减少的住房消费数额（元）	农民工收入中实际愿意支出的住房消费数额（未考虑通勤费用）（元）
500.00	50.00	18.83（INCO≤500）	−10.69	39.31
650.00	65.45	28.22（500<INCO≤750）	−16.03	49.42
800.00	80.90	41.09（750<INCO≤900）	−23.34	57.56
950.00	96.35	47.43（900<INCO≤1050）	−26.94	69.41
1100.00	111.80	68.31（INCO>1050）	−38.80	73.00

注：*由于收入不确定性为样本收入标准差，对应的是一个收入区间，因此，表中的某一收入水平的收入不确定性以该收入水平为中位数的收入区间的收入标准差代替。

计算结果显示，由于长沙市80%的农民工月收入低于800元，因此，基于其收入水平，80%的农民工实际愿意支付的住房消费数额在 57.56 元以下，这一数额仅能租到江南公寓的双层床（50 元/月）。

由于江南公寓在长沙市湘江西岸，而长沙市城市中心区位于湘江东岸，大部分农民工打工所在地均在湘江东岸，因此，如果选择去“江南公寓”入住，每月还必须支付不菲的通勤费用（以每天 2 元计算，每月需支付 40 余元），这对于农民工来说是一个不小的开支。因此，农民工实际愿意支付的住房消费数额如果再减去相应的通勤费用，剩下的数额不足以支付“江南公寓”最便宜的住宿标准。于是，就产生了“江南公寓”入住率偏低的现象。

这一现象说明长沙市对农民工的住房供给产生了偏差，这一供给并不是有效的供给，产生了结构性的失衡，即供给的住房类型、价格、区位等不能满足大部分农民工实际的住房需求，缺乏对农民工住房需求特征的良好回应。

（2）佳大时代公寓成功经营的原因分析

充分发挥市场作用。从经济环境来看，佳大时代公寓能够得到比较好的效果，首先是佳大实业公司看准了未来萝岗区的发展趋势。2003 年 9 月，政府挂牌出让佳大时代公寓地块时，规定开发用途是建设员工楼，有兴趣的开发商不多。一是因为公寓主要面向外来务工人员，利润极薄；二是萝岗区未来发展趋势不明确。佳大实业在对萝岗区的经济做全面的实地调研后，了解到在萝岗驻扎的企业多为各种大型公司的制造厂，农民工收入要高于其他地区的农民工，具有一定的支付能力。开发区政府统筹、主导建设员工公寓的政策，也增强了佳大实业发展该项目的信心。公寓利用市场化运作的方式，减轻了政府的财政压力。佳大时代公寓走出了一条民营企业参与城市出租屋改造、构建新型出租公寓的有效途径。它在一定程度上解决了政府没有能力解决的那部分人群的住房需求。

物业管理公司直接与用工企业签订租赁合同，减少管理成本。佳大时代公寓对外出租的方式与一般的对外出租方式有所不同，他的租赁对象是用工企业，而不是农民工个人。如果企业需要解决员工的住宿要求，通过与佳大时代签订相关的租赁合同。这种承租方式，减少了佳大时代的管理成本，可直接与企业打交道解决租赁中的相关问题，比如承租人的租金问题。同时外来务工人员作为弱势群体，由企业直接出面与佳大时代公寓签订租约，解决住房问题，可以使他们减少由于租赁市场的不规范而导致的利益受损问题，例如房东的提高租金等要求。这种方式有效保护了公寓管理方和农民工双方的合法权益。

户型多样，给予外来务工者足够的选择空间。佳大时代公寓根据不同租赁者的支付需求以及对于住房大小的偏好，在同租金同户型大小的情况下，即对所有的房间设定同样的租金标准的条件下，设计不同的户型，保证了住房者的多样化选择。

低租金、高质量的出租公寓使外来务工者的生活质量有了根本性提高。

同时，也应注意到，佳大时代公寓能否良好地解决周边区域农民工住房困难，取决于其经营理念。佳大时代公寓有一定的社会福利性质，但从总体上说它是一种企业行为。一旦该区域产业结构调整，农民工类型发生变化，该公寓就可能与相应类型的农民工住房需求特征不符，从而导致市场需求下降，该公寓可能会改变当前经营理念。对于佳大实业来说，难以得到相关政策优惠和保障，可能是其未来继续发展的一个瓶颈。

（3）对比总结

第一，公寓项目的租金定位。与长沙江南公寓相对比，佳大时代公寓项目合理地分析了农民工的住房需求水平和租金支付能力，公寓定位准确。

第二，公寓项目的空间定位。佳大时代公寓位于萝岗开发区内，区域位置比较好，靠近各用工企业，使得农民工的通勤成本比较小。而长沙江南公寓则不具备这一优势。

第三，灵活丰富的经营管理方式。相对于长沙江南公寓单一化的选择，佳大时代公寓的经营者推出多样化的户型选择方案，直接面对用工企业，采用了更加灵活、成本更低的经营方式。佳大时代的经营者还通过完善小区配套设施、开展丰富的联谊活动等，吸引农民工入住。这是政府运营的江南公寓无法比拟的。

第四，民营经济发展水平的差异。广州市民营资本实习雄厚，有企业愿意经受较长的投资回收期。佳大时代公寓实行略高于成本租金的方式，使得该项目的投资回收期很长，据我们了解，该项目按照现在的盈利能力至少需要 15～18 年才能收回投资，资金的沉淀期比较长。

因此，农民工公寓项目的成败，不仅与公寓开发和管理者的经营水平有关，更与经济发展水平、农民工住房需求特征密切相关。

需要指出的是，佳大时代公寓的成功经验是否能够推广，还取决于当地政府的优惠政策和相关制度建设水平。需要有好的农民工合法用工、社会保障以及更多制度上的支持。在此处入住的农民工需要凭劳动合同到相关部门进行审查，并且要到房产管理部门登记备案。而在有些省市，很多农民工的劳动合同都没有签订，身份核实等工作更难以开展。

7.4 各地做法对解决农民工住房问题的启示

7.4.1 要与城市发展目标相适应

从当前几个典型城市的情况来看，它们的政策出发点并不是为解决农民工住房问题，而是将农民工住房政策嫁接在相应的城市发展目标上，主要表现为三种目标驱动模式。

第一种是城乡统筹推动式。推进城乡一体化建设，旨在突破城乡二元结构，加快推进工业化、城镇化，缩小工农差距、城乡差距、地区差距[1]。统筹城乡发展中，促进收入分配、经济结构和产业结构调整是基础。二三线城市的城镇化主要采用这种战略。由于其本身在农民工吸纳力和财力上的不足，可能导致农民工的处境更加艰难。“嘉兴模式”对土地、户籍、社会保障、就业以及公共物品等方面进行了全面革新，该模式主要针对本地农民工，真正受惠的农民工非常有限，其他地区的农民工不能受惠于这些政策，这种模式将有可能使得农民工内部存在着不公平待遇，加速农民工内部的分化。因此，简单地以大城市为中心的统筹方式并不利于解决农民工住房问题，而是要协调推进，实现城乡之间的优势互补，充分发挥小城镇在吸引农民工和解决农民工住房问题上的优势。

第二种是产业升级带动式。城市根据自身的地理位置和区域资源发展特色产业，在产业发展和升级过程中，资源的比较优势会发生变化，农民工的成分也会发生变化。在产业升级较快的珠三角和长三角地区，资本替代劳动的现象日益凸显，产业布局发生变化，在新的产业基地和园区建设的同时，以园区配建和公共租赁等方式加速配套建设适应劳动力需求的住房。在紧邻产业升级地区的欠发达地区，产业迁移会带来大量农民工，政府应抓住这个时机，通过公共租赁、园区配建等方式吸引外来务工劳动者，也可通过准市民化吸引本地农民进城，政府引导推动农民工住房建设。

第三种是城乡融合促动式。1978 年以来，珠三角地区城镇系统首位度低，表现为自下而上的外向型、分散性城镇化过程[2]。广东的城镇化模式形成“以下促上”的东莞模式、“以上带下、一镇一品”的中山模式、“六轮齐转”的南海模式等，通过逐步放松对人口流动的控制，促进城乡要素流动，加速城乡融合。在城乡空间平等发展的过程中，增加市政配套，逐步改造城中村和城乡结合部居住环境，或者通过乡镇园区配套建设，改善农民工住房。

在以上三种目标模式中，农民工住房政策都是融合在城市自身发展的大战略下。以城市经济和社会发展目标为依托，逐步解决农民工住房问题，吸引与城市禀赋相适应的农民工群体，既有利于城市综合协调发展，又可以减小来自城市政府和居民的阻力。

7.4.2　多渠道、多形式扩大供应

农民工数量庞大，职业、收入等构成复杂，应该采用多种渠道、多种形式扩大住房供应。在现有的将农民工住房问题提上政策议题的城市中，包括上海、天

[1] 张小林主编．城乡统筹：挑战与抉择［M］．南京：南京师范大学出版社，2008：81.

[2] 同上。

津、成都、嘉兴等在内的大多数城市都采用了多种解决途径，综合运用前面分析到的几种形式，并对这些形式进行改造，有效发动政府、市场、用工企业等各方力量，扩大农民工住房供应。

重庆市政府在《关于解决城市低收入家庭住房困难的实施意见》中，通过4种途径解决农民工住房问题。①企业（园区）配建型，鼓励用工单位在符合城市规划和土地利用总体规划的前提下，利用自有存量土地，修建适合农民工居住的集体宿舍；②园区（企业）配建型，要求开发区和工业园区按照节约集约用地原则，统一代用工单位统筹规划，集中配套建设一定规模的集体宿舍和“探亲房”，面向园区内企业和务工农民出租；③公共租赁型，鼓励社会单位和人员将闲置房屋改建为适合农民工租住的公寓，面向进城流动务工农民出租，减免租赁受益应缴纳的营业税、房产和企业所得税等相关税收；④通过税收优惠，鼓励自主解决住房问题。另外，重庆市还要求用工单位为农民工建立住房公积金专户，按时足额缴存❶。重庆采用多样化的政策选择，有助于农民工根据自身的特点和需求选择最适合自己的政策，政策惠及面更宽。

辽宁省将农民工纳入城市住房规划时，也采用多渠道提供农民工的居住场所，要求：①农民工集中的开发区和工业园区，要建设符合农民工特点的集体宿舍，谁用工，谁承租；②城中村改造时，主管部门或开发单位可集中建设向农民工出租的集体宿舍，有条件的市、县（市）还可参照经济适用房建设的相关优惠政策，建房向农民工出租❷。

7.4.3　分层次、分步骤渐进解决

农民工来城务工的时间有先后、经济基础有差异，要分成不同的层次、有步骤地为其提供住房供应。

重庆市南岸区在具体操作中，把农民工分成三个层次。刚刚进城、就业不稳定、收入不高、流动性强的农民工为第一层次，政府从2005年开始按照“政府投入、社区管理、市场运行、以寓养寓”的模式，建成了覆盖全部街道的8个阳光公寓，2年多帮助2万多名进城农民在城市落脚；有稳定工作的农民工是第二个层次，南岸区计划在五年内兴建100万m^2的城市保障房，其中70%面向农民工，每套保障房面积在50m^2左右，只要在当地有稳定工作的就可低价租用；在当地稳定工作5年以上、家庭人均年收入在社会平均收入70%以下、有固定收入来源的农民工是第三个层次，可以低价购买保障房❸。通过这种方式，有效解决了农民工内部住房需求的差异性，也可以缓解城市政府在解决农民工住房问题上

❶ 邓力. 重庆四种途径扩大农民工住房供应［N］. 农民日报，2008-1-1（001）.

❷ 何勇，肖遥. 辽宁农民工住房纳入城市住房规划［N］. 人民日报，2008-3-17（002）.

❸ 刘健，张桂林. “有岗只是民工，有房才变新市民”［N］. 新华每日电讯，2008-2-19（004）.

的压力。

成都和嘉兴在解决农民工住房问题时，严格区分本地人口和外地人口。这种渐进的改革方式，有利于缓解城市就业压力和政府财政压力。

7.4.4　多部门、多途径综合发力

农民工进入并定居城市涉及就业、住房、社会保障、子女教育等一系列问题，单纯地为农民工提供住房条件是无法解决好他们的居住问题的。

农民工进入城市首要解决的是他们的就业问题，这就要求城市有足够的吸纳力。成都市和嘉兴市由于工业总量不大、继续承接农村剩余劳动力转移的空间有限，不能给农民工提供足够在城市生存的就业岗位，这就增加这些城市在制定现有农民工住房政策时的难度，也增加了农民工在抉择时的顾虑。由于社会保障水平和子女教育跟不上，农民工定居城市后可能面临巨大的生存风险，因此，他们是不会贸然进城的。

为促进农民工进城定居，成都市各相关部门出台了一系列政策，这些政策涵盖了就业、社会保障、户籍、教育等各方面。①在就业方面，2008 年 4 月，成都市劳动和社会保障局颁布《关于促进进城务工农村劳动者稳定就业的实施办法》提出，农民工失业后可申请《失业证》，参加失业保险并按规定缴纳失业保险费的农民工，可按规定享受失业保险金；自愿放弃农村集体经济组织成员身份或流转其承包土地签订了 3 年以上流转合同的成都市农民工可办理《再就业优惠证》，并享受相关的优惠政策；对首次获得《职业资格证书》的农民工给予补贴，鼓励他们提升自身能力。另外，成都市政府还鼓励有一定能力的农民工自主创业，可以对其提供优惠政策和小额贷款。②在社会保障政策方面，2003 年年底，成都开始推行非城镇户籍从业人员综合保险[1]。2008 年颁布的《关于促进进城务工农村劳动者向城镇居民转变的社会保险政策实施办法》，对综合社会保险政策进一步调整，鼓励用人单位为农民工办理城镇职工社会保险，积极推进综合社会保险向城镇职工基本社会保险过渡、转变，并做好农民工随同进城的家庭成员社会保险衔接工作。③在户籍政策方面，2006 年 10 月，成都市委、市政府出台了《中共成都市委成都市人民政府关于深化户籍制度改革深入推进城乡一体化的意见（试行）》，将户籍制度纳入了改革的范畴内。2008 年出台的《关于促进进城务工农村劳动者向城镇居民转变的意见》对 2006 年的户籍制度进行了进一步的调整，取消了租房入户的时间和房屋面积的限制。新政策规定，成都市农民工在城镇租住了成套私人合法产权住房的，只要经产权人同意，凭租房协议，就可将本人、配偶和未成年子女户口迁入。④在其他公共服务政策方面，《关于促进进

[1] 胡务，张伟. 成都农民工综合社会保险研究 [J]. 农村经济，2005（02）：73-76.

城务工农村劳动者向城镇居民转变的意见》提出，应为成都农民工提供与城镇居民同等的公共服务。这些公共服务主要包括医疗卫生服务、农民工子女在城市里平等接受教育的权利以及农民工的民主政治权利等。

因而，要发挥多个部门的力量，共同推进，最终促成农民工住房问题的解决。

7.5 本章小结

基于各地的实践，本章总结了解决农民工住房问题的四种主要类型：准市民化型、公共租赁型、园区配建型、市政改造型。这些解决方式各有优劣。

为深入探索这些解决方案在政策方向上的效果差异，选取了重庆市和广州市两个城市作为案例进行深入分析，发现：城市政府理念和社会经济力量发育程度，会左右该城市采取的农民工住房政策取向。

本章还选取了长沙江南公寓和广州佳大时代公寓两个农民工公寓项目进行对比分析，发现：农民工公寓项目的成败，不仅与公寓开发和管理者的经营水平有关，更与当地政府的优惠政策、经济发展水平、农民工住房需求特征密切相关。

从各地的实践可以总结出以下经验：农民工住房问题的解决，要与城市经济和社会发展目标相适应；要有效发动政府、市场、用工企业等各方力量，通过多种渠道、采取多种形式扩大农民工住房供应；要根据农民工的实际情况，分批分层为其提供住房供应；政府各相关部门要综合发力，共同推进农民工住房问题的解决。

第 4 篇

政策构建

第8章 政策环境分析

农民工住房问题牵涉到诸多方面的利益，从根本上解决这一问题是一项庞大的系统工程。图8-1展示了农民工住房政策所要面对的社会经济背景及与之相关的制度政策环境体系。

随着我国城镇化进程的不断加速，原有的制度环境已逐渐显现出其历史的制约性。现阶段解决农民工住房问题，不仅要以“和谐社会发展理念”为指导，还要以城乡一体化和行政管理体制改革为依托，以输入地城市为平台来作为政策构建的环境，从而减少相关制约因素对农民工住房政策的构建和实施的阻碍作用，并为农民工住房政策的顺利成功实施提供保障。

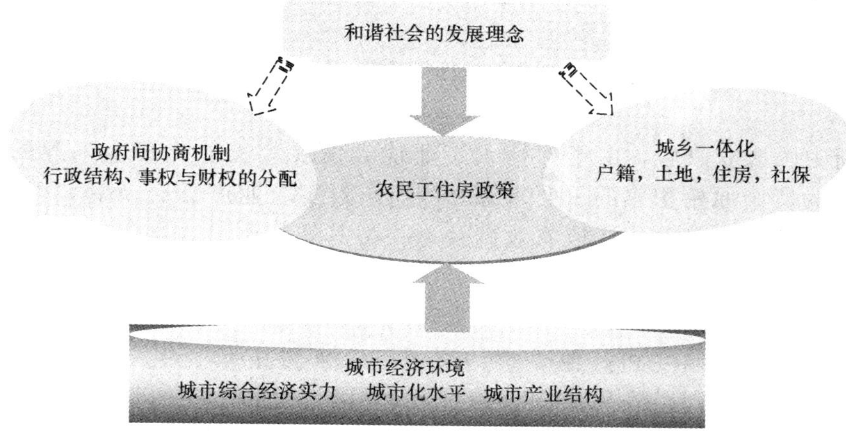

图8-1　农民工住房政策构建环境体系

8.1　农民工住房政策构建的指导思想

2004年9月，党的十六届四中全会首次完整提出了“构建社会主义和谐社会”这一思想。和谐社会的主要目标和任务包括：逐步扭转城乡、区域发展差距扩大的趋势，基本形成合理有序的收入分配格局，普遍增加家庭财产，使人民过上更加富足的生活；社会就业比较充分，基本建立覆盖城乡居民的社会保障体系；实现全面建设惠及十几亿人口的更高水平的小康社会的目标，努力形成全体人民各尽其能、各得其所而又和谐相处的局面[1]。在构建和谐社会时，应遵循以人为本的理念。

和谐社会的最终目标便是实现共同富裕，落实到住房问题上便是实现“住有所居”[2]。住房问题，尤其是农民工住房问题，不仅是经济问题，更是重要的民生问题和政治问题。实现“住有所居”是政府对人民的承诺，也是让全体人民共享改革发展成果的重要举措。

改革开放30年间，在加快城市社会经济发展同时，相对地忽视了城乡均衡和社会公平。一方面，城乡之间的差距日益扩大，地区间的产业布局不尽合理，从而导致城市畸形发展；另一方面，弱势群体的权利得不到保障，农民工利益常常受到侵害，财富分配不公正。构建社会主义和谐社会，必须转变指导思想和发展理念，加快制定农民工住房政策，并为解决农民工住房问题营造一个良好的环境。“以人为本”、“平衡协调发展”的理念，将使得经济的增长、社会的进步遵循着一套良性、合理的发展路径；社会的公平、正义以及社会结构和利益格局的合理化，被放到了与经济增长相同的高度和地位；通过科学可持续的发展方式，逐步改善农民工住房环境，最终达到“住有所居”的目标。

8.2 农民工住房政策构建的体制环境建设

新中国成立以后，由于保持重工业优先发展和工业化资金来源的需要，农业成为资金原始积累的重要来源。政府通过工农业产品交换的“剪刀差”、繁重的农业税收等方式提取农业剩余，并将其转移到城市部门，削弱了农业经济的发展。同时，为了保证二元经济中工业化的资金需要，制度上必须作出相应的安排，以隔断城乡生产要素和产品的自由流动。政府一方面实行城乡二元化的户籍制度和其他要素约束机制，来防止城乡生产要素的自由流动，从制度上限制了农民工向城市迁移；另一方面，通过扭曲的价格机制、二元化的社会保障制度，来分配社会财富在城乡的积累，经过价格机制和分配机制两个环节的作用，城乡居民收入差距不断扩大，无形中降低了农民工在城市住下来的可能性。

经过经济和制度安排不断的双向强化，形成了包括二元户籍制度、土地及住房制度、社会保障制度、就业制度、教育制度等一整套二元结构体系。在此制度背景下，处于城市居民和农村居民之间的农民工不仅身份尴尬，而且常常

[1] 中共中央关于构建社会主义和谐社会若干重大问题的决定［EB/OL］. 人民网，http://politics.people.com.cn/GB/1026/4932440.html，2006-10-18.

[2] 温家宝. 2009年政府工作报告［EB/OL］. 中国网，http://www.china.com.cn/policy/txt/2009-03/14/content_17444081.htm，2009-03-14.

处于制度、政策的边缘地带，对制定和执行农民工住房政策亦形成了一定的障碍。改革开放后，国家先后在农村土地承包制度、国有企业、金融、价格和就业等经济领域进行了改革，但涉及城乡二元结构方面的改革还不彻底，需要继续深化。比如，在城乡就业方面的改革，对农民工的就业歧视在一定范围内依然存在。有些改革并未完全展开，如土地要素的城乡分割体制、社会保障制度统一和完善等。

要想提高城镇化水平，促进农村剩余劳动力向城市自由迁移和定居，提高要素流动性是关键，即实现人口、劳动力、资本、土地和其他生产要素的乡-城间自由流动（图 8-2）。农民工进入城市并定居下来，必须解决生产要素和分配机制的几个方面：农民工自身能够自由“迁移”、资金能够“迁移”、生产性土地能够“迁移”、居住性土地能够“迁移”。农民工自身的自由“迁移”，必须以开放的户籍、就业和子女教育等制度为前提。在制度层面上，农民工到城市获得就业机会的限制已经打破，农民工子女的城市教育也正在改革，户籍制度的限制却并未完全放开，从而导致依附其上的那些制度没有得到彻底解决，农民工定居城市依然艰难。只要农民工能够迁移，资金的流动不成为一个问题。生产性土地能够“迁移”，就是要在城市提供与农村承包地具有相同生存保障功能的制度设计，使农民工安心地放弃在农村的生产，完全融入到城市产业工人的行列。宅基地是对农民工保障居住权的唯一凭借，只有实现了宅基地与住房保障的良好对接，才能让农民将居住地永久地迁移到城市。

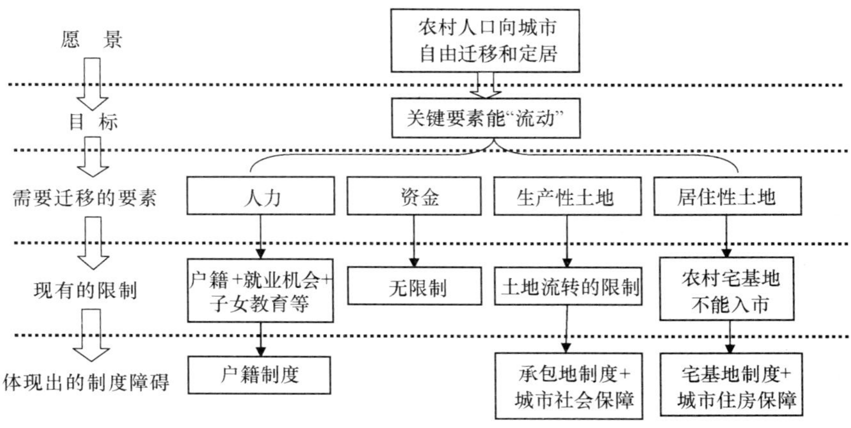

图 8-2　农民工定居城市的制度障碍

城乡二元结构形式是影响农民工城市住房问题的最深层次的制度安排，其主要包括二元户籍制度、二元经济政策、土地及住房制度、社会保障制度、就业制度、教育制度等。打破城乡二元结构，将城市和农村连接起来，逐步缩小城乡差距，与当前的社会经济发展方向相适应，对农民工住房政策的实行亦有促进作用。

8.2.1 促进城乡统筹发展

要改变城乡二元结构，就必须消除城乡之间的制度差异，推进城乡一体化，取消城乡间在户籍、社保等方面的不平等待遇，实现土地、住房、社会保障、就业等各方面的一体化。

第一，要改变现有的限制农村人口向城市迁移的政策，打破城乡界限，建立以居住地划分城市人口和农村人口，以职业确定农业人口和非农业人口的户籍登记制度，实现城乡一体化的户籍管理模式。

户籍制度的改革方向是建立以居住地为中心的人口管理模式[1]。但受限于巨大的城乡差别、庞大的农村富余劳动力和城市吸纳能力，如果现在放开户籍限制，面对的将会是庞大的迁移人群、政府行政能力不足、城市系统的全线崩溃。因此，户籍制度的改革不是一蹴而就的，而是要渐进地来改革。具体地，户籍制度的改革应该按照小、中、大城市的顺序、遵循先统一本地后统一外地的方针进行。可以分四步走：①建立并完善农村养老、医疗等社会保障体系；②有条件地开放城市户籍，降低农民工进入城市的门槛，降低其在城市劳动和生活的成本，鼓励有条件的农民离开土地，给农户改变身份和保障其居住、迁移的自由；③逐步将就业、社会保障、子女教育等福利从户籍上剥离出来；④按照先放开中小城镇、后放开大城市的路径，将户籍制度改为居民户口登记制度，允许城乡居民自由迁移定居。

目前，对于户籍制度的改革，我国不少地区已进行了较多有意义的改革和尝试，如广州、嘉兴等地已相继启动了户籍一元化改革，逐步取消“农业户口”和“非农业户口”的划分，统一登记为“居住户口”；上海将“打分制”引入户籍改革办法中；成都针对农民工制定了“租房入户”的政策。现阶段，二元户籍制度已开始逐步放松，户籍一元化是大势所趋。

第二，要突破城乡土地要素流动的限制，提高生产要素配置效率，改变城乡各自发展的模式，农民工住房政策的合理构建在一些方面必须突破现行土地制度给其所带来的束缚，建立城乡一体化的土地市场。将一定范围内的农民工住房用地纳入城市规划体系以重新进行科学的调整和规划、逐步建立城乡统一的土地市场并在一定条件下允许集体建设用地的有序流转将有助于在城市用地日益紧缺的情况下增加农民工住房的土地供给，从而为农民工住房政策的施行提供资源保障。除此之外，对于农民工住房用地与现有土地政策相冲突的地方秉着高效合理

[1] 李晶．“农民工”住房问题及市民化发展趋势下的住房政策调研［J］．现代经济探讨，2008（09）：60.

利用土地、保护耕地的原则作出适当的调整将有助于从政策层面为农民工住房政策的构建扫清障碍并提供制度保障。

近几年，不少地方政府对建立城乡一体化的土地市场进行了一些有意义的探索，如重庆的“地票”促进了集体建设用地的流转、嘉兴等地的“两分两换政策”一方面减缓了城市土地供给紧张的问题，另一方面也促进了农村集体土地的有效利用。打破城乡二元土地制度的束缚、完善和健全整个土地制度体系，是以后改革的方向。

第三，要建立城乡一体化的住房保障和社会保障体系。

农民工住房问题的真正解决需要逐步完善的住房制度的辅助，各城市应根据其经济实力，将农民工逐步纳入到住房保障体系当中，为农民工提供方便的住房公积金存取制度，同时，政府应该加强对私房出租制度的规范，以保障农民工的居住质量和居住安全。目前，不少地方开始将农民工纳入其住房保障体系中，如成都市已将经济适用房、政策性安居房等对农民工开放，并对符合一定条件的农民工实行租房或购房补贴，或者将其纳入住房公积金体系中。不少大众城市在今年修建了不少廉租住房以帮助解决农民工的居住问题。绝大多数城市已经出台了与农民工住房公积金管理相关的办法，并在方便农民工存取方面进行了探索。这反映了住房制度改革的推进是政府工作的目标之一。

城乡分割的二元社会保障制度，不仅使得进城务工生活的农民工缺乏必要的保障，而且从制度层面上增加了农民工对土地的依赖，使之难以放弃其在农村集体中的土地，从而为一些农民工住房政策的实行造成了一定的阻力。打破二元社会保障制度，扩大我国社会保障覆盖范围，建立较为健全的城乡居民保障体系将对农民工住房政策的有效施行起着推动的作用。目前，各地已开始逐步扩大社会保障范围，如农村社会保险已在全国逐步推广，一些城市诸如成都针对其辖区内的农民工开展了综合社会保险，另外，还有一些城市采用土地承包经营权换社保的方式逐步将农民工纳入社会保障范畴。打破城乡二元制度，实行覆盖城乡的社会保障制度是以后的发展方向。

第四，也是最重要的，要逐步实行城乡统一的就业管理制度。当前的城镇失业登记没有将农民工纳入其中，导致农民工不敢轻易放弃农村承包地和农村生产。要吸引农民工落户城镇，就必须积极扩大农村劳动力就业、落实农民工返乡创业扶持政策和鼓励农民就近就地创业，以创业带动就业。具体地，就是要：加强农民工职业培训，提高农民工创业就业技能；鼓励农民工自主创业，并给予相应优惠条件；切实保障农民工求职的合法权益。最终，实现城乡居民就业的同工同酬和一体化的失业保障。

综上所述，解决农民工住房问题，必须加大制度供给和制度创新，完善城乡一体化发展框架（表8-1）。

促进农民工住房制度供给的城乡一体化框架 表8-1

目标	供给指标	对农民工城市住房政策的影响
城乡一体化	按居住地登记的户籍制度	1. 有利于建立惠及全民的住房保障体系； 2. 有助于农民工提升社会和经济地位，增强住房支付能力
	城乡一体化的土地市场	1. 有助于城市吸引农民工，加速农民工融入城市； 2. 解除了农民工住房政策构建的制度束缚
	覆盖面更广的住房保障	1. 有助于农民工住房政策的构建和实施提供制度保障； 2. 有利于保障农民工的居住质量和居住安全
	城乡一体化的社会保障制度	减少了农民工生活的后顾之忧，提高住房消费倾向
	城乡统一的就业管理制度	1. 增强农民工住房支付能力； 2. 减少农民工后顾之忧，尽快与农业生产分离

8.2.2 完善政府间协商机制

地方政府和任何一个社会主体一样，需要考虑自己和本地区的利益。在农民工住房政策的实践过程中，地方政府缺乏激励机制，区域间的行政壁垒也阻碍了地方政府间对这一问题的协调；而由于地方政府的目标函数与中央异化，加之中央与地方在事权分配上的模糊性、财权与事权的不一致等，农民工住房政策执行乏力。因而，必须强化中央政府在解决农民工住房问题中的责任。

在中央政府逐步放权的大背景下，中央政府如果仅把着力点放在制定政策上，决策可能得不到有效执行，但这个并不是问题的症结。问题的症结在于，人们在什么样的体制环境下去争取自己的利益。设定适当的体制，使局部和整体能够"激励兼容"，这就是中央政府职责。当前，中央和上级政府依靠掌控的人事任命权，以"政绩"考核结果作为地方官员升迁的主要依据，而政绩考核标准事实上鼓励各级政府片面追求GDP的增长速度，这一标准显然会将农民工的利益扼杀。

在地方政府之间，要建立地方政府横向协商机制。中央政府应成立专门的机构来协调区域发展，逐步打通地方政府间的区域壁垒，将产业经济、农民工问题等区域合作问题纳入中央政府决策范围，将地方政府区域合作能力纳入到对地方官员的政绩考核中。允许地方间政府围绕流动人口探索建设用地和住房保障交换的机制。

在上下级政府之间，要建立纵向协商机制。在中央与地方关系调整上，需要引进对话和沟通、宽容和忍让的机制和程序，通过把立场问题转变为利害问题，跳出非此即彼的思维陷阱，达成不同利益集团之间求同存异的和谐局面❶。增加中央政府与地方政府利益重合度，增强托关系有效性，引入激励机制和竞争机制，提升地方政府在执行农民工住房政策时的动力，从而提高政策在执行层面的有效性；增加上下级政府间的对话，在对话和沟通中构建的农民工住房政策，执行力更强。另外，要理顺中央政府与地方的事权关系，中央政府在下放事权时，要配以相应的财权，以提高农民工住房政策在执行过程中的可行性和有效性。还要取消市管县的体制，切断城市对县乡的财政剥削。促进农民工住房政策供给的行政体制环境如表 8-2 所示。

促进农民工住房政策供给的行政体制环境 **表 8-2**

目标	指标	改革的具体措施
有效沟通的政府间关系	横向协商机制	1. 将地方政府区域合作能力纳入到对地方官员的政绩考核中； 2. 建立农民工输入地和输出地建设用地与住房保障交换机制； 3. 中央政府成立专门的机构协调区域间农民工问题的解决
	纵向协商机制	1. 增加上下级政府间利益重合度； 2. 进一步理顺中央与地方间事权和财权关系； 3. 上下级政府间引进对话和沟通、宽容和忍让的机制； 4. 取消市管县体制

中央政府可考虑设立专项资金以解决城市农民工住房问题，并将这些资金在各地区间进行统一协调，以使得地方政府有一定程度上的自主的财权并同时应建立相应的资金监管机构以保证这些资金专款专用。

2007 年，胡锦涛在党的十七大报告中，对深化财税改革提出了“健全中央和地方财力与事权相匹配的体制的要求”❷。2009 年 2 月中央出台的《中共中央国务院关于 2009 年促进农业稳定发展农民持续增收的若干意见》中提出要推进省管县体制改革，并指出要“调整财政收入分配格局，增加对县乡财政的一般转移支付，逐步提高县级财政在省以下财力分配中的比重”❸ 等等。另外，目前，中央政府在对地方政府的考核过程中，越来越多地关注地方的民生建设等都反映了国家正努力朝着国家行政制度的理想状态而不断改进。在地方政府协商机制方面，长江三角洲、珠江三角洲等地已经开始探索。在长江三角洲地区，特别是从

❶ 朱丘祥．分税与宪政——中央与地方财政分权的价值与逻辑［M］．北京：知识产权出版社，2008：115-116.

❷ 胡锦涛．高举中国特色社会主义伟大旗帜，为夺取全面建设小康社会新胜利而奋斗——在中国共产党第十七次全国代表大会上的报告［EB/OL］．新华网，http：//news. xinhuanet. com/newscenter/2007—10/24/content _ 6938568. htm，2007-10-24.

❸ 中共中央国务院关于 2009 年促进农业稳定发展农民持续增收的若干意见［EB/OL］．人民网，http：//politics. people. com. cn/GB/1026/8731450. html，2009-02-02.

2001年开始，已召开了多次由二省一市常务副省长、常务副市长参加的沪苏浙经济合作与发展座谈会。但目前，地方政府间协商合作多是基于经济发展方面的考虑，农民工集中的发达城市和中西部农民工输出省份间还是缺乏协商。

8.3 农民工住房政策构建的城市经济环境建设

城市是农民工住房政策的执行主体，是农民工住房政策构建的平台。因而，政策构建直接受城市经济实力、城镇化发展水平和城市产业结构等方面的限制和约束，政策构建要充分考虑上述内容，因地制宜。

8.3.1 提升城市经济实力

城市的经济实力、综合发展水平对农民工的住房供给具有一定的约束作用。如果具有较高的综合经济实力，一方面，可以增强政府财力，增加政府在公共物品、服务方面的投入，才可能有更多的住房保障支出用以解决农民工的住房难题；另一方面，较高的城市经济综合实力可能会带来农民工收入水平的提高，间接地解决其住房问题。

8.3.2 提高城镇化发展水平

城镇化是农村剩余劳动力转移至城市的过程。一般地，城镇化水平越高，农民工规模亦越大，且外地农民工占本地农民工的比重越大。因此，当城镇化的上涨速度过快并超过城市总体福利保障水平的发展速度时，源源不断涌入的农民工给城市住房带来的压力就会越来越大，给农民工住房政策的制定和实施所带来的挑战亦越大。在非农化前期，住房资源相对充足，对农民工住房政策的制定和实行所带来的压力相对较小；在非农化后期，涌入城市农民工的数量巨大，如果相应的保障措施不能同步到位，就会对农民工住房政策的制定和实施形成巨大挑战。

因此，科学合理的城镇化增长速度以及城市在发展过程中相应的保障措施的同步发展将会在一定程度上有助于农民工住房政策的制定和实施。各个城市在发展过程中，要科学地结合其地理特征、区域特征以及产业定位等，选取科学的城镇化发展战略，既要注意防止城市过快发展，又要注重相应保障措施的完善，使得城市总体福利水平与城镇化水平相匹配。

8.3.3 改善城市产业结构

目前，我国地区间产业发展差异较大，产业类型的差异会带来农民工类型的差异，进而影响农民工住房政策的制定，不仅影响住房供给规模，也影响农民工住房政策中主要保障类型的确定。实现区域间、城市间产业均衡发展，有助于农民工住房政策的构建和运作。

我国幅员辽阔、农村剩余劳动力多，单靠东部沿海等重点城市是无法满足农民工定居城市的需求的。要加快促进这些重点区域的产业结构升级和空间布局优化，推动高新技术产业向这些重点区域集聚；通过政策倾斜，推动劳动密集型产业向中部地区转移，中部地区要以大中城市为龙头，发展特色产业镇，做好产业承接，大力发展小城镇制造业。通过优化产业空间布局，引导农民工就近转移，以此来消解农民工城市住房问题。

8.4 本章小结

为方便住房政策构建，本章搭建了农民工住房政策构建的环境。这个政策环境，以"和谐社会发展理念"为指导、以城乡一体化和行政管理体制改革为依托、以输入地城市为平台，在此基础上，提出了一些优化的指标或路径。

(1) 要以"构建社会主义和谐社会"的指导思想来搭建农民工住房政策构建环境。运用"以人为本"、"平衡协调发展"的理念，通过科学可持续的发展方式，调整社会利益分配格局，逐步改善农民工住房环境，最终达到"住有所居"的目标。

(2) 加速推动城乡一体化发展，取消城乡间在户籍、社保等方面的不平等待遇，实现土地、住房、社会保障、就业等各方面的一体化。

(3) 完善政府间协商机制。建立地方政府横向协商机制，逐步打通地方政府间的区域壁垒，允许地方间政府围绕流动人口探索建设用地和住房保障交换的机制；在上下级政府之间建立纵向协商机制，引入激励机制和竞争机制，增加上下级政府间的对话，理顺中央与地方政府事权关系，取消市管县的体制等。

(4) 城市政府要充分考虑本地区经济实力、城镇化发展水平和地区产业结构等社会经济环境因素，因地制宜地制定农民工住房政策。大城市和重点区域城市要加快促进这些重点区域的产业结构升级和空间布局优化，中西部地区要推动劳动密集型产业向中部地区转移，发展特色产业镇。通过优化产业空间布局，引导农民工就近转移，以此来消解农民工城市住房问题。

第 9 章　农民工城市住房政策设想

通过对农民工住房需求特征和住房政策约束条件的分析可以知道，农民工城市住房政策构建，需要区分不同地区产业状况、经济实力和城镇化水平等因素，同时还要考虑各地区农民工职业差异、代际差异等，以增强政策针对性。本章在区分了地区类型和不同农民工类型之后，在各地解决农民工住房问题实践的基础上归纳了可供选择的农民工住房解决方案，进而构建了农民工住房政策体系。最后，分析了农民工住房政策构建需要重点关注的相关配套建设，并提出了在城乡统筹背景下将农民工纳入城市住房保障体系的两个设想。

9.1　政策目标取向

农民工城市住房政策体系构建的最终目标是，综合改善农民工城市居住条件，将农民工有次序、有区别地纳入住房保障体系，实现部分农民工在城镇的定居。但是，在不同的社会经济条件下，城市满足农民工住房需求的能力有差异；在不同的时期，需要保障的农民工类型和保障标准也有所不同。

按照保障范围的差异，各地区农民工住房保障的目标可划分为多个阶段，具体划分方式因地而异。一般情况下，可以结合本地区产业状况和经济发展速度，依据城市对农民工数量和类型的需要，确定农民工住房的保障范围，并根据需求进行动态调整。

按照保障标准的差异，各地区农民工住房保障目标划分为三个层次：第一个层次是农民工居住基本保障，重点是满足农民工基本居住需求，以符合安全卫生便利为基础，满足各种居住功能需要为准；第二个层次是农民工居住质量保障，除满足农民工基本居住需求外，还要考虑居住质量、居住位置、建筑套型等人性化方面；第三个层次是农民工住房综合保障，逐步提高农民工住房保障标准，实现农民工住房保障与城镇住房保障体系的对接，并最终将农民工纳入住房保障体系。

上述两个方面的目标及其不同阶段相互渗透，共同构成了农民工城市住房保障政策的阶段目标，不同地区、不同时期，政策目标的选择应该有不同的侧重点。通过实地调研发现，目前我国大部分城市农民工住房保障的重点仍处于农民工居住的基本保障方面。各地区需要结合实际情况，按照突出重点、分步实施、动态调整的原则逐步调整保障目标。

在确定政策目标后，再依据目标具体测算并确定农民工城市住房政策保障的范围和标准。

9.2 构建原则

农民工总体规模大，职业、收入等构成复杂，农民工输入地经济发展水平、产业结构存在差异。为满足政策设计的针对性、可行性、可操作性的需要，构建我国农民工城市住房政策体系，除了要坚持公平与效率兼顾以外，还需要遵循以下几个方面的具体原则：

9.2.1 弹性原则

弹性原则主要体现在两个方面：

一是农民工住房政策要与城市发展规划相适应。我国处于快速城镇化阶段，城镇产业结构调整频率快、经济发展环境变化快，农民工住房政策制定要充分考虑未来发展的需求；

二是农民工住房政策要与城镇人口变化、住房规划、住房保障计划等相适应。农民工群体具有高流动性的特点，农民工对住房的区位、规模、套型、面积等方面的需求，可能会不断发生变化，因而农民工住房政策制定必须考虑农民工住房需求的变化。

农民工住房问题是我国经济社会发展到一定阶段、城镇化发展到一定水平而出现并日益突出的一个现实问题，是与解决“三农”问题密切关联的艰巨任务，应该树立持久战的思想，通过农民工居住条件的不断改善，逐步彻底解决农民工住房问题。

从远期来看，解决农民工的住房问题是一个长期的工作，是一项复杂的系统工程，是一个制度体系的建设，通过逐步改善农民工居住条件，最终实现农民工在居住上的城镇化；从近期来看，农民工数量巨大、结构复杂、需求多样、支付能力有限，社会矛盾比较尖锐，政府必须通过直接的住房政策，发挥有效的市场手段，逐步改善农民工居住条件。为此，要坚持远期政策与近期政策相结合、以近期政策为主的政策构建方式。

9.2.2 差异性原则

农民工城市住房政策体系构建的差异性主要体现在以下两个方面：

一是各地区解决农民工住房问题的侧重点有差异。由于在经济发展水平和产业结构等方面各不相同，各地区要根据自身发展情况因地制宜，制定适合本地区发展实际的农民工住房政策；

二是农民工群体的差异性。由于职业、收入水平、来源地和年龄等差异，农民工的住房负担能力和住房需求是有差异的，各地区要根据不同的农民工群体制定相应的住房政策。

因而，要总体指导与分类实施相结合。农民工住房问题需要在国家层面制定一系列的政策措施，为各地区、各城市提供政策指导基础。同时，我国地区之间、城市之间和行业用工之间的农民工数量、结构、素质均存在很大差异，需要各地区、城市、行业在国家政策总体指导下，细化政策、实化措施、区别对待、分类指导，选择最适合本地区、本城市、本行业的解决农民工住房问题的政策，积极鼓励各地区、城市、行业分类选择组织实施。第十章将专门就不同地区的特点，构建差异化的农民工城市住房政策体系。

9.2.3 可持续性原则

农民工的住房需求具有过渡性和阶段性的特点，这就会导致现时投入在农民工住房上的资源可能随时面临浪费的可能性，因而在解决农民工住房问题的同时，要考虑投入资源转换为其他用途的便捷性，以保证资源的可持续利用；另外，由于农民工收入低，为农民工提供的福利性住房可能面临运营困难的问题，因此，农民工住房政策要考虑政策运行的可持续性。

一要注重产业引导作用。如前分析，产业结构调整与农民工就业结构变更具有互动循环的关系。东部沿海大中城市对农民工吸引力强，这些地区改善农民工居住条件的压力也大。因而，在政策体系构建中，既要通过产业结构调整和产业空间布局优化，逐步引导农民工迁移，以此来缓解发达地区农民工城市住房问题；又要发挥农民工住房问题的“倒逼”作用，促使产业转移。

二要政策引导与市场运作相结合，以政策引导为主。房地产市场是一个特殊的市场，供求上存在市场失灵现象，满足农民工需求的低价位合法租赁住房总体上供应不足，政府要通过政策调控和规范管理，引导和促进城市住房市场尤其是城市房屋租赁市场供求的合理化，逐步改善农民工住房条件。同时要注意到，社会经济的快速发展是我国未来的必由之路。改善农民工城市居住条件，需要大量的财力，这是处于快速发展中的城市所无法承担的。在政策体系构建中，要充分发挥社会和市场的力量，在坚持市场化方向的基础上，因地制宜、循序渐进，逐步改善进城务工农民居住条件。对于有一定支付能力的进城务工农民，要引导和鼓励其通过购买普通商品住房、市场租赁等方式改善居住条件，积极引导城乡结合部居民利用自有住房向进城务工人员出租；对于没有能力改善城市居住条件的农民工，也要在政府提供保障的过程中发挥市场运作机制。

三要与适当的城镇化发展路径相适应。不同的城镇化发展路径，决定了农民工迁移的不同轨迹和方式，影响到农民工住房问题的有效解决。城镇化发展路径是与我国产业结构的整体布局和调整相适应的，符合就业带动农民工迁移的一般规律。因而，改善农民工住房条件并进而解决农民工住房问题，要与适当的城镇化路径相适应。

9.3　近期政策

城市政府在改善农民工住房条件、解决农民工住房问题时，将会面对提高住房数量和质量所需的庞大资金缺口，因而，要合理确定农民工住房保障范围、保障标准、准入条件等。根据当前的市场发育程度和政府财力水平，应当主要实现农民工第一个层次即基本居住保障目标。

在当前情况下，解决农民工住房的问题的现实路径主要有三个：一是正规的住房市场，二是非正规的住房市场，三是非市场力量。根据第五章的分析，农民工住房需求具有有限性和非正规性的特点，当前绝大部分农民工往往只能接受低租金的房屋，在非正规的住房市场中寻求房源。一般来说，具有社区型居住空间特征和散居型居住空间特征的农民工，只能到非正规的住房市场中租住住房；仅有极少量的自营劳动农民工，能够在正规住房市场租住或购买住房；具有有机构成型居住空间特征的农民工，其住房往往被用工企业或园区等非市场力量外生给定（图 9-1）。

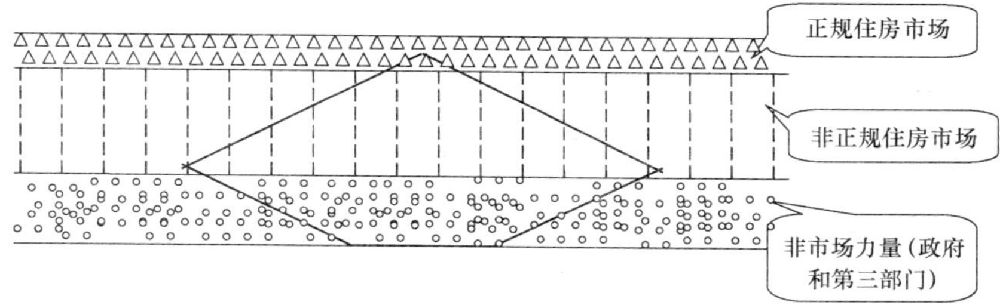

图 9-1　近期内农民工住房现状解决途径图解

注：粗实线黑框部分表示农民工群体。

需要指出的是，正规住房市场、非正规住房市场和非市场力量是从住房主要供应方的性质来划分的，是为了方便分析而做的一个相对划分；事实上，在一项具体的农民工住房供应项目中，住房市场和非市场力量往往同时发挥作用。

根据调查的情况来看，非正规住房市场既是农民工寻求房源的主要场所，也是农民工住房状况最差的地方，迫切需要政策引导和改造；考虑到农民工收入水平和城市居民的巨大差距，大幅度扩大正规住房市场的供给量是不可能解决农民工住房问题的。因而，从近期来看，农民工城市政策调整的思路是：要通过规范管理逐步提高非正规住房市场的住房质量、通过城中村和旧城改造等逐步压缩和完善非正规住房市场，即主要依靠非市场途径解决当前农民工住房问题（图9-2）。具体包括以下几个方面：

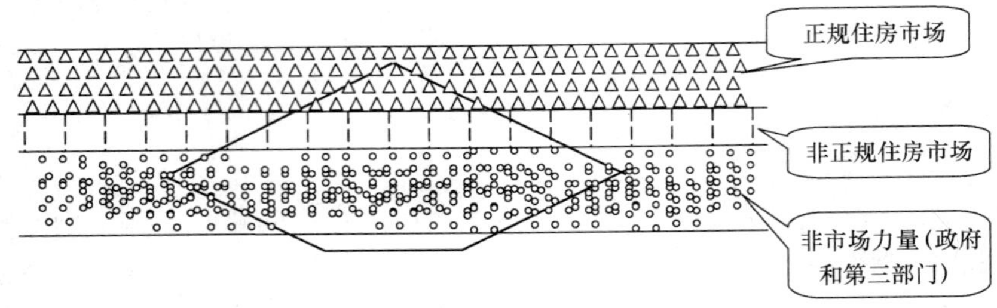

图9-2 近期内农民工住房解决方案图解

注：粗实线黑框部分表示农民工群体。

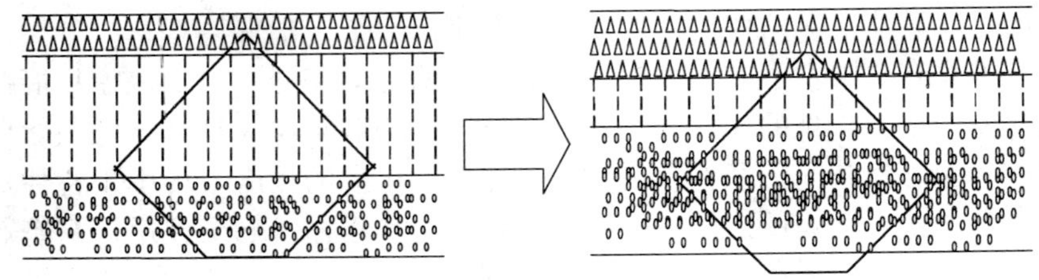

图9-3 近期内农民工住房解决思路的调整图解

注：粗实线黑框部分表示农民工群体。

一是要重视农民工集中居住和租赁房的物业管理，督促开发商和用人单位针对农民工集中居住的特点开展物业管理工作，政府在农民工用水、用电和学校、医院、道路等公共设施方面给予一定的政策支持。

二是政府出台政策，引导非正规市场进行自我更新和改造。政府可以通过收购城中村或城乡结合部集体经经济组织的部分土地，提高这些集体经济组织对村庄进行自我更新的能力；也可以对城中村或城乡结合部的当地农民进行培训，提高其市民化程度和市场经济意识，使其能够自主引入外界的市场力量进行改造，借此提高城中村等非正规住房市场的住房质量，降低安全隐患。在改造的实施过程中，政府要以税费优惠和改造清理整合后的经济收益作为条件，引入社会力量加入到改造进程中去。

三是规范发展城市住房租赁市场，盘活城市住房资源，降低大学毕业生等城镇户籍人员对农民工住房选择空间的挤压。在北京、上海等大城市，由于城市住房租赁市场不够完善，大学毕业生等大量住房困难群体涌向城中村等地，将农民工的居住空间进一步挤向城市外围和居住质量较差的区域。

四是强化用工企业责任。鼓励企业建设具有一定标准的职工宿舍，在工业区规划时统一布局，尽量利用统一的资源解决工业区内农民工住房问题。对一些改建或已有的农民工宿舍设立一定的标准，确保农民工的居住条件达到相应的水平。招用农民工较多的企业，应充分利用自有职工宿舍或通过租赁、购置等方式筹集农民工住房房源。在符合规划的前提下，可在依法取得的企业用地范围内建设农民工集体宿舍。农民工集中的开发区和工业园区，应按照集约用地的原则，集中建设农民工集体宿舍，由用工单位承租后向农民工提供，或由农民工直接承租。

9.4　中期政策

从当前的发展趋势来看，有两个发展趋势是解决农民工住房问题必须要考虑的。一是各地产业发展迅速，产业结构调整和升级加快，势必影响农民住房需求特征在全国范围内的调整；二是新生代已逐渐成为外出务工人员的主体，他们具有与老一辈农民不同的城市定居意愿和住房需求特征。因而，在未来的 10～15 年内，农民工城市住房政策要兼顾我国的产业发展趋势和城镇化发展路径，确保政策的可持续性。

从产业发展的角度来考虑，各地政府要根据本地区产业等发展实际，将农民工合理区分为“需要”、“适量限制”和“限制”等类型，通过住房政策和其他政策引导各类农民工的流动。对“需要”类型的农民工，要加大其住房供给、提高其住房质量；对“适量限制”类型的农民工，要在保障性住房供给数量、选址等方面采取相应措施；对那些本地不需要的或对城市发展不利的“限制”类型农民工，要设置相应门槛将其转移到其他城市。

对于“需要”类型和“适量限制”类型农民工住房政策，总体思路是：各地区根据发展需要，在合理确定农民工住房供给量的同时，调整农民工住房供给途径，适当提高农民工住房数量和质量。将非正规住房市场改造或正规化，以缩小非正规住房市场供应量；提高农民工待遇，适当扩大正规住房市场对农民工的开放程度；大力发挥政府和用工企业的主体作用，充分依靠非市场力量，逐步解决农民工住房困难。

从新生代农民工住房需求特征来考虑，新生代农民工城市定居意愿更强，住房需求的正规性较强，更愿意为了改善居住条件而支付较高的租金，甚至可以为了改善居住条件而超前消费。新生代农民工住房需求的正规性和超前性，需要较多的资金支持，这与其自承性和有限性相矛盾。因而，新生代农民工的住房需求更需要借助于非市场力量。这就需要政府能为新生代农民工提供更多廉价的租赁住房。

因此，从中期来看，要在逐步提高非正规住房市场住房质量、适当扩大正规住房市场的基础上，扩大非市场途径尤其是政策性租赁住房的保障范围，引导新生代农民工在城镇定居。

综合产业发展和新生代农民工特点，中期的农民工城市住房政策应当着力于以下几个方面：

一是要进一步盘活城市尤其是中小城镇的住房租赁市场。随着制造业、建筑业等劳动密集型产业的转移，中小城镇的新生代农民工数量将增加，他们有意愿也有能力租赁中小城镇正规住房市场的房屋。

二是地方政府要将农民工纳入公共租赁住房保障范围，并逐步与现有的城镇住房保障体系接轨。近年来，国家加大了对城镇住房保障工作的投入力度，城镇户籍人口的住房保障压力逐渐减小。随着各地公共租赁住房建设量开始增加，在今后的10年内，地方住房保障部门的工作重心应当逐步转向农民工住房问题，逐步将农民工纳入公共租赁住房保障范围，有条件的地区可以将符合条件的农民工纳入城镇住房保障体系。

9.5 远期政策

从历史发展角度来看，农民工住房问题的发展过程是与中国的经济改革和城镇化过程相伴随的。同样，未来改善农民工居住条件的政策，也应与中国的经济社会改革和城镇化路径相适应。

在由发展大中城市向发展特色中小城镇转变的过程中，必须将农民工区分为本地农民工和外来农民工两种类型。

9.5.1 本地农民工

对于部分地区来说，现阶段城市住房保障的压力不太大，可以逐步推进准市民化型，将本地农民工纳入到城乡统筹规划中进行管理，并与当前正在进行的农村土地制度改革配套运作，逐步实现城乡一体化发展。

当前，受到城市财力限制，大多数地区难以支撑本地农民工的城镇住房保障。因而，地方必须在财政允许的条件下，循序渐进，逐步建立城乡统一的住房保障体系，并在此基础上，将本地农民工纳入城镇住房保障体系。

按照现行政策，农民主要依靠宅基地保障居住权，多数地区的农村居民还不具备申请购买或租赁城镇保障住房的资格。

研究的设想是：农民工输出地政府[1]向农民工发放“土地债券”（宅基地债券或承包地债券），既可以引导农民工进城，又可以消除农民工的后顾之忧。农

[1] 乡镇政府、村民委员会和村民小组都应参与进来，我们这里暂不讨论这三者之间的协调机制。

民进入城市务工以后，只要愿意并事实放弃农村宅基地使用权、房屋所有权或农地承包经营权，输出地政府就应该向农民发放宅基地和农地债券。该“土地债券”与一般所说的债券有所区别，“土地债券”是由农民工输出地政府或政府委托的机构面向属地的农民发行，其目的不是为筹措资金，而是向农民募集土地，并承诺按一定方式给予补偿的债务凭证。

“土地债券”本质上是政府对农民工债的证明书，该债主要有以下 7 个特点：①该债的发行者是农民工输出地政府或政府委托的机构，但债务人是农民工输出地政府，即是以政府信誉作担保的一种信用债券；②债权人是放弃农村宅基地使用权、房屋所有权或农地承包经营权的农民工，且只能是属地内的农民工；③该债券没有约定的利率，农民工输出地政府不需要支付利息；④该债券的兑付只规定一个期限区间（比如从债生效起的 5～15 年），但是不规定具体的到期日，债务人不得主动赎回；⑤农民工可以凭借债券，享受劳务输入地政府的住房保障；⑥农民工在规定的期限区间返回原户籍所在地后，可以凭借该债券在邻近村镇获得一块宅基地、旧房或村镇集体房；⑦该债券不得转让。住房抵押券证明书应该成为劳务输入地政府将农民纳入城市住房保障体系的条件之一。

城乡统一的住房保障体系建立的过程，如图 9-4 所示。

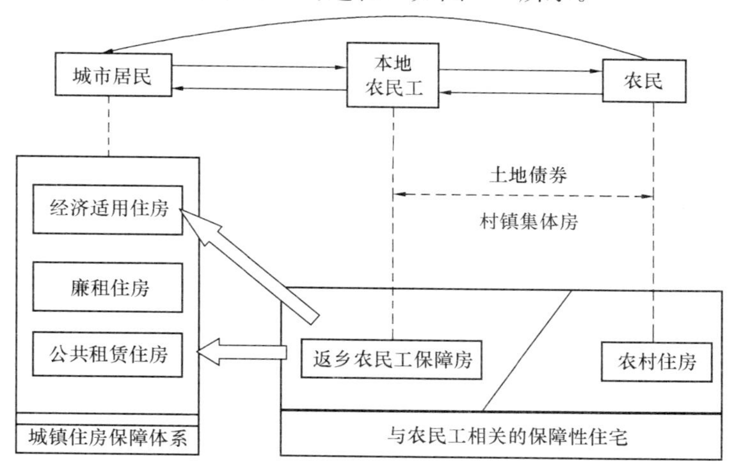

图 9-4　城乡统一的保障住房体系构建过程

在城市务工的农民务工一段时间之后，可能返回农村，此时，由劳务输入地政府提供退出城市住房保障体系的证明后，即可在原籍邻近村镇获得一块宅基地、旧房或村镇集体房。

通过这种模式，农民工输出地政府以合理的价格不断收购农民舍弃的住房，通过逐步归并零散的农村聚居点，实现零散村庄向中心村镇的聚集。其结果，一方面有利于农村建设用地的集约和有效利用，并可实现减少建设占用土地的目的，另一方面，劳务输出地政府可以在中心村镇制定详细的建设用地规划或统一建设住房，实现农村住房的建设规划和统一开发。待时机成熟后，将返乡农民工保障房纳入城镇保障住房管理体系，逐步实现统一的城乡住房保障体系。

9.5.2 外来农民工

在具备条件的地区或经济区，可以考虑实现外出农民工住房保障在输入地与输出地间的区域“联网”。在户籍政策和地区行政壁垒的约束下，农民工住房问题是需要输入地与输出地政府共同解决的问题，因此农民住房相关的政策设计需要对输入地与输出地之间的利益进行协调。

由于劳务输入地多为经济发展较快、建设用地指标紧张的地区，因此，可以建立国家级的地区协调机制，将劳务输入地政府保障性住房建设用地增加与劳务输出地农村建设用地减少挂钩，激励劳务输入地政府为移民提供更多的保障性住房。

此时，土地债券的运行过程是：有意愿放弃农村宅基地使用权、房屋所有权或农地承包经营权的农民工，事实上放弃宅基地和农地后，农民工输出地政府向该农民工发放“土地债券”，载明土地利用类型、其上附着物类型、价值等。农民工只要将该债券交给输入地城市政府，就可以在该地获得住房保障（图 9-5 实线部分）。

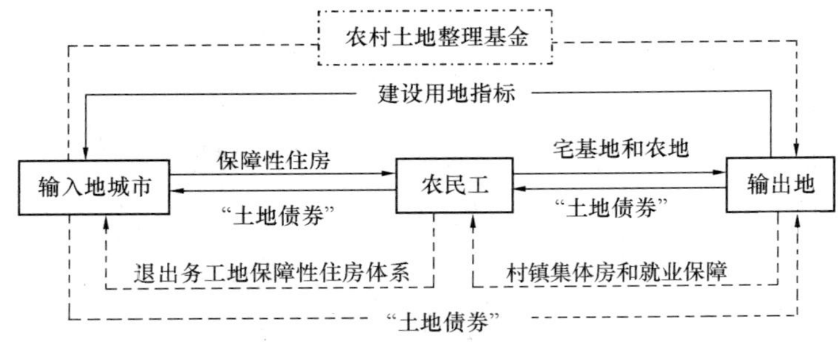

图 9-5 地方政府间协调解决农民工住房问题的设想

在债券规定的期限区间，农民工可以向输入地城市政府提出申请，退出农民工城市保障性住房体系；输入地政府接到申请后，将该农民工的“土地债券”返还给原债务人；原债务人按照事前约定以及与农民工的协商结果，承诺在一定期限内为农民工提供一块宅基地、旧房或村镇集体房（如图 9-5 下半部分的虚线所示）。如果“土地债券”中包含农地的，可以根据情况为农民工提供农地、门面房或就业岗位等。输出地政府提供的宅基地、旧房等来自持续性收购和储备的村镇建设用地，村镇集体房由政府统一建造和管理。

需要说明的是，土地债券需要对农民工在城市居住的期限区间、返乡后房屋或宅基地的面积（或折价）等作出规定。

根据“地区间补偿”的成本分担方式，在农民工外出前期阶段，输出地政府应当为农民工输入地政府分担一些成本。此时，输出地政府经济发展落后，财政支出能力有限，但它们能够从农村土地整理中获得较多的建设用地指标；输入地经济发展迅速，政府有一定的财政支出能力，但建设用地指标紧张。因而，可以建立国家级的地区协调机制，将农民工输入地政府保障性住房建设用地增加与劳务输出地农村建设用地减少挂钩，激励输入地政府为移民提供更多的保障性住房。当然，这些指标需要在国家设立的平台上交易，交易获得的资金存入“农村土地整理基金”，专门用于农民工输出地的土地整理、村镇宅基地和旧房储备以及部分村镇集体房建设。中央政府协调机构对外出农民工平均外在住房成本进行测度后，结合各地区农民工输入量和输出量综合测算，通过相关利益方的协商最终确定建设用地指标交易价格。

农民工输出地政府要把县城和部分基础条件好、发展潜力大的建制镇作为安置返乡农民工的重点区域。在对小城镇进行统筹规划的基础上，结合返乡农民工掌握的技术和个人意愿，为其提供宅基地或住房，从而以县城和建制镇为中心发展一批集镇和中心村，形成具有特定功能的“县城—建制镇—集镇—中心村”组团式布局，逐步实现城乡一体化发展。

第 10 章　差异化政策体系构建

我国幅员辽阔，不同地区资源禀赋迥异。在当前形势下，各城市经济发展水平进展和产业发展阶段各不相同，在改善农民工城市居住条件方面的能力也存在较大差异。面对这种情况，需要通过重点分析不同产业及不同地区的实际发展情况和存在问题的基础上，明确农民工住房政策由于产业与地域差异性而导致需求的差异。为此，不同地区应根据本地区经济发展状况和主要农民工类型确定差异化的政策体系。本章拟对可行的农民工住房政策进行细化分析，并针对不同地区类型构建差异化的农民工住房政策体系。

10.1　可供选择的农民工住房政策

根据政策构建的总体思路，农民工住房政策有四条可供选择的路径：第一条是将非正规住房市场改造或正规化，提高非正规住房市场住房供应数量和质量；第二条是降低农民工进入正规住房市场的门槛，或提高农民工进入正规住房市场的能力；第三条是继续强化非市场力量的作用，发挥政府或第三部门在解决农民工住房问题中的引导、监督作用；第四条是通过设置农民工住房福利进入门槛和产业政策等，引导部分农民工离开农民工住房问题突出的城市，缓解农民工住房问题。

10.1.1　规制“非正规住房市场”路径

由于有效消费能力不足，农民工很难进入正规住房市场，大多在非正规住房市场寻找房源。这些房子主要集中在城市边缘区、城中村和旧住宅区。

城市边缘区和城中村的住房，基本上都建造在集体建设用地上，要么由当地居民利用宅基地违规建造并出租，要么由村集体建设出租。这类住房，其一，不符合国家对农村宅基地管理的相关法律规定；其二，出于对经济效益的追求，当地农民倾向于在既定的宅基地上出租更多的建筑面积，因而，私搭乱建现象严重，安全隐患突出；其三，缺少必要的基础设施和公共服务供给，环境卫生条件差。城市旧住宅区的房屋，大多比较破旧、基础设施较差，房屋密度高，安全隐患突出。

对于“非正规住房市场”路径，可以有四种方式解决方案（图 10-1）：

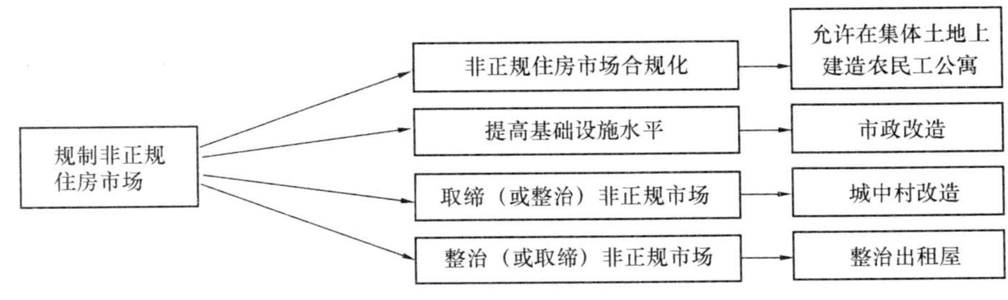

图 10-1　规制“非正规住房市场”路径

一是，改变相关法律规定，使非正规住房市场合乎规定。现有法律规定农村宅基地实行一户一宅，不得出租或出售给本村以外人员，因而，利用城乡结合部或城中村宅基地违规建造并出租房屋给农民工，是不合乎现有法律规定的。考虑到农民工收入太低，根本无力通过城市正规住房市场获得住房，可以适当放宽政策限制，允许在集体土地上建造农民工公寓用于出租。可以城中村、城乡结合部村（居）集体为主体，在集体土地上建造租赁住房，出租给农民工或农民工用工企业。这样做有几点好处：一是可以缓解农民工住房困难，减少政府财政压力；二是可以解决当地城乡结合部和城中村农民的就业问题；三是可以把城中村作为农民工进入并定居城市的过渡，农民工与城中村租户具有相同的农民背景，易于融合并逐步接受城市生活。

二是，采用市政改造，改善非正规住房市场的硬件条件。增加对城中村、农民工聚居的城乡结合部和旧住宅区的基础设施投资，提高基础设施水平。城市政府应逐步改变政府职能，为城市和农村提供大致相同的公共服务，并适度向农村倾斜，改善农民工居住环境和居住条件。

三是，推进城中村改造，彻底消除非正规住房市场。运用政府强制力，改造城中村或城乡结合部，并通过完全或部分征收等方式改变土地权利。这是目前很多地方政府正在采取并且乐意采取的方式。这一方式拓展了地方政府发展经济的空间，同时，也压缩了农民工的居住空间，提高了他们的住房搜寻成本。

四是，整治出租屋，加大对低端住房租赁市场管理，逐步排除灰色市场。旧住宅区一般远离城市重点发展区域，长期缺乏规划和管理，大批外来农民工群居于此，除极少数老、病、残等低保户外，本地大多数居民都已搬离这一区域。城市政府需要结合市政改造，整治该区域房屋出租，规范出租管理，促进该区域房屋租赁市场的发育，提高租赁房源的安全性和居住质量。

10.1.2　完善“正规住房市场”路径

正规住房市场租金较高，尤其是在农民工聚集的东部沿海地区。因而，必须适当降低农民工进入正规住房市场的门槛，改变农民工在正规住房市场中资金弱势和身份弱势地位。改变的方式有四种：引入商业资本建设并管理农民工公寓、降低农民工住房成本，取消身份限制、降低农民工获得城镇保障性住房的门槛，对农民工提供信贷支持、税费减免等优惠政策，缩小农民工与当地市民的收入差距、增强农民工的租房能力。其中，前三者与农民工住房政策相关，后者需要通过增加农民工就业机会、提高农民工权益等各方面政策综合解决。因此，“正规住房市场”路径主要包括三种可用的农民工住房政策（图 10-2）。

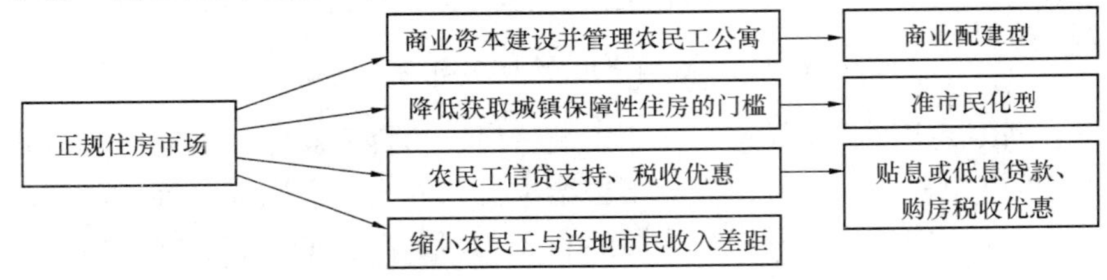

图 10-2 完善“正规住房市场”路径

一是引入商业资本建设并管理农民工公寓，典型的做法是商业配建型。选取地理位置较好、交通便捷、商业配套服务相对完善的地块，公开招标或挂牌出让，严格限制土地用途，要求建设单位在商业住宅开发项目中配建一定比例的农民工公寓。政府可以通过土地出让金优惠、土地出让年租制、规划用途限制、税费减免等方式，引导和鼓励商业资本建设农民工公寓，建成后，公寓所有权交由地方政府住房保障部门。关于农民工公寓的管理，可以交由住房保障部门或其委托的物业公司管理，也可以由社区物业公司统一管理。目前，商业配建型在实践中的运用不多，广州佳大实业有限公司建设的佳大·时代公寓，是一个有益的尝试。

二是取消身份限制、降低农民工获得城镇保障性住房的门槛，典型的做法是准市民化型。取消农民工在城市获得住房福利的身份限制，积极推进农民工在物质层面的市民化，将农村土地制度改革与农民工进城定居相挂钩，通过“宅基地换房”、“承包地换社保”等政策，逐步将农民工纳入城镇住房保障范围。由于这一政策涉及户籍改革、财政压力大，各地区应当稳步推进，先从中小城市开始试点，逐步扩大。当前，外来农民工较多的大中城市还不适宜运用准市民化型政策。

三是针对部分收入较高的农民工，提供信贷支持、税费减免等优惠政策，为农民工群体发放购房贴息或低息贷款，提供农民工购房税收优惠政策。同时，还可以将这一政策与农民工公积金相结合，盘活闲置的农民工公积金。

10.1.3 强化“非市场力量”路径

作为城市弱势群体，农民工住房问题主要依赖政府和用工企业等非市场力量解决。其中，政府主要考虑具有社区型或散居型居住空间特征的农民工；用工企业主要考虑具有有机构成型居住空间特征的农民工。政府可以直接参与投资、建设面向农民工的公共租赁房，可以间接参与、发挥用工企业的租赁管理作用，也可以建立农民工住房公积金政策等。要发挥企业在解决农民工住房问题中的主体作用，不同企业可以根据自身性质，为农民工提供不同的住房解决途径，主要包括在工业园区配建农民工公寓、为农民工提供活动房或工棚、发放住房补贴等，政府要发挥好监督管理的作用（图10-3）。

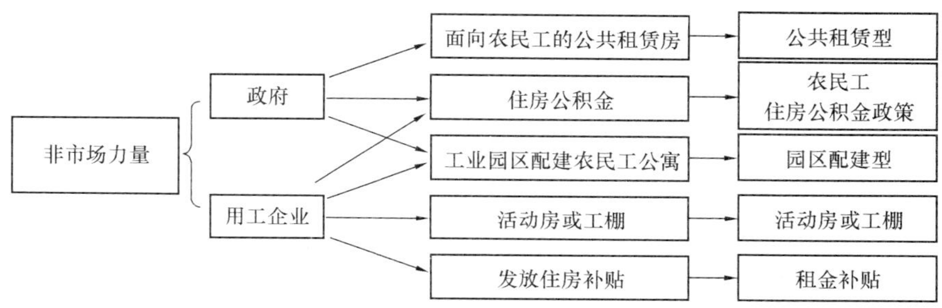

图10-3 强化“非市场力量”路径

公共租赁型。以政府主导，社会资本或用工企业参与，投入资金和土地为农民工建造专门的农民工公寓，由政府或政府委托的经营公司进行出租和日常管理，公寓产权归政府或相关国有资产经营公司所有。主要资金来源为地方政府财政，中央政府可通过一定的财政补贴对地方的行为予以鼓励。同时还可引入其他金融机构或组织进行投资，拓展资金来源。这一政策方案与农民工流动性大的特点相适应，能够有效解决农民工租房难题，但筹资难度大，会给城市政府带来较大财政压力，并可能扰乱城市现有住房租赁状态。

农民工住房公积金政策。政府制定农民工住房公积金政策，或将农民工纳入城镇职工住房公积金政策体系，要求用工企业为符合一定条件的农民工缴纳住房公积金，允许农民工利用这笔钱购房、租房，并需要针对农民工流动性大的特点，在农民工住房公积金缴存、提取、使用等方面，提供相应的便利政策，比如，允许农民工异地支取和使用住房公积金。由于农民工收入太低，尤其是在农民工聚集的大中城市，农民工住房公积金政策效果有限。

园区配建型。这一政策方案与产业园区、工业园区、经济开发区、高新技术开发区等联系密切，可以有效调动政府和企业参与进来，园区管委会和企业等在产业园区（或经济开发区）配套建造农民工公寓，用工企业向园区管委会或委托的经营公司提出申请，由企业参与实现对农民工的住房保障。招用农民工较多的企业也可以在符合规划的前提下，在依法取得的企业用地范围内建设农民工集体宿舍。现在多数城市已开始采用这种模式。这一模式与城市产业布局、产业发展相结合，能够有效利用园区土地，实现土地的集约节约利用，主要对具有有机构成型居住空间特征的农民工比较适用，不适用于经济发展相对落后的城市。

活动房或工棚。这一类型农民工住房主要针对建筑业农民工，活动房和工棚保暖、通风等条件差，安全隐患多，不宜推广到其他类型农民工。各地建筑行业相关管理部门要发挥监管作用，定期或不定期检查施工工地农民工居住情况，确保向农民工提供的居住场所符合住宅安全、消防标准和基本卫生要求。

租金补贴。如果用工企业规模小、没有条件为农民工提供相应的住房条件，可以为农民工发放租金补贴。租金补贴发放的方式有两种，一种是由用工企业直接发放给农民工，由农民工在住房市场上自行解决居住问题；另一种是由政府从用工企业收取农民工住房补贴，并为农民工提供相应的住房服务。

10.1.4 引入“引导农民工流动”路径

明星地区和发展型地区对农民工吸纳力强，但城市未来发展可能面临产业结构调整和升级，在城市财力不足的情况下，对那些本地不需要的或对城市发展不利的“限制”类型和部分“适量限制”类型农民工，要设置相应的就业和生活门槛将其转移到其他城市（图 10-4）。

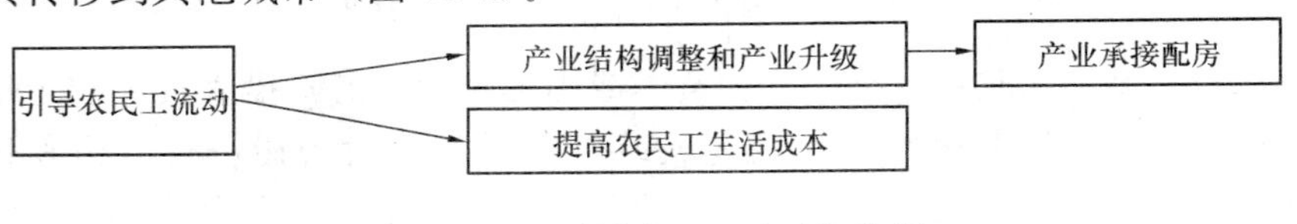

图 10-4 “引导农民工流动”路径

需要说明的是，“提高农民工生活成本”是一种可能的政策方向，但这一方向并不符合公平和谐的政策理念，因而不是一种可行的政策方案。“引导农民工流动”路径主要应通过产业结构调整和产业布局的空间优化，引导部分农民工随产业转移，以此来缓解农民工住房问题突出城市的压力，而不是通过为农民工提供直接的住房福利来有效解决其住房问题。同时，对于产业承接型地区来说，要发挥农民工住房问题的“倒逼”作用，强制要求产业承接地区提供相应的农民工住房。我们将这种方案称为“产业承接配房”，即配建相应农民工住房是允许地区政府发展该类产业的刚性条件。这种方案与园区配建型有较大差别，园区配建型主要是从园区、企业的角度来说，发挥园区管委会和企业的作用，而“产业承接配房”方案则要求在产业落户前安排相应的农民工住房或农民工住房规划，主要是强化政府责任。

虽然这一路径并没有完全解决大城市农民工住房问题，但它提供了一个有益的政策启示：将农民工住房问题与产业规划相结合，将解决农民工住房问题作为产业布局的刚性条件，超前管理，以农民工住房的解决吸引产业落户、以农民工住房落实指标“倒逼”产业布局，以产业转移缓解并逐步解决农民工住房问题。这里面涉及产业外移与承接城市间农民工住房布局与农民工住房可持续的问题。

10.1.5　农民工住房政策类型小结

根据以上分析，可供选择的农民工住房政策主要包括规制非正规住房市场、完善正规住房市场、强化非市场力量和引导流动等方面（图 10-5）。

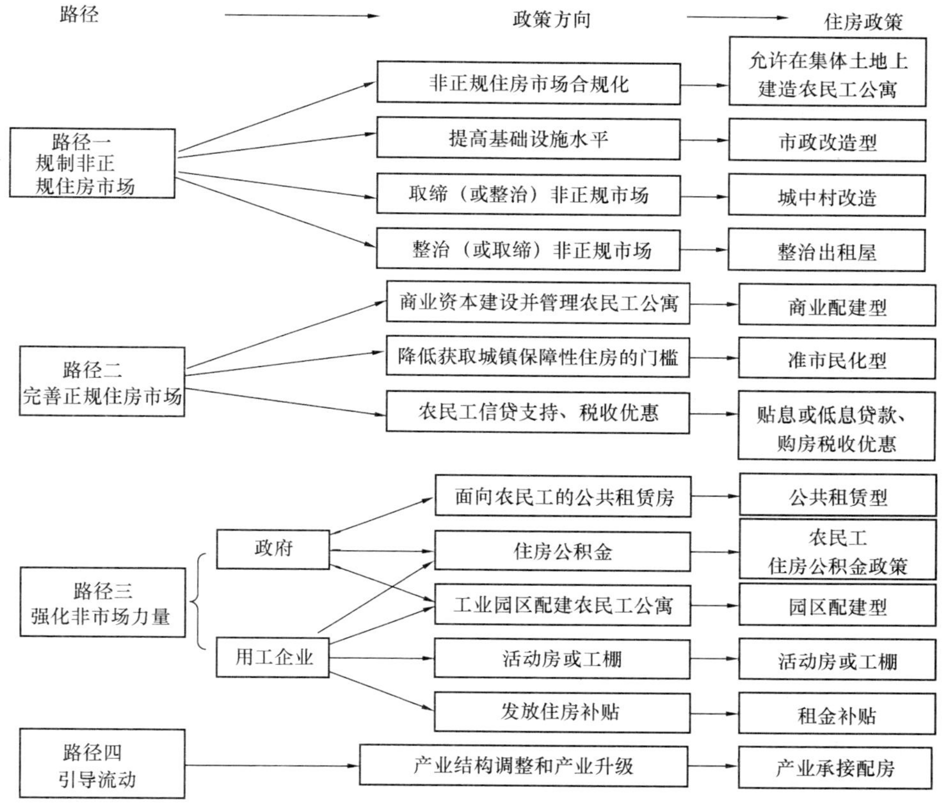

图 10-5　可供选择的农民工住房政策

根据住房来源和保障方式的不同，也可以将这些具体措施区分为以下五类：

（1）利用存量住房改造政策。解决农民工住房问题，要充分挖掘现有的住房资源，采用市政改造型、整治出租屋等方式。这一类政策对现有农民工住房租赁市场影响小，对于有大量城中村、旧住宅区的明星地区和后发展型地区等较适用。

（2）新建住房政策。在城市快速发展时期，存量住房资源无法满足不断增长的农民工住房需求，政府应该放宽思路，加快制度改革，并积极发挥政府作用、引导企业承担社会责任，通过城中村改造、商业配建型、集体土地上建造农民工公寓、园区配建型、活动房或工棚、产业“配房”承接型等方式，加快解决农民工住房问题。

（3）优惠补贴政策。农民工住房需求具有有限性和稳定性，住房供给应以政府提供实物住房为主。尤其是对于明星地区来说，房价较高，农民工基本上无法享受针对购房行为的贷款或税收优惠政策；房屋租金昂贵，农民工住房公积金政策、租金补贴等货币补贴方式也很难对改善农民工住房条件发挥有效作用。因而，这一类型的农民工住房政策一般不适于在明星地区、发展型地区等采用。

（4）准市民化型政策。这一政策主要是通过改变农民工的户籍身份来实现其物质层面的市民化，对于地方政府财政压力比较大，适合在农民工数量不太大、经济发展水平较好的地区采用。

（5）公共租赁型政策。这一政策既可利用城镇存量住房，也可新建住房。政府应该在发展公共租赁住房中发挥主要作用，尤其是对于未来发展较快的地区，要将农民工公共租赁型政策与新就业职工住房、城镇低收入家庭住房政策逐步接轨。

10.2 不同地区农民工住房政策

同一个地区或城市可以同时采用不同的农民工住房政策类型，以不同方式不同程度地解决各类农民工住房困难。但由于财政负担能力、地区土地等资源有限，一个地区或城市如果同时考虑以上各类农民工的需求，根据各种农民工类型提供相应住房政策，可能会导致政策失去重点，难以将有限的资源配置好。因而，各地区在制定政策时，首先要分析本地区主要的农民工类型，结合本地区特点和主要农民工类型制定当地的农民工住房政策。

10.2.1 Ⅰ型地区

这类地区经济总量大，面临着经济和产业的快速增长，有较强发展潜力，农民工数量多，农民工住房供需矛盾突出。

一是充分挖掘非正规住房市场路径的潜力，采用市政改造型，引入市场力量改造城中村或城乡结合部。一般地，Ⅰ型地区城中村和城乡结合部范围较大，且绝大多数散居型农民工聚居在城中村或城乡结合部。由于这类地区社会经济发展速度快，城市发展需要大量的资金，如果采用城中村改造方式，一方面会给城市财政带来巨大压力，另一方面，也会造成城市内部人口的大规模流动，形成新的农民工聚居区。城市政府应该对城中村和城乡结合部地区多采用市政改造型政策，增加对该区域的基础设施投资，提高基础设施水平，改善农民工的居住环境。

二是积极探索新的土地利用方式，鼓励在集体土地上建造面向农民工开放的低租金公寓。Ⅰ型地区土地资源尤其是城市建设用地资源稀缺、土地价格昂贵，完全依赖城市建设用地解决包括农民工在内的中低收入人群住房问题是不现实的。而Ⅰ型地区周边集体土地升值潜力大，农民对土地的持有和保护意识强烈，土地征收造成的官民矛盾大，因而，政府可以对当地农民进行培训，提高其市民化程度和市场经济意识，使其能够自主引入外界的市场力量提高出租房屋质量和公共基础设施水平。

三是采用商业配建型，对部分住宅开发项目规划一定比例的低租金住房，向农民工开放。Ⅰ型地区农民工数量多，解决农民工住房问题压力大，光靠政府财政，是无法解决具有散居型和社区型居住空间特征的农民工住房问题的。因此，要考虑到社区物业管理的难度、农民工群体城市适应性和归属感差异，这部分配建住房主要面向收入相对较高、流动性相对小的农民工，可以通过租金或交易价格等门槛来将其他类型农民工区分开。

在财政允许的情况下，适当推行公共租赁型，并强化用工企业的主体责任。但由于产业发展面临的压力不一样，产业调整方向有差异，加之政府财政能力差别大，Ⅰ型地区的各类型所应采取的政策也有一些区别。

(1) 明星地区

从近期来看，明星地区经济总量非常大，农民工住房供需矛盾也最大。一般来说，明星地区园区企业发展快，在园区从事制造业等产业的农民工多。对于这一部分农民工，要充分发挥企业的主体责任，优先采用园区配建型方案。同时，该地区政府建筑业和住房市场管理相关部门也要做好日常管理工作。对建筑业等特殊行业的农民工给予关注，定期或不定期检查施工工地农民工居住情况，加强对城区出租屋的管理等。

从远期来看，明星地区未来将面临快速的产业结构升级和产业外溢，当前应适当调整产业规划，并制定相应的农民工住房政策。通过产业升级，逐步设置相应的就业和生活门槛，引导部分农民工随产业转移，以此来缓解突出的农民工住房问题压力。

(2) 发展型地区

从近期来看，发展型地区当前接受的中央财政补贴较多，同时社会资本和用工企业愿意进入，可以利用这一资本筹集优势积极发展公共租赁型农民工住房。这一政策方案的采用，与该地区年轻农民工较多、农民工流动性大等特点也是相适应的。

从中期来看，发展型地区市政条件较好，产业进入起点高，后发优势强，未来可能大量发展园区企业，且主要吸引受教育程度较高的或较年轻的制造业农民工，可以强制要求新建园区采用园区配建型政策来保障农民工住房。

发展型地区农民工受教育程度高、较年轻，最终定居城市的意愿相对比较强。从长期来看，要在城市地铁、轻轨、公交等交通比较好的区位附近规划多批农民工公寓，可以采用公共租赁型，也可以采用商业配建型政策，对部分住宅开发项目规划一定比例的农民工住房。总体上，要在公共租赁型政策基础上，逐渐向商业配建型政策转变。

(3) 增长极地区

增长极地区经济总量比较大，与明星地区和发展型地区有很多共同点。第一，增长极地区在所属经济区或经济带中处于领先的地位，吸引的农民工数量多，类型相对分散；第二，该地区往往被经济落后地区包围，未来有较大的发展潜力，有很强的农民工净吸引力，可能吸引更多的农民工；第三，该地区距离明星地区较远，当前对农民工的吸纳力一般。根据以上特点，增长极地区近期的农民工住房政策应当以公共租赁型政策为主。

从近期来看，增长极地区城镇化速度发展快，但这类地区往往市政条件一般，当前建设施工量大，建筑业农民工是农民工主要类型之一。因而，要特别关注建筑业农民工居住状况，注重完善施工工地农民工居住状况。

从中长期来看，增长极地区的市域面积扩张将非常迅速，周边农村土地将不可避免地进入城市范围内。增长极地区政府应当及早统筹城乡发展，考虑将所辖范围内的农民逐步纳入城镇住房保障体系，根据地方财力和经济发展水平，对本地农民工适当采用准市民化型政策，并可考虑采用贴息或低息贷款、购房税收优惠，农民工住房公积金政策与之配合，鼓励本地农民工准市民化。

10.2.2 Ⅱ型地区

这类地区经济总量较小，经济和产业增长缓慢，农民工住房供求矛盾相对较小，但政府财力也严重不足。因而，要适当挖掘非正规住房市场路径潜力，在有限的范围内发展公共租赁型，随着经济发展逐步解决农民工住房问题。同时，由于未来发展潜力有差别，地区资源禀赋有差异，产业调整方向也会不一样，Ⅱ型地区的各类型所应采取的政策也存在较大区别。

(1) 承接型地区

当前，承接型地区往往拥有广阔的农村腹地，因而当前的农民工净吸引力较小，吸纳农民工的能力也有限，地方政府的财力也不足以解决农民工住房问题；但这一地区即将成为重要的产业承接区，未来将会有大量的农民工回乡创业和就业。

从近期来看，这一地区应该强化生产企业和房地产开发企业的社会责任，开始着手农民工住房规划，以应对即将面临的农民工住房问题。一是中央层级的农民工住房政策决策和管理机构要督促这一类地区落实好产业承接配房政策，将解决农民工住房问题作为产业承接的刚性条件。二是强化用工企业责任，优先发挥雇佣农民工较多企业的作用，采用园区配建型解决农民工住房问题。可以通过土地、税收等方面的优惠，引导房地产开发企业发展商业配建型；同时，利用当前城中村不太多的优势，积极进行城中村改造，将城中村改造政策与商业配建型政策结合起来，优化农民工住房和城市产业的布局。

从中期来看，承接型地区在将来的建筑施工量较大，建筑业农民工将是未来关注的一个重点。

综上所述，承接型地区要落实好产业承接配房政策，优先采用园区配建型、城中村改造与商业配建相结合的农民工住房政策；未来要把改善建筑业农民工活动房或工棚居住条件作为一个政策重点。

（2）后发展型地区

后发展型地区经济总量较大，已经吸引了较多本地或邻近地区的农民工，完成了城镇化快速发展的时期，因而未来发展空间有限。且由于这类地区农民工收入低，政府财力不足，因此要充分发挥市场力量，挖掘城市非正规住房租赁市场的潜力，主要通过规制非正规住房市场来解决农民工住房问题；同时适当考虑采用公共租赁型农民工住房政策。

（3）辅助型地区

辅助型地区经济总量非常小，经济发展速度也非常慢，很难吸引到外地农民工，这类地区的农民工住房问题并不严重，应当优先发展地区产业、充实地区经济实力，提高对本地农民工的吸引力，努力促进城镇化发展。此类地区可以暂不考虑解决农民工住房问题。

10.2.3　Ⅲ型地区

Ⅲ型地区（即保守型地区）经济总量和经济发展速度适中，吸引的本地和外地农民工数量相当。这一类地区未来发展潜力有限，农民工住房供需矛盾不会继续扩大。

从近期来看，重点应该放在规范出租屋管理上。从远期来看，主要考虑综合采用准市民化型和公共租赁型住房政策解决住房问题，一般后者的推进速度要快于前者，而前者需要逐步推进政策的覆盖范围和保障力度。

各保守型地区内部农民工类型也有差别，近期要根据主要农民工类型确定采用相应的住房保障政策。比如，如果建筑业农民工较多、住房问题突出，则要重点考虑活动房或工棚类政策；如果制造业农民工较多、住房问题突出，则要重点考虑园区配建型政策；如果批发零售、流动商贩、自雇或个体户、打零工者等流动性较大类型农民工较多，则要重点考虑整治出租屋、市政改造型等规制非正规市场的住房政策。

10.2.4　Ⅳ型地区

Ⅳ型地区（即独特地区）所吸引的农民工大多来自是本地或邻近地区的农民

工，一般从事简单、收入较低的工种，且流动性很大，缺乏定居城市的意愿。该地区农民工住房政策的重点是，增加相应配套设施，逐步改善居住条件。可以采用市政改造型、整治出租屋等政策解决农民工住房问题。同时，对于本地农民工，主要采取准市民化型住房政策，吸引本地农民工进入城市，加快城镇化发展。

第 11 章　农民工城市住房配套政策

农民工在城市的居住问题，是一个综合性问题，也是我国发展到今天诸多矛盾的一个侧影，涉及城乡统筹发展和户籍制度管理、财税体制、国有土地和集体土地的资源配置等问题。在解决农民工城市住房问题的时候，需要统筹考虑。

11.1　城乡统筹发展

城镇化是不可规避、不可逆转的历史潮流❶。农民工住房问题的良好解决，需要以城乡统筹发展为背景；农民工住房及相关政策体系设计，是城乡统筹发展的重要一环。在城乡统筹的框架下，各地区、各城市根据所处发展阶段，选择不同的城镇化发展路径，逐步通过城乡统筹彻底解决本地农民工住房问题。

（1）改变城乡分割的行政管理体制，统筹城乡土地、产业规划。理顺城乡规划体系，明确城乡分区功能定位，从体制、规划和政策上解决城乡产业分割问题，顺应城乡经济社会发展不断融合的趋势，整体推进城乡产业发展。加快农村服务业发展，引导城市资金、技术等生产因素向农村流动，同时促进农业产业化经营，并引导其向小城镇转移。通过产业引导农民工就地城镇化，解决农民工住房问题。

（2）统筹城乡基础设施建设，大力推进城乡一体化。增加农村建设财政资金，加快农村基础设施改造，培育农村服务业发展，改善小城镇发展环境，为农民工返乡就业创造基础条件。

（3）统筹城乡公共服务，增强农民工定居城镇的信心。扩大就业服务覆盖面，将农民工就业纳入城镇居民就业保障体系，形成城乡劳动者平等就业的局面，引导农民工有序流动就业，鼓励其就地就近转移。健全覆盖城乡的社会保障体系，逐步实现农民工子女教育、基本养老、医疗保险、住房租购等与城镇居民享有同等待遇。

（4）增加针对农民工的科学、文化普及，促进城乡文化交流。促进农民工融入城镇，缩小城乡社会距离和文化差距是一个关键。加大对农村和农民工聚居区文化基础设施建设，促进农民工在精神层面的市民化，加速农民工的本地转移。

❶ 吴良镛．中国城乡发展模式转型的思考［M］．北京：清华大学出版社，2009：30.

在城乡统筹发展的基础上，鼓励农民工在就近就地购房定居，政府可以通过信贷支持、税收优惠等方式给予一定补贴。一方面，可缓解大城市面临的劳动力拥挤、农民工生活成本过高问题；另一方面，能够促进中小城镇的发展，加快我国的城镇化进程。

11.2 城乡户籍管理

我国目前实行的是城乡二元结构的户籍政策，严格对农民和城市居民的户籍加以区分并附加各种福利于其上，是导致当前农民工在城市中的住房、就业、医疗和教育等方面与城市居民的巨大差距的主要诱因之一。这一政策与农民工政策之间的关系密不可分，甚至是长期以来困扰农业剩余劳动力转移的关键问题之一。

户籍制度实质上是对城市户口居民优先享受城市资源的保护措施，户籍制度的松紧程度直接受到城市财政、经济发展水平的影响。因此，目前我国经济和社会发展水平相对高的地区，已经启动了城市户籍制度松绑的程序，这将为农民工城市住房问题的解决提供有力的支持，并逐步实现农民工城市住房政策与城市居民住房保障政策的挂靠和接轨。而在采取更严格的户籍制度的城市，则需要将农民工住房政策与城市居民的住房保障政策明确分开，各自设定住房资源的分配规则和比例。

11.3 城镇土地供应政策

农民工在城市内部的居住地分异，决定了居住区域存在集中居住和分散居住两种。从土地供应方式上来看，这两种方式下的农民工城镇住房土地供应方式存在差异。

（1）劳动力集中的区域

开发区工业项目用地中一般会包括一定面积的企业内部行政办公及生活服务设施用地（以下简称“办公及生活用地”）。政府应鼓励企业利用办公及生活用地为本企业员工提供住所，对于履行建设责任的企业，今后在企业需要扩大规模新增用地时优先考虑。从集约用地的考虑出发，应主要建设集体宿舍，如果企业夫妻双职工数量较多，可以建设部分套房。

建筑工地等现场作业的区域。目前，大多建筑工地都会搭建活动板房，这种方式能基本解决在这类企业农民工的住房。

（2）劳动力较分散的区域

对于在市区从事第三产业的农民工，居住地一般较分散，许多居住在租金较低的郊区或城中村。政府应主要提供公共租赁房，将农民工住房问题纳入城镇住房保障体系中统一计划和安排。

《关于加快发展公共租赁住房的指导意见》指出，各地要把公共租赁住房建设用地纳入年度土地供应计划，予以重点保障。面向经济适用住房对象供应的公共租赁住房，建设用地实行划拨供应。其他方式投资的公共租赁住房，建设用地可以采用出让、租赁或作价入股等方式有偿使用。

在土地供应总量上，应在年度土地供应计划中明确用于公共租赁房建设的土地数量。在土地供应结构方面，公共租赁房的土地供应中，应有一定比例专门用于解决农民工的住房问题。在土地供应区位方面，土地位置应尽量位于用工企业集中地区域，降低农民工的通勤成本。

在土地供应方式层面，实践中已经有一些做法。如，北京市公共租赁住房建设用地实行有偿使用，其中对于政府所属机构或政府批准的机构建设的，其用地可采取租赁方式，按年缴纳土地租金；而广州政府主导建设的公共租赁住房用地实行划拨供应，社会力量投资建设的公共租赁住房用地，可以采用出让、租赁或作价入股等方式有偿使用。

面向农民工出租的公共租赁房，土地宜采用有偿方式取得。有偿方式包括出让、租赁和作价出资/入股等，其中，建设用地采用年租制的方式相对较好。与出让方式相比，开发企业不用一次性缴纳大额出让金，降低企业的融资成本，改善企业的财务状况，从而使得企业能够向农民工提供更低的租金；与作价出资/入股方式相比，这部分成本支出能够鞭策企业设法吸引更多的客户，提高管理效率和水平，节约不必要的其他成本，从而使项目能够盈利。

在土地供应价格方面，租赁价格可在土地市场租金的基础上给予一定优惠。

11.4　财税优惠政策

财税政策对企业的经营和利润影响较大，可运用财税政策的激励作用，引导企业和其他社会力量为农民工提供保障性住房。对用工企业，可通过工资收入证明和租赁合同的校验，在企业计算所得税时，税基中扣除为农民工提供的住房补贴；对农民工保障房开发企业（包括在开发区投资员工宿舍的企业和提供公共租赁房的企业），可借鉴美国的“低收入住房税收补贴”。具体操作如下：投资者可以连续 10 年接受税收补贴，同时该不动产必须为农民工居住至少一定年限，比如 15 年；税收补贴的数额取决于项目的花费、地理位置和中低收入住户的比例；税收不是自动获取的，开发商须向住房保障部门申请税收补贴。补贴额计算公式如下：合格基数＝总开发费用－地价－其他费用。其他费用包括住房收购及与此相关的支出、为获得长期贷款支付的费用、项目开发后的运营费用、资金筹集相关费用、项目预留费用、建成后相关开支（如营销费用）等。

11.5 农村土地政策

农村土地政策与农民工住房问题之间并不存在直接联系，但却与之密不可分。一方面，农村土地政策直接决定着农业剩余劳动力的多寡；另一方面，农村建设用地流转相关的政策则决定着进城农民工的宅基地处理方式，间接影响农民工在城市定居的意愿和预期。

目前，我国农村土地政策也正处于改革试点时期，不同地区在农村土地政策方面持不同的态度，农民工城市住房政策需要结合当地土地政策而进行因地制宜的设计：

（1）农村宅基地流转试点

对于我国目前正在或准备推行的农村宅基地流转的试点地区，在符合宪法和其他法律规定的前提下，可以针对本地农民工直接推行如“宅基地换住房保障”的政策；而对于外来务工人员则首先需要建立全国范围内的宅基地政府信息网，在与外来务工人员进行“外地宅基地换房”工作后，与务工人员来源地政府进行“二次交换”，汇总置换而来的宅基地与输入地政府进行进一步的交换，抵偿政府间正常交易所需要的资金或其他资源。

（2）农村承包地流转试点

与“宅基地流转试点地区”相似，承包地流转试点地区在农民工住房政策设计方面，在符合宪法和其他法律规定的前提下，可以尝试推行“承包地换经营性房屋的承租权”等政策内容。针对外来农民工的政策实际同样需要建立“农村土地信息网”，以便实现地方政府之间在土地与其他资源之间的互换。

目前我国各个城市在土地使用权与农民工住房方面的政策仍主要局限于当地农民工，缺少对外来农民工的政策设计。可暂时建立一批试点，将“土地信息化工程”与农民工住房政策体系相挂钩，探索外来农民工在其迁入城市内的“宅基地换房”、“承包地换社保”等，通过全国范围内的土地信息共享，实现农民工输入地与输出地之间土地资源与其他资本的互换。

第12章　主　要　结　论

12.1　研究结论

以我国的快速城市化和城乡统筹发展为背景研究农民工社会保障问题，是当前国内学术界的前沿和热点。住房是城市化快速推进过程中农民工在城市居住和生活的物质基础，农民工住房问题是农民工社会保障的重要内容，在当前中国城市化和社会经济快速发展背景下，农民工住房问题的研究与解决，有利于真正让农民工分享到发展和改革的成果，缩小贫富差距和全面建设和谐社会。然而，农民工在大部分城市住房状况令人担忧，其住房需求得不到制度上的回应。

本报告从理论上揭示了经济增长、农民工涌入城市与城市住房市场之间的关系，采用调研数据实证分析了农民工住房需求的地区差异、农民工住房需求的一般特征与内部分异。在此基础上，结合目前国家与典型地区在解决农民工住房方面进行的实践探索，提出动态的、能够反映出地区差异特性、农民工群体需求特性的农民工城市住房政策体系。

本研究的主要结论包括：

(1) 农民工群体涌入城市对城市住房市场产生了影响，尤其是冲击了非正规住房市场的供求关系

受低收入水平的制约农民工在城市中的住房选择十分有限。在供给一定的情况下，能够进入正规住房市场的农民工数量较少，正规住房市场受其冲击而产生的租金上升幅度也较小。实证研究的结果表明，农民工进城定居、购房的意愿较小，即使现在在城里务工生活，他们对于土地却依旧有着很浓的依恋情节，城市归属感不强。年龄、婚姻状况、进城时间的长短、收入水平等因素，都会影响农民工居留城市的意愿。

非正规住房市场的产生与繁荣是农村剩余劳动力与本地农民利益一体化的形成过程。由于农民工这一特殊群体在身份认同感上更倾向于认为自己是“农民”身份，无论在经济层面还是社会层面目前对城市生活的适应性都不足，大部分农民工的城市定居意愿与归属感都不强，因此城乡结合部或城中村中的非正规住房市场是农民工基于其经济与社会特性做出的必然选择。另外，实证研究也表明，农民房的出租已成为当地农民实现资产性收入的主要途径。非正规住房市场的发展符合供需双方的共同利益。

(2) 地区经济增长产生的吸引力和产业发展形成的吸纳力，是影响农民工住房需求地域分异的主要因素

农民工分布的地区差异，是其住房需求总量、住房需求结构地区差异的直接决定因素。经济增长是引起劳动力迁移的重要原因，正是区域之间经济发展水平、增长速度的落差，使得包括农民工在内的劳动力从经济不发达地区迁往发达地区，寻找更好的生活条件与发展机会。而一个地区的产业结构、产业发展的速度，则一定程度上决定了该地区的劳动力结构，以及能够容纳的劳动力数量。

在理论分析的基础上，构建了衡量农民工流动方向与分布数量的吸引力一吸纳力模型，实证分析结果表明：当前各直辖市、东部经济发达地区对于农民工有较强的吸引力，而其他地区大都为农民工的迁出地区。将地区对农民工的吸纳力结果与地区对农民工的净吸引力结果结合来看，吸引力较大的地区，通常是对农民工吸纳能力较强的地区。

根据地区吸引力与吸纳力的实证结果，将所有地区按照吸引力与吸纳力高低划分为五类：净吸引力和吸纳力都较高的地区（明星地区、发展型地区、增长极地区）合并为Ⅰ型地区；净吸引力和吸纳力都较低的地区（承接型地区、后发展型地区和辅助型地区）合并为Ⅱ型地区；Ⅲ（保守）型地区；Ⅳ（独特）型地区和问号地区。其中，Ⅰ型地区以及Ⅱ型地区中的承接型地区是目前以及今后一段时间内农民工住房供求矛盾较为突出的地区。

(3) 农民工群体的消费特征、社会空间特征和居住空间特征，决定了农民工有别于城市居民的居住需求特征

农民工消费特征外在表现为农民工的边际住房消费倾向，这一倾向直接影响到政府相应住房政策能否达到有效供给，也影响到政府的资金支持力度以及住房供应方式或结构；农民工社会空间特征，直接影响着解决农民工住房问题的途径；农民工居住空间，反映出不同类型农民工的住房在城市的平面分布。这些因素综合作用，形成农民工住房需求特征。

在消费特征的制约下，农民工住房需求呈现出以下特点：首先，农民工的住房需求特征会延续上一期住房需求状况，表现出一定的“传承性”；其次，农民工的住房消费支出受到明显的预算约束，表现出有限性、非正规性；最后，农民工群体的高储蓄倾向、低当期消费倾向使其住房需求趋于稳定，收入的增加对住房需求的影响不大，住房需求特征具有稳定性。

在社会空间的制约下，农民工住房需求呈现出以下特点：首先，在传统型行为空间的影响下，农民工对住房的要求大多数停留在满足基本的居住效用即可；在杂糅型行为空间的影响下，农民工的住房需求包括农村住房需求与城市住房需求两个方面，呈现出明显的“二元性”和阶段性。其次，农民工的利益空间外在表现为被动型的利益空间和主动型的利益空间。农民工的利益被挤压，住房需求

具有“自承性”的特征；农民工在对各种需求进行权衡、比较和取舍过程中，通常是作出了很大的妥协，住房需求具有“妥协性”的特征。

在居住空间特征的影响下，农民工的住房需求都表现出明显的空间指向性。具有有机构成型居住空间特征的农民工，住房需求在空间上被限定于工厂或工作地周边；具有社区型居住空间特征的农民工，住房需求指向其地缘、血缘或亲缘关系的空间坐标；具有散居型居住空间特征的农民工，通常是在一个以工作地点为圆心，适当的通勤距离 R 为半径的圆面中选择住房。

（4）职业分化和收入分层，是农民工群体住房需求内部分异的主要原因

农民工进入城市以后，由于存在个体比较优势，农民工在城市内部出现了群体性分异，即使来自相同的地域，也会分化出不同类型的农民工。收入水平的高低，会影响农民工的消费水平、消费结构和消费观念等，从而影响农民工的社会空间分布。基于职业活动的类型，农民工会产生相应的个体特征，进一步决定了农民工群体内部社会空间坐标的分化，不同的职业跃迁形态会产生不同的主体特性。

在职业分化和收入分层的影响下，从静态差异性来看，相似职业的农民工，其住房消费支出的因素的作用趋向具有相似性；收入因素对农民工住房消费支出额有显著的正向影响；性别、年龄对住房需求特征的影响程度与农民工的职业类型有关。从动态差异性来看，收入和地域的改变，会显著地影响农民工的边际住房消费倾向。相对于收入较低的农民工而言，收入变化对收入较高农民工住房需求的影响更大。由于经济、社会环境的差异，不同务工地农民工的住房消费观念有差异。

不同类型农民工住房选择呈现出分化的局面，住房消费支出也有所不同。建筑业工人均居住在工地上的工棚（或活动房）中，住房支出被外生地给定；服务业和制造业农民工大多居住在集体宿舍，家政业从业农民工往往是居住在雇主家中，不存在显性住房消费支出的情况。存在显性住房消费支出额的是那些具有从事流动性职业的农民工和一些具有相对较高收入的建筑业、服务业农民工。

（5）新生代农民工在住房需求与城市定居意愿上呈现出新的特点

新生代农民工较老一代农民工受教育程度更高，农村务农经历却非常少，部分新生代农民工在农村甚至没有了土地。与老一代农民工相比，他们对农村的依赖性比较弱，更能接受城市中的新生活与新事物，因此有更强烈的城市定居意愿。但是虽然他们不愿意回到农村，但也不满意在城市生存却不能享有城市人待遇，在城市没有住房使他们总是处在边缘化的地位，相继带来婚姻、就业、教育等一系列问题。

在消费方面，新生代农民工受城市人消费观念的影响很大，他们的花销不再像父辈那样仅用于简单的衣食住行，而是会有一部分用于娱乐和改善生活质量方

面的消费。为了获得更多的城市认同和自身心理适应，新生代农民工会将消费作为一种融入城市的符号。他们在住房方面的消费也没有老一代农民工那么保守，他们更加渴求良好的住房条件，来满足在城市发展的需求。新生代农民工对居住条件的要求更高，使得他们更倾向于到正规住房市场搜寻住房，并愿意为改善居住条件而承受更高的租金。但是由于现阶段大部分新生代农民工的收入水平依然较低，因此其住房需求仍然具有一定的有限性。

(6) 各地政府理念和社会经济发展水平是左右农民工住房政策走向的主要力量

本研究在总结各典型地区解决农民工城市住房问题实践的基础上，将其归纳为四种主要类型：准市民化型、公共租赁型、园区配建型、市政改造型。

通过对重庆市和广州市两个城市进行深入的案例对比分析发现：城市政府理念和社会经济力量发育程度，会左右该城市采取的农民工住房政策取向。

通过对长沙江南公寓和广州佳大时代公寓两个农民工公寓项目进行对比分析发现：农民工公寓项目的成败，不仅与公寓开发和管理者的经营水平有关，更与当地政府的优惠政策、经济发展水平、农民工住房需求特征密切相关。

从各地的实践，可以总结出以下经验：农民工住房问题的解决，要与城市经济和社会发展目标相适应；要有效发动政府、市场、用工企业等各方力量，通过多种渠道、采取多种形式扩大农民工住房供应；要根据农民工的实际情况，分批分层为其提供住房供应；政府各相关部门要综合发力，共同推进农民工住房问题的解决。

(7) 解决农民工住房问题，要与城乡统筹发展、产业结构升级和转移的社会经济背景相结合

当前的城乡二元结构形式是影响农民工城市住房问题的最深层次的制度安排，其主要包括二元户籍制度、二元经济政策、土地及住房制度、社会保障制度、就业制度、教育制度等。城乡二元结构把城市和农村割裂开来，造成城乡差距越来越大。城乡二元结构的现状有悖于目前的社会经济发展方向，对农民工住房政策的实行亦形成了一定的障碍。从根本上解决农民工的住房问题，客观上要求建设城乡统筹的体制环境，包括突破土地要素的流动；建立城乡一体化的社会与住房保障体系；建立城乡一体化的就业管理体系等。

城市的经济实力、综合发展水平对农民工的住房供给具有一定的约束作用。如果具有较高的综合经济实力，一方面，可以增强政府财力，增加政府在公共物品、服务方面的投入，才可能有更多的住房保障支出用以解决农民工的住房难题；另一方面，较高的城市经济综合实力可能会带来农民工收入水平的提高，间接地解决其住房问题。发展城市经济、促进产业升级是确保农民工城市住房问题得以解决的城市经济环境。

（8）构建动态的农民工城市住房政策体系，反映出不同区域和不同农民工群体的住房需求差异

农民工总体规模大，职业、收入等构成复杂，农民工输入地经济发展水平、产业结构存在差异。为满足政策设计的针对性、可行性、可操作性的需要，构建我国农民工城市住房政策体系，除了要坚持公平与效率兼顾以外，还必须秉持差异化的原则，具体来说包括两个方面：首先，各地区解决农民工住房问题的侧重点有差异。由于在经济发展水平和产业结构等方面各不相同，各地区要根据自身发展情况因地制宜，制定适合本地区发展实际的农民工住房政策；其次，二是农民工群体的差异性。由于职业、收入水平、来源地和年龄等差异，农民工的住房负担能力和住房需求是有差异的，各地区要根据不同的农民工群体制定相应的住房政策。另外，各地的社会经济环境，以及农民工自身的社会经济特性都在城镇化、工业化、市场化大潮不断推进的过程中发生着剧烈的变化，因此，构建农民工住房政策，还必须秉持动态性原则。

鉴于此，本研究在充分吸收国内实践经验的基础上，提出了解决农民工城市住房问题的四条路径：规制非正规住房市场路径、完善正规住房市场路径、强化非市场力量路径与引导农民工流动路径。并分别提出了吸引力－吸纳力的Ⅰ型、Ⅱ型、Ⅲ型与Ⅳ型地区的农民工近期、中期与长期的城市住房政策。

（9）农民工住房供需矛盾突出的地区应综合采用多种途径，结合各部门力量综合发力解决农民工在城市的住房问题

本研究中所划分的Ⅰ型地区，面临着经济和产业的快速增长，有较强发展潜力，农民工数量多，农民工住房供需矛盾突出，应综合采用多种路径，结合各部门力量共同解决农民工城市住房困难。

由于这类地区通常城市建设用地资源稀缺，且由于农民工数量较多，非正规住房市场较为活跃，基于此类现状，主要应从以下三方面着手探索农民工住房解决途径：首先充分挖掘非正规住房市场路径的潜力，采用市政改造型，引入市场力量改造城中村或城乡结合部。其次该地区应积极探索新的土地利用方式，鼓励在集体土地上建造面向农民工开放的低租金公寓。第三应采用商业配建型，对部分住宅开发项目规划一定比例的低租金住房，向农民工开放。

（10）农民工住房制度要与土地、户籍、财税等方面制度相协调

目前我国经济和社会发展水平相对高的地区，已经启动了城市户籍制度松绑的程序，这将为农民工城市住房问题的解决提供有力的支持，并逐步实现农民工城市住房政策与城市居民住房保障政策的挂靠和接轨。而在采取更严格的户籍制度的城市，则需要将农民工住房政策与城市居民的住房保障政策明确分开，各自设定住房资源的分配规则和比例。

城市土地的供应要充分考虑到城市中农民工的住房用地需求。在第二产业较

为发达的地区，供应工业等用地的同时，保证农民工公寓等土地的供应；在第三产业较为发达的地区，农民工居住松散，在这种情况下，在供应公共租赁住房土地时，需要考虑本地散居农民工的用地指标。

农村土地政策与农民工住房问题之间密不可分，农民工城市住房政策需要结合当地土地政策而进行因地制宜的设计。对于我国目前正在或准备推行的农村宅基地流转的试点地区，在符合宪法和其他法律规定的前提下，可以针对本地农民工直接推行如“本地宅基地换房”的住房保障政策，推动农村宅基地的流转试点。与“宅基地流转试点地区”相似，承包地流转试点地区在农民工住房政策设计方面，在符合宪法和其他法律规定的前提下，可以尝试推行“承包地换商用房”等政策内容。

政府必须建立一套行之有效的财税激励政策。针对用工企业，通过工资收入证明和租赁合同的校验，在企业计算所得税时，税基中扣除为农民工提供的住房补贴；针对农民工保障住房开发企业，可借鉴美国的“低收入住房税收补贴”。

12.2 不足和后续研究建议

12.2.1 不足之处

（1）数据问题

目前，关于农民工住房状况和需求状况的数据，虽然国家统计局近期有公布，但与研究所需差距很大。部分学者的调研数据仅限于农民工住房现状方面，数据的挖掘潜力不够。由于项目进行中对研究思路的不断调整，使前期部分调研数据不能完全满足后期使用，导致数据的连续性不够。

（2）样本城市选择问题

本研究只选取了西安、成都、东莞、重庆等地进行调研。这些城市在我们所要研究内容上具有典型性，但对长三角和环渤海经济发展带城市的特征反映不够。

（3）具体城市研究略显薄弱

由于时间和精力所限，本研究对具体城市的研究，包括对有关城市的案例分析部分都略显薄弱。如果能够根据样本城市中每个城市中农民工住房需求状况、城市定位对住房供给方面的限制等进行更为深入的剖析，结合每个城市的发展情况提出更为具体的政策建议，将更能体现出其实践价值。

12.2.2 后续研究建议

在后续研究方面，除了对上述不足需要进一步完善外，尚有以下一些方向值得继续进行深入研究：

（1）地区产业升级、农民工返乡与农民工城市住房长期政策研究

一方面是由于我国东部沿海地区产业结构升级和调整，另一方面是金融危机对实体经济的影响，2009年春节前我国部分农民工在所在的城市因丧失既有的工作又无法找到新的工作岗位而被迫提前返乡。农民工返乡和流动现象引起关注。

随着各地陆续实行产业升级及集群战略，非熟练工种农民工地域流动加快，熟练工种农民工返乡创业趋势增加。在这种背景下，各地区农民工住房问题的焦点就会逐渐变化，如何发挥输出地政府和输入地政府作用，既有效改善当前农民工居住条件，又能从长远保证农民工城市住房政策的可持续，是一个需要继续研究的问题。

（2）新生代农民工城市住房问题与城镇化发展战略、区域协调发展战略

新生代农民工较老一代农民工有更强烈的城市定居意愿，他们在住房方面的消费也没有老一代农民工那么保守，他们更加渴求良好的住房条件，来满足在城市发展的需求。这部分群体的住房困难不能单单通过改善居住条件来解决，而必须与中国未来的城镇化相结合。

在后续的研究中，需要探讨不同的城镇化发展战略以及城镇化的不同时期，新生代农民工城市住房政策关注的重点和政策路径；不同地区政府间如何通过分担农民工住房成本，推动建立地区间的区域协调和经济协商机制；新生代农民工住房政策对城镇化路径的反作用。

（3）农民工城市住房成本研究

在课题研究过程中，我们发现，农民工住房成本的测算是研究农民工住房问题的重要基础之一，并曾探讨过农民工定居城市的住房成本的理论测算模型。由于实际数据获取上的困难，研究难以进一步深入。

下一步的研究中，可以专门开展农民工城市住房成本的测算研究，并在此基础上，分解出中央政府、地方政府、社会、农民工个人等分别应当承担的农民工住房成本，为政策制定和规范管理提供依据。

附件 1：

中西部六省外出农民工
住房状况调研报告

1 调研情况概述

1.1 调研背景

农民工是我国经济、社会转型时期的一类特殊群体。随着城市化发展以及农业技术的快速进步，大量农村劳动力从农业生产中解放出来。为了寻求更多的发展机会和更高的生活质量，他们纷纷进城务工，为城市经济发展、社会进步作出了突出贡献。

由于身份的边缘性，农民工住房状况表现出很多问题，如住房条件简陋、缺乏基本的公共设施、环境恶劣、安全保障性差等。改善农民工居住条件已引起党中央国务院的高度重视。但是，由于不同地区在社会经济、风俗文化等方面差异较大，因此解决农民工城市住房问题方面应从本地实际情况出发，有针对性地制定政策，这就需要深入了解农民工住房诉求。

在前期的文献和材料积累基础上，课题组认为，农民工在农村的土地权利会影响其城市定居意愿和城市住房问题的解决。为检验这一假设，并了解新生代农民工在这一问题上与其他农民工有无差别，本课题对中西部六省外出农民工展开了问卷调查。本报告以中部六省的相关调研结果来说明农民工特别是新生代农民工宅基地、耕地与其城镇住房状况的相关问题，并提出相关合理化建议。

1.2 调研目的和方案

1.2.1 调研目的

课题组从微观角度出发，通过对农民工个体真实生活，尤其是对住房状况的调研，获得研究所需的一手数据。为了解农民工群体特征，分析农民工住房需求特征，构建农民工住房政策提供客观依据和数据支撑。基于这一目的，调研主要了解了以下几方面的情况：

（1）农民工群体社会特征

主要指农民工群体的性别、年龄、教育程度、职业等属性。通过对中西部六省外出农民工社会特征的调查，了解中西部外出农民工群体的一般特征，并针对不同省份外出农民工的地域分布和社会特征的比较分析，了解农民工地域分异特点，为分析不同地区农民工的住房需求特征、制定差异性的住房政策提供基础。

（2）农民工城市定居意愿与农村宅基地、承包地情况

对农民工迁移和城市定居意愿的考察，能够为分析农民工迁移趋势性提供数据，同时有助于了解影响农民工城市定居的因素。重点了解农民工对农村宅基地和承包地的处置方式，探索农村土地对于农民工定居城市的影响。了解在本地务工和在省外务工农民工的定居意愿有无差别

（3）新生代农民工住房需求特征

新生代农民工已逐渐成为外出务工人员的主体，并将在未来城镇化过程中发挥重要作用。了解新生代农民工定居城市与农村宅基地、承包地间的关系等，有助于了解新生代农民工住房需求的独特性。

1.2.2 调研方案

本次调研时间为2010年寒假期间（2010年2月）。采用抽样调查的方式，对河南，安徽，湖北，湖南，江西，四川等中西部六省的农民工进行调查，以了解新经济形势下返乡农民工和新生代农民工的生活、土地与住房状况为主要目的。课题组综合考虑六省各地区经济发展水平、农民工规模等因素，选取了28个地级市见表1）。

六省调研问卷发放的地域分布 **表1**

省份	问卷发放数量（份）	分布的地级市
河南	154	商丘市、安阳市、濮阳市、信阳市、驻马店市
安徽	181	合肥市、巢湖市、六安市、淮北市
湖北	219	荆门市、宜昌市、孝感市、黄冈市、黄石市
湖南	207	张家界市、衡阳市、株洲市、永州市、邵阳市
江西	238	南昌市、赣州市、九江市、宜春市
四川	222	成都市、绵阳市、德阳市、广安市、资阳市

在此基础上，每个地级市（地区）选取2个县，每个县选取2～4个乡（镇），每个乡镇选取1～3个村（不相邻的行政村），每个村调查4位务工者。

此次调研的主要内容包括外出农民工家庭，务工情况，外出住房条件，宅基地以及耕地情况的相关统计并重点从中总结出新生民工在土地、住房方面的新特点。

1.3 调研基本情况概述

1.3.1 调研区基本情况

当前我国不同地区的经济发展水平存在巨大差异，各个地区的农民工住房状况存在的问题也各不相同，因此，本次对新生代农民工居住现状的调查覆盖了我国中西部主要的农民工输出地。这些地区均为我国外出务工人口大省，城市化率

较低，经济发展相对滞后，流动人口规模较大。

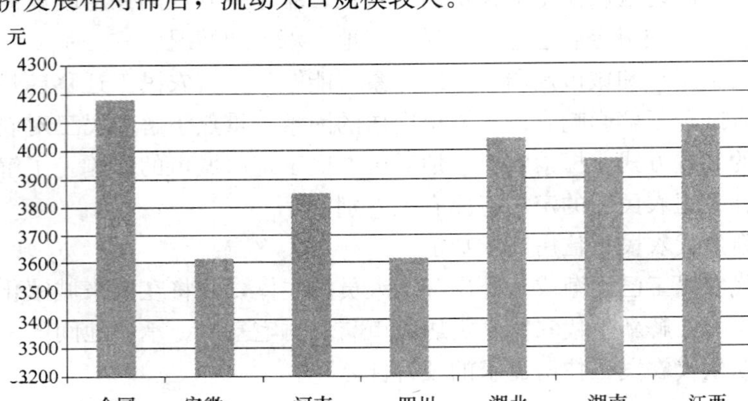

图1　近5年全国及六省农村居民家庭人均纯收入

从图1可知，六省的农村经济发展相对比较落后，农村居民家庭人均纯收入都不高，均低于全国平均水平4179.216元，其中安徽最低，只有3574.624元，比全国平均水平低14.5％。

2006～2009年中西部六省年终乡村总人口　　　　**表2**

	安徽	河南	江西	湖北	湖南	四川
2006	3843	6342	2661	3199	3887	5367
2007	3750	6146	2630	3174	3784	5234
2008	3650	6032	2580	3130	3691	5094
2009	3550	5910	2518	3089	3639	5017

中西部六省乡村人口总数呈现出逐年递减趋势，安徽、河南、江西、湖北、湖南、四川的农村人口在2006～2009年平均递减率分别为2.67％、2.38％、1.85％、1.17％、2.22％、2.27％。

1.3.2　调查基本情况描述

中西部六省调查共发放问卷1221份，其中，有效问卷共计1158份，有效率为94.84％。每个调查员发放问卷数量为30～45份，问卷具体发放地点由调查员根据实际情况决定，确保被调查人群覆盖各年龄层，涵盖各行各业。

2　农民工家庭基本情况统计

2.1　六省外出农民工的性别比例

在外出的农民工中，男性仍然占据主体地位。在此次调研中的比例为69％，女性为31％，(见图2)。

2.2 六省农民工的婚姻、子女概况统计

外出农民工已结婚为主体，占全体比重的 74%（见图 3）。

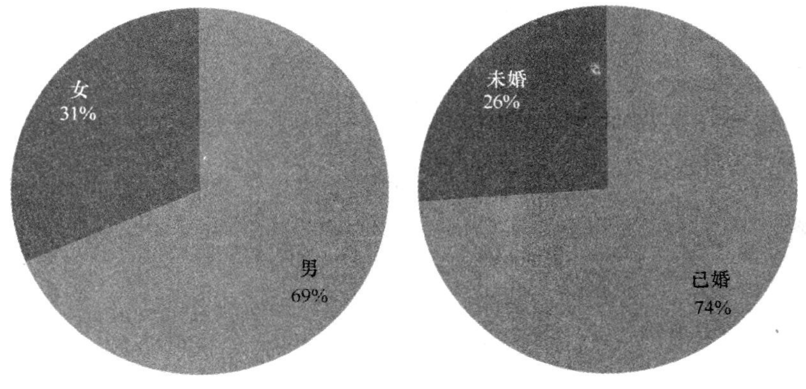

图 2　六省外出农民工的性别比　　　　图 3　六省农民工婚姻比例

在农民工家庭子女中，一般都有 1 个或者 2 个子女，占的比重超过 65%，没有子女的接近 30%（见图 4）。

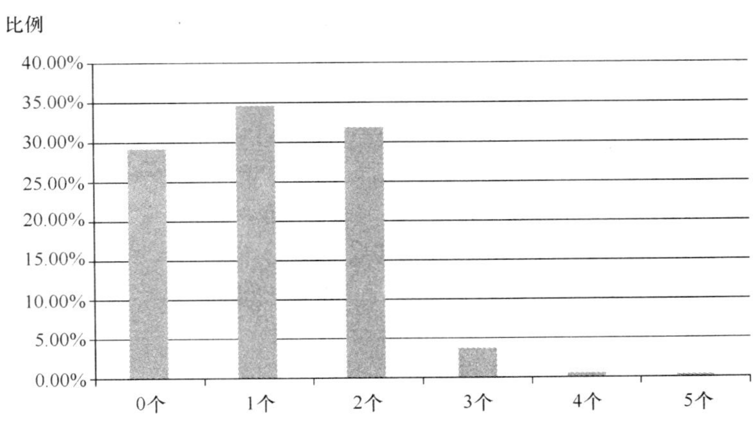

图 4　六省农民工子女人数

在农民工子女的年龄上，以 20 岁以下为主，占总人数 70%以上。其中 10 岁以下的儿童接近 30%（见图 5）。

以上数据表明，大多数农民工有比较重的家庭负担。据我们实地调研的情况来看，大部分农民工要么将子女留在农村，成为“留守儿童”；要么将子女带在自己务工的地方，但是自己对于子女的生活和学习关心甚少；也出现了一些拐卖儿童或者子女出现安全事故的现象，这类事件成为一项重要的社会问题。

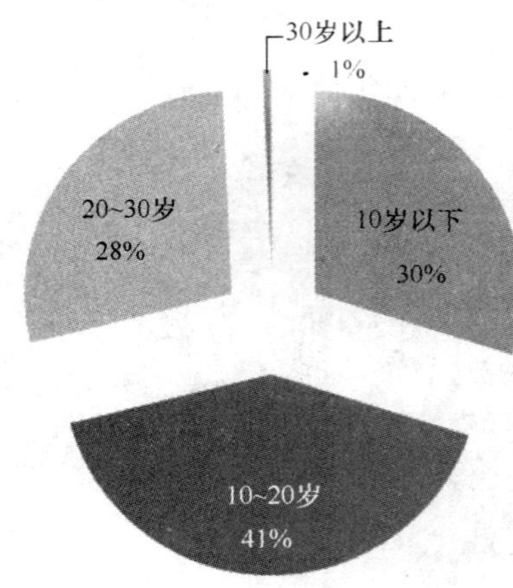

图 5　子女的年龄分布情况

2.3　教育程度及职业分布概况

在此次调研的农民工群体中，受教育的程度较低，主要为高中或中专以下学历。其中，小学学历占总人数的 17.8%，初中学历的 60%，高中或中专学历的 18.6%，而专科以上的只有 2.9%（见图 6）。

同时，这在农民工所从事的职业上也得到了一定程度上的反映。农民工在城市主要是从事建筑业与制造业等体力行业为主，占总人数的 60%。而在一些服务业，如餐饮、娱乐、家政服务等领域所占的比例小，如图 7 所示。即使在服务业中，所从事的也是技术含量较低的劳动，农民工的技术能力有待提高。

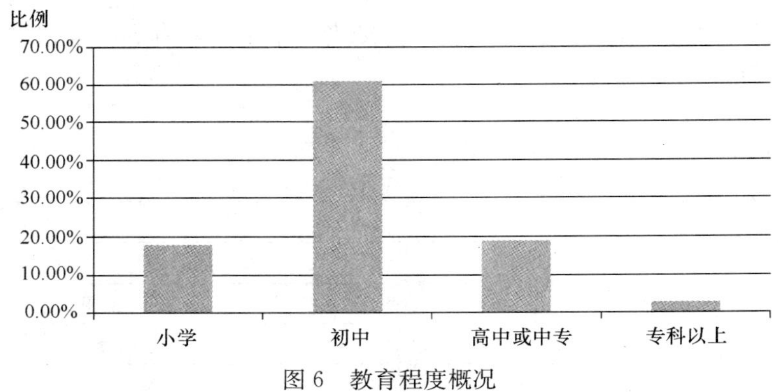

图 6　教育程度概况

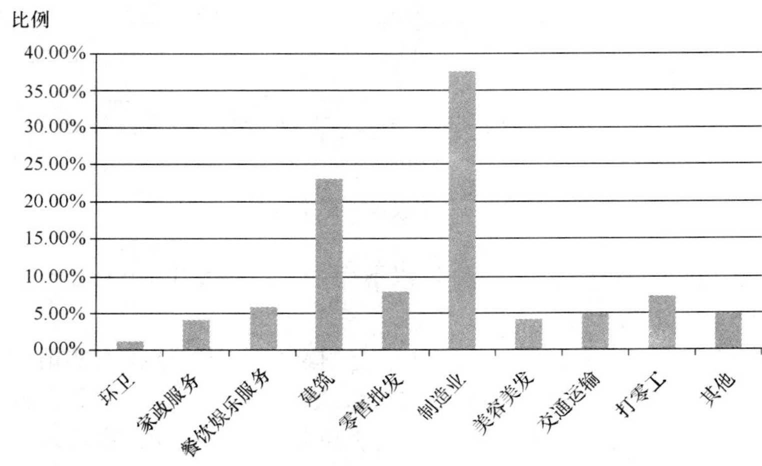

图 7　六省农民工就业概况

3 农民工出外务工情况统计

3.1 在家乡务工与是否曾经有过出外务工经历

选择在家乡务工的农民工，大部分都有过在外务工的经历，比重为 57%（见图 8）。

3.2 选择在家乡务工的原因

不愿意出去务工，而选择在家里务工，最主要的原因是有亲人在家里，有老人或者有小孩需要照顾，选择这个原因的占 53.3%。同时也存在一些外部原因，例如外面工作的机会比较少，劳动强度大，工作辛苦等，选择这类原因的人群占 26.9%。还有一些其他原因，例如语言不通，生活成本太高或者是在家里也存在一些比较好的就业机会，选择这类原因的占 13.7%（见图 9）。

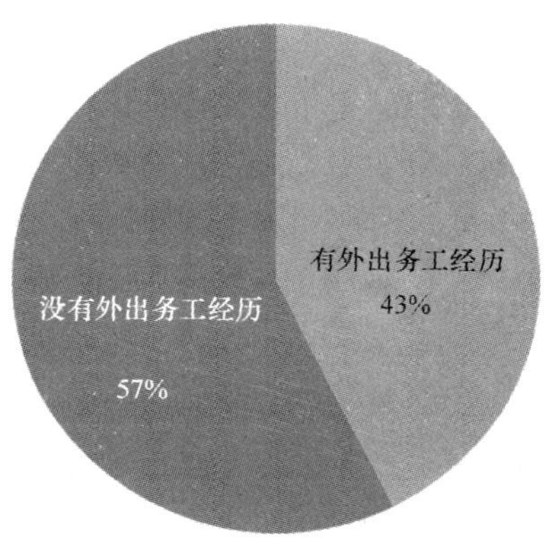

图 8 曾经是否有过外出务工经历

3.3 父母是否有过务工经历

在接受调查的人群中，父辈没有过务工经历的接近 60%；虽然务工，但是已经回家的大约占 15%；还有 16%的农民工的父辈仍然在外面务工（见图 10）。

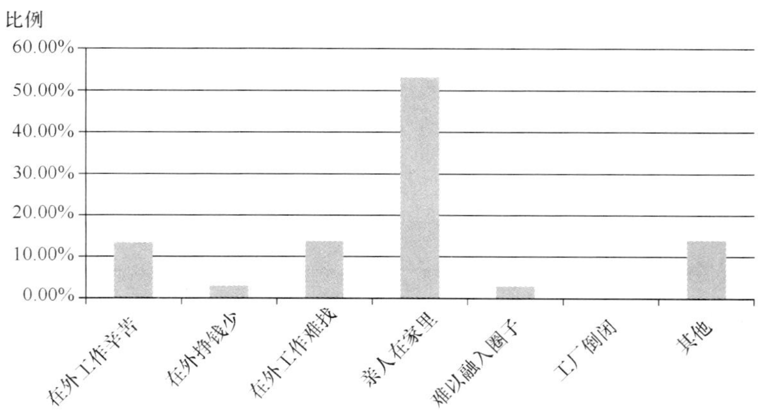

图 9 留在家乡务工的原因

3.4 在家务农的时间

从图 11 可以看出，38.23%的农民工没有务农经验，有 1～5 年短期务农

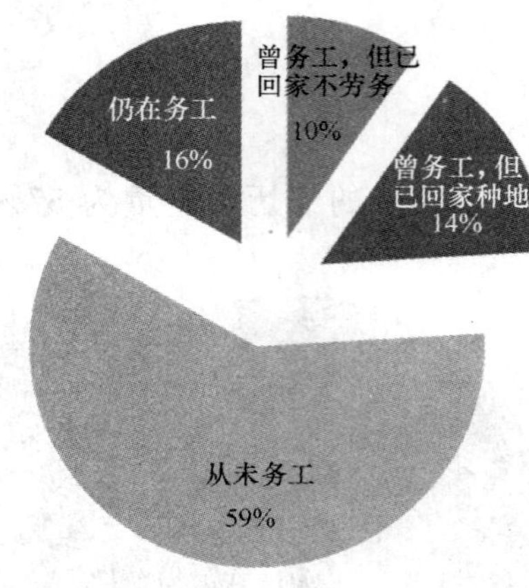

图 10　父母务工经历情况

经验的大约占 32%，有过 5～10 年及有 10 年以上的长期务农经验的占 30%左右。说明在此次调查的六省农民工中，没有拥有或者拥有很少务农经验的占主体，比例为 70%以上。

3.5　出外务工时间

从此次调查的统计结果来看，大部分的农民工都拥有出外务工的经历。拥有 1 年以下的仅占 6.34%；拥有 1～3 年、3～5 年、5～10 年经历的分别为 20.48%、20.97%、20.24%；而拥有 10 年以上经历的所占比例最大，为 31.95%（见图 12）。

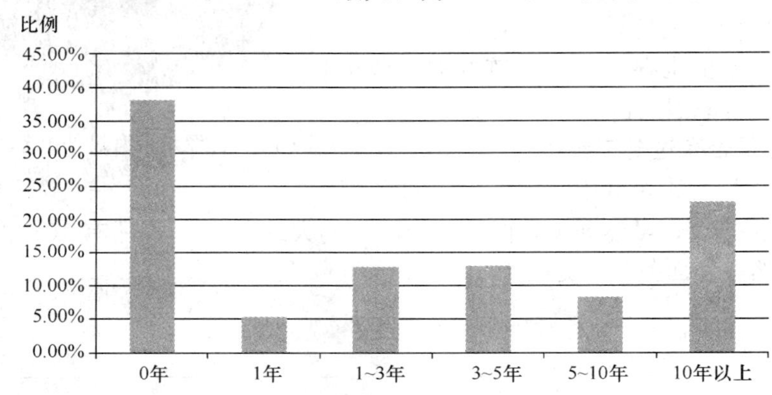

图 11　务农时间分布

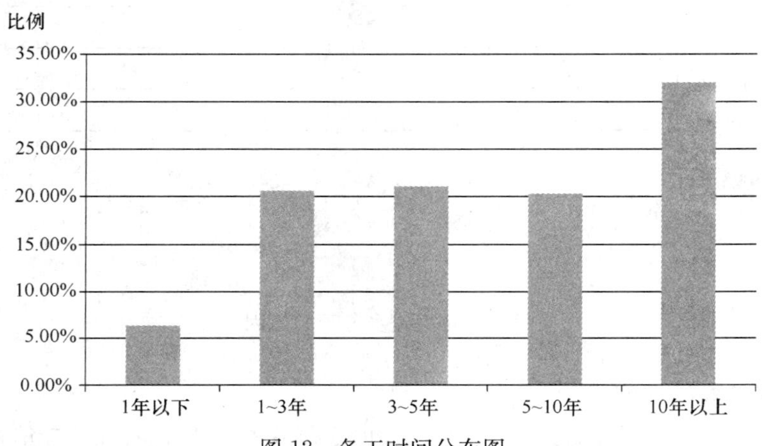

图 12　务工时间分布图

4 农民工住房条件统计

4.1 住房意愿的基本情况

在对“农民工的住房意愿”进行调查中，将住房状况分为买房、租房、在城乡结合处以及住集体宿舍。调查结果发现，农民工更加倾向于以租房的形式解决住房问题，这个比例大约为60%；其次是住在集体宿舍里，这个人数的比例为24%；再次是在城乡结合处打工，每晚回家的农民工人数占7.4%；而自己买房解决住房问题的农民工只占0.4%（见图13）。

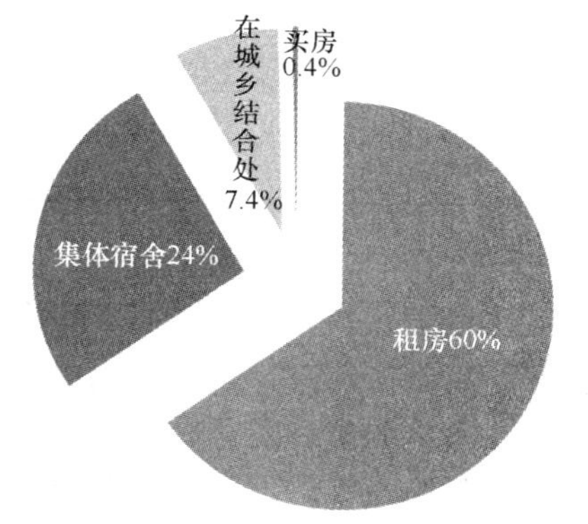

图13 农民工住房意愿

4.2 影响农民工住房意愿因素的相关性分析

相关性分析是指研究两个随机变量之间是否存在一定的关系。假设农民工的务工时间、年龄、性别、教育程度以及婚否对于农民工的住房意愿的具有影响，存在相关关系，通过SPSS软件测算几种因素的关系，结果见表3：

几种因素的相关关系 **表3**

影响因素 / 指标	务工时间	年龄	性别	教育程度	婚否
皮尔森	－0.025	－0.07	0.004	－0.212	0.076
P	0.000	0.08849	0.0935	0.000	0.125

由表3可知，“婚否”对于农民工的住房意愿相关性的影响不显著，而在10%的显著性水平下，“务工时间”、“年龄”、“性别”以及“教育程度”都对农民工的住房意愿有显著性影响。

4.3 买房或盖房的区域选择

对于已经买房（盖房）的农民工来说，他们主要选择在老家的集镇，比例为61%；而在务工所在地买房的为10%，在老家县城买房的为14%（见图14）。

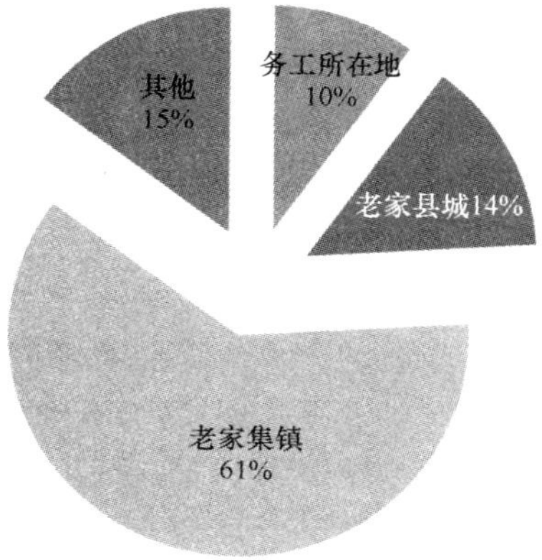

图14 买房（盖房）的区域选择

但是不同省区的农民工在选择买房或者盖房的区域上有较大区别。从四川省出来务工的农民工最倾向于在务工地买房，占总人数的61%；而湖北出来的农民工则更希望能够在所在农村的县城买房或者盖房，这个比

例为52%，如表4所示

六省农民工买房（盖房）选择区域的差异比　　表4

	四川	安徽	湖北	江西	河南	湖南
务工所在地	61%	16.7%	16.7%	5.55%	0	0
老家县城	28%	20%	52%	0	0	0
老家集镇	34.8%	20.2%	14.7%	4.6%	16.5%	9.2%
其他	4.2%	12.5%	20.8%	25%	20.9%	16.6%

同时我们可以从表4看到，河南和湖南两省的农民工，既不选择在务工所在地买房（盖房），也不选择在老家县城。据实地调研得知，此两地的农民工较为保守，特别是河南，农民外出务工的模式往往是妻子在家务农带小孩理家，丈夫则外出务工赚钱。妻子在农村务农理家，丈夫外出务工就不可能是为了永久地离开，而只能是在外面赚钱回来盖房子，过日子。这种情况下，丈夫打工赚钱的目的就是为了拿钱回到农村的家中过好日子。

而在一些农村内部财富创造能力较弱的地区，农民工普遍认为有能力的人就应该向外发展，在外面有自己的事业和家庭，那么这部分的农民工就倾向于在城市或者是在家乡所在的县城买房或者盖房子，比如湖北省。

5　农民工宅基地相关情况调查

5.1　是否拥有宅基地

在所调查的六省农民工中，绝大部分的农民工都拥有自己的宅基地，比例为88%，没有宅基地的只有11%，另外1%的人群不清楚自己是否拥有宅基地（见图15）。

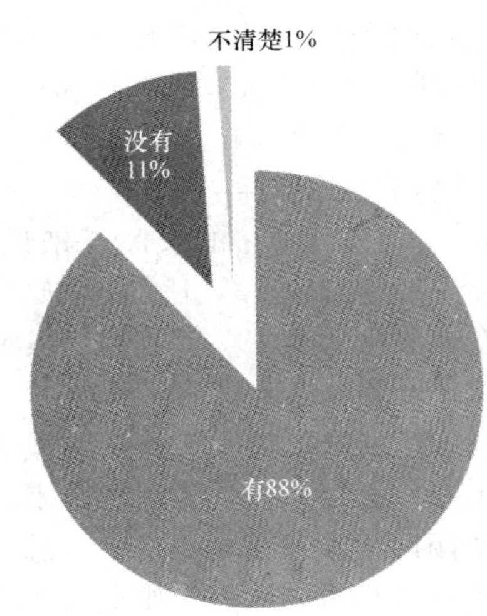

图15　宅基地拥有情况

5.2　没有宅基地的原因

对于没有宅基地的农民工，从调查中知道，主要是因为没有分到过宅基地，占到的比重为60%；同时，拥有宅基地而宅基地因为被征收，或者卖了的比重也相对比较大，分别占了12%和10%（见图16）。

5.3　是否打算申请宅基地

对于没有宅基地的农民工，打算申请的只占了16%，而大约84%的农民工不打算申请或者没有考虑过这个问题，如图17所示。对于外出的农民工来说，之所以会作出这样的选择，主要是因为在现有的社会环境下，

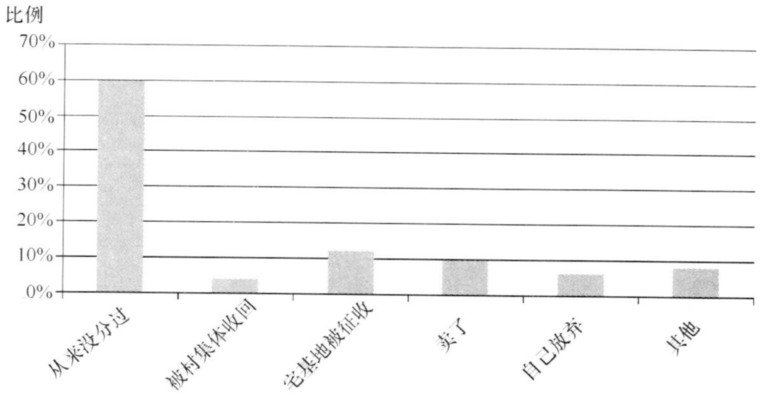

图16　没有宅基地的原因统计

想再次申请到宅基地的成本太高。

从图18可以看出，有28%的农民工认为现在的村集体不会再批准宅基地，而30%的认为即使可以批准通过，但也难度很大，有42%的认为申请到宅基地很容易或者不需要批准。

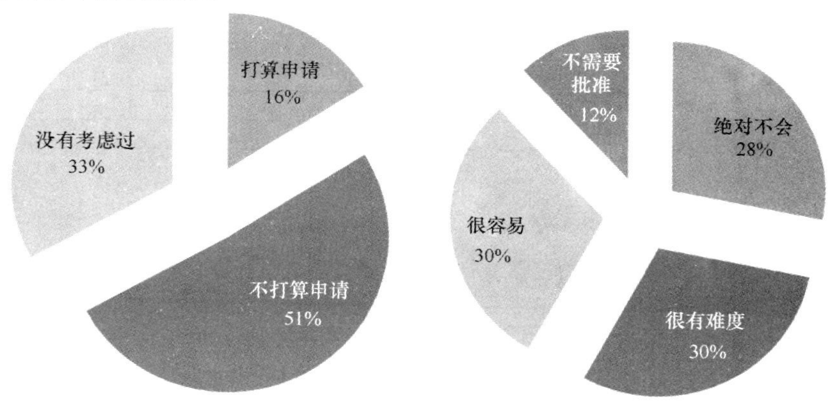

图17　是否打算申请宅基地　　　　图18　申请宅基地难易程度

5.4　没有宅基地，现在的住所

对于没有分到宅基地的农民工而言，现在主要是住在父母的家中，这类人大约占了52.94%，在城里租房或者买房的分别为9.8%和17.64%，现在住在政府提供的房子里的只占5.9%（见图19）。

5.5　宅基地的取得方式

对于已经拥有宅基地的农民工来说，其宅基地主要是从村里无偿取得或者从父辈那里继承来的，或者两个都有，这类情况占据了90%（见图20）。

5.6　宅基地的处理方式

根据六省调查数据，将外出农民工的耕地与宅基地处理方式如表5所示。

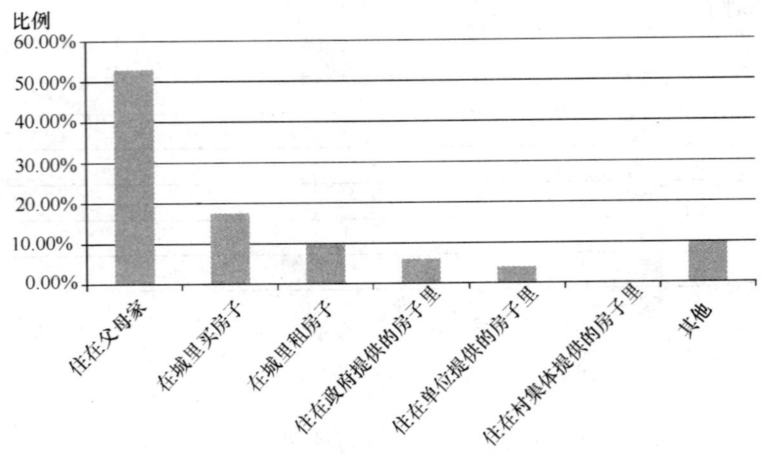

图19　没有宅基地时的解决方式

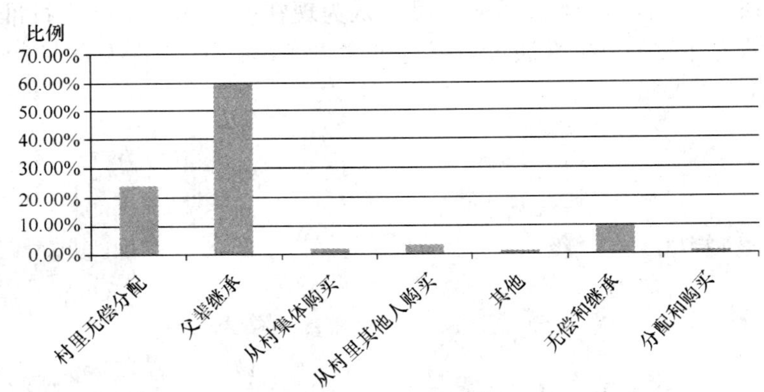

图20　宅基地取得方式

六省农民工在外打工时的宅基地处理方式　　表5

	租出去		自己留着		借给别人住	
	有效频次	百分比(%)	有效频次	百分比(%)	有效频次	百分比(%)
河南	2	1.45	128	92.75	8	5.80
湖北	3	1.89	147	92.45	9	5.66
安徽	1	0.70	141	98.60	1	0.70
四川	20	11.90	142	84.52	6	3.57
江西	8	4.12	176	90.72	10	5.15
湖南	3	1.72	157	90.23	14	8.05

从表5可以看出，大部分农民工外出务工时家中的宅基地都保留着，这一比例在安徽高达98.60%，在河南、湖北、江西、湖南也都在90%以上，只有四川

省有 11.90％的农民工将宅基地出租出去。

农民工群体一方面在城市居无定所，居住环境恶劣，另一方面，农村的宅基地大面积闲置，是土地资源的极大浪费。天津已有的“宅基地换房”模式是对这一问题的解决途径之一，促进了土地资源的节约与集约利用。因此，农民工住房问题的解决，不能仅仅从城市的土地与住房上考虑其住房来源，更应在城乡统一的土地与住房市场这一大的制度背景下探索农民工住房供给的途径。

5.7 保留宅基地的原因概况

农民工保留自己的宅基地，主要因为在家里住着自己的父母或者子女，需要留着，这部分占 36.06％；其次自己偶尔需要回去居住，这部分占 27.044％；等自己以后回去住的占 13.8％；而由于自己的宅基地是从父辈一代代继承下来的祖屋，需要保留的占 13.83％（见图 21）。

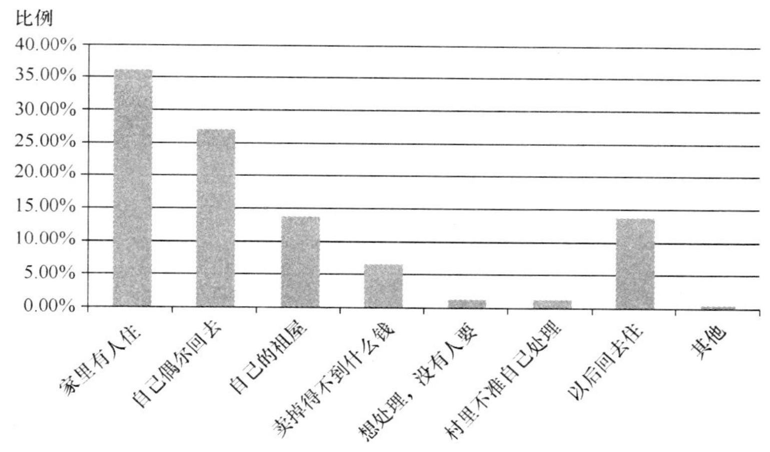

图 21 保留宅基地的原因

5.8 如果在城里买房，如何处置宅基地

如果农民工考虑日后在城里买房，仍然很希望保留自己宅基地的所有权占了 86％，并且其中愿意将宅基地租出去的比重只有 15％，71％的农民工还是想将自己的宅基地处在一种空置的状态，而想卖掉自己宅基地的只占 14％（见图 22）。

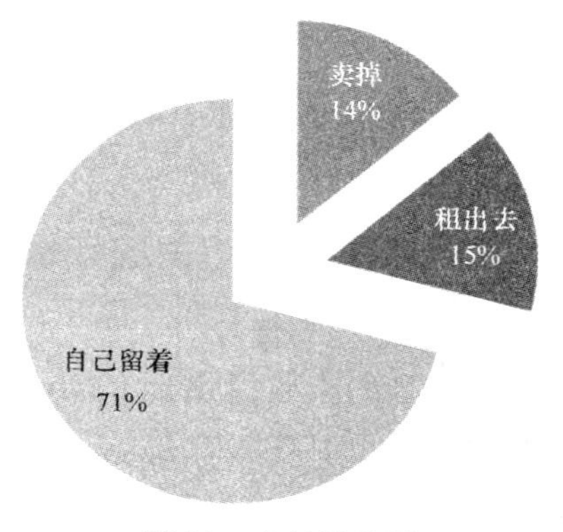

图 22 宅基地处置

5.9 在城里买房，保留宅基地的原因

在城里买房后，保留宅基地，主要原因是想回去的时候就可以随时回去住，这部分占的比例为 62.19％；今后在城里混不下去，

可以回去的占16.71%；因为是祖宅不能处理的占12.87%（见图23）。

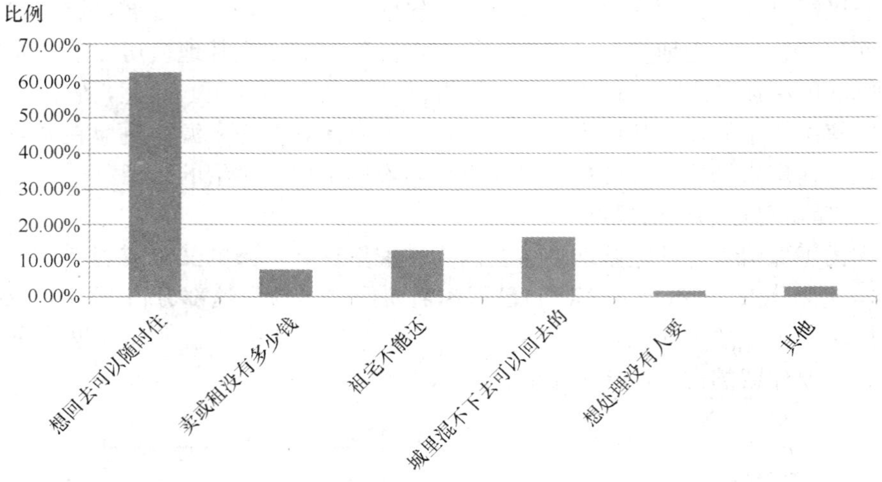

图23　保留宅基地的原因

进城务工的绝大多数农民工即使在城里买房也并不意味着真正在城市获得稳定的就业和收入。他们并未真正彻底地脱离农村，也无法彻底地脱离农村，而正是因为这些进城农民工没有彻底脱离农村，当他们年龄比较大，在城市找工作困难时，他们就可能回乡。

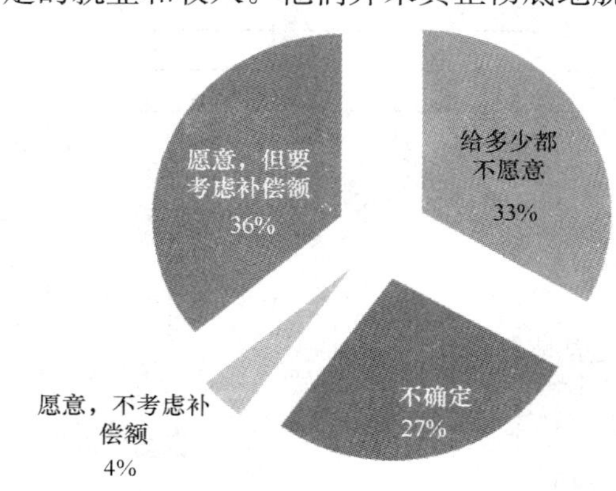

图24　是否有偿退还宅基地

5.10　是否愿意将宅基地有偿退还集体

对于宅基地的有偿退出问题，有33%的农民工表示给多少都不愿将宅基地退还集体；有36%的农民工表示愿意退还，但是要看补偿的数量；只有4%的农民工愿意将宅基地退还集体而不考虑补偿额（见图24）。

6　农民工承包地相关统计情况

6.1　承包地拥有情况

从统计的结果得知，大部分农民工拥有自己的承包地，所占比重为75%，没有分到承包地的农民工占21%，还有4%的农民工对于自己是否拥有承包地不清楚（见图25）。

6.2　没有分到承包地的原因调查

对于上面提到的有 21％的农民工没有承包地，究其原因，最主要的是因为村里已经不分配承包地了，这类大约占 50.56％，这说明在现有农村环境下，由于耕地资源的缺乏，要想再分到承包地已经比较困难。另外，由于妇女不能参与分配承包地的情况为 15.7％；同时还存在由于不公平或者由于超生等其他原因导致农民工没有分到承包地，这种情况的比重为 15.7％（见图 26）。

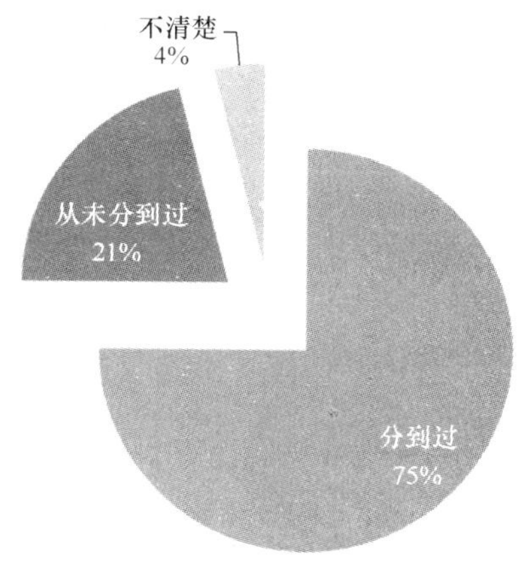

图 25　承包地拥有情况

6.3　是否打算申请承包地

对于没有承包地的农民工来说，只有 25％的人打算继续申请承包地，46％的农民工不打算再申请承包地，另外有 29％的农民工对于是否申请承包地不明确（见图 27）。

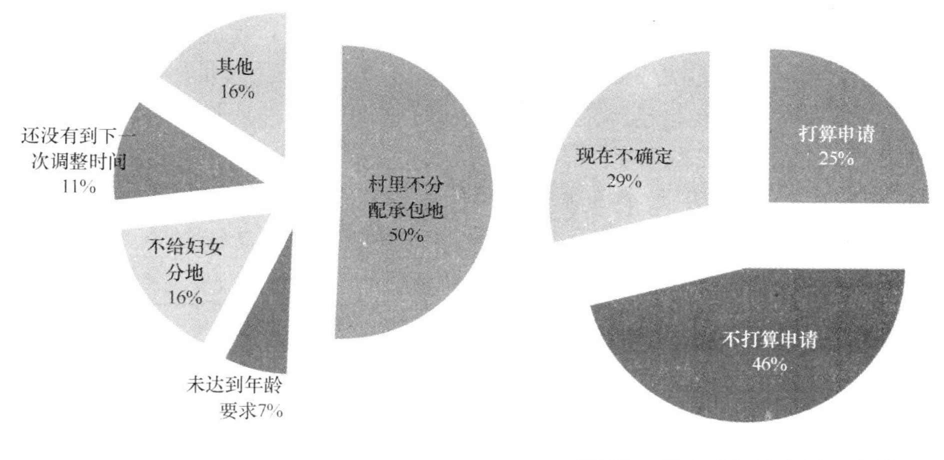

图 26　未拥有承包地原因

图 27　没有承包地农民工申请承包地意愿

6.4　已申请到承包地的农民工，对承包地的处理情况

根据表 6 的统计结果，大部分外出农民工都选择将自己的耕地交给别人代种，该比例最低的安徽省也有 67.15％，选择“农忙时回去耕种”的也占一定比例，在安徽省、河南省的外出农民工中，该比例分别为 18.98％、12.96％。但是将耕地转包出去的相对较少，在现阶段，耕地仍然是农民工最重要的生存保障，许多农民工表示“在城里混不下去了，就回农村种地”。之所以出现这种现象，一方面，是因为农民与土地的天然情结短时间内无法改变；另一方面，是因为农民工无法享受城镇社会保障体系的福利。

六省农民工在外打工时的承包地处理方式 表6

		河南	湖北	安徽	四川	江西	湖南
留着但荒着	有效频次	0	17	4	12	28	24
	百分比(%)	0.00	12.14	2.92	7.59	13.93	16.00
交给别人代种	有效频次	82	95	92	113	152	108
	百分比(%)	75.93	67.86	67.15	71.52	75.62	72.00
转包	有效频次	6	14	13	10	15	6
	百分比(%)	5.56	10.00	9.49	6.33	7.46	4.00
交回村集体	有效频次	1	2	1	1	0	0
	百分比(%)	0.93	1.43	0.73	0.63	0.00	0.00
被征收	有效频次	2	1	1	5	1	0
	百分比(%)	1.85	0.71	0.73	3.16	0.50	0.00
农忙时自己回家种	有效频次	14	10	26	14	5	9
	百分比(%)	12.96	7.14	18.98	8.86	2.49	6.00

6.5 以后是否会回乡种地

对于拥有宅基地的农民工而言，在其外出务工结束后，愿意再回家种地的占到了50%以上，其中过几年回去种的占18%，外出打工只是一种短期行为；33.22%的农民工选择在自己不能打工后再回去种地，将种地作为自己最后的生活保障；25.1%的农民工会努力留在城市定居，不愿意回到农村；23.8%的农民工表示愿意回到农村，但是不再愿意进行农业劳动（见图27）。

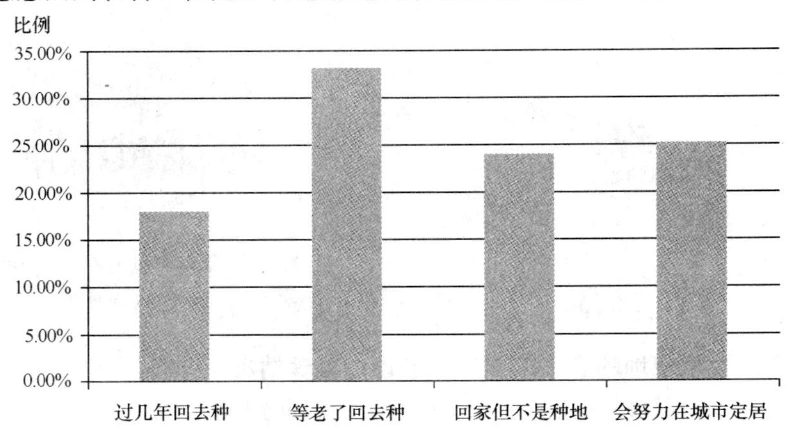

图28 是否回乡种地

6.6 如果在城市定居，承包地如何处理

如果在城市定居，38.17%的农民工会将保留自己的承包地；31.86%的农民工会选择将其送给自己的亲戚朋友；选择交还集体的只占5.04%；还有23.03%的选择转包（见图29）。

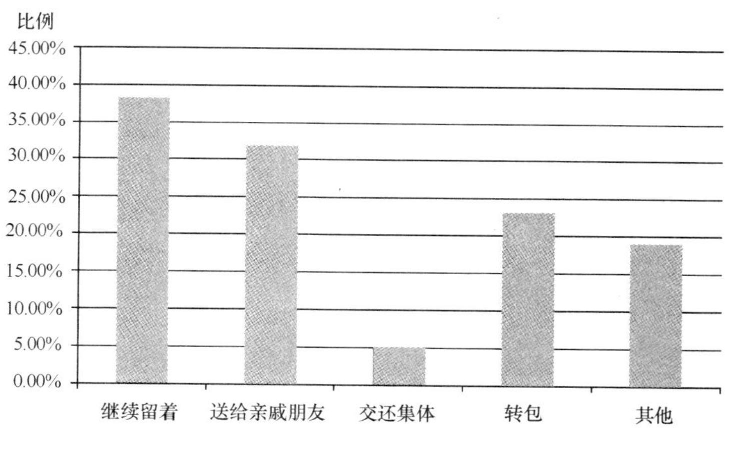

图 29　承包地处置

6.7　继续留着承包地的原因

选择继续留着承包地主要原因是如果在城市中找不到工作可以回家种地或者老了以后可以回去继续耕种，作为日后的保障，两者之合接近 80%；想得政府补贴的仅占 13.90%（见图 30）。

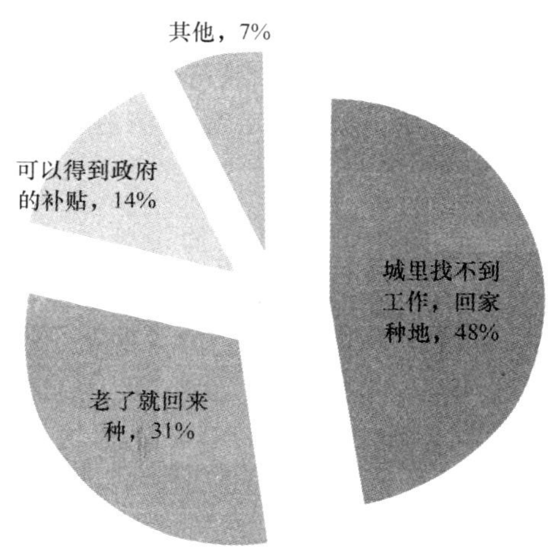

图 30　保留承包地原因

7　交叉因素分析

7.1　省份区别与相关因素的关系

7.1.1　省份区别与是否拥有宅基地关系

省份区别与拥有宅基地的比 **表 7**

			是否拥有宅基地			合计
			有	没有	不清楚	
省份	河南	计数	42	0	0	42
		省份中的 %	100.00%	0.00%	0.00%	100.00%
	湖北	计数	74	25	1	100
		省份中的 %	74.00%	25.00%	1.00%	100.00%
	安徽	计数	71	0	0	71
		省份中的 %	100.00%	0.00%	0.00%	100.00%
	四川	计数	75	7	0	82
		省份中的 %	91.50%	8.50%	0.00%	100.00%
	江西	计数	69	6	1	76
		省份中的 %	90.80%	7.90%	1.30%	100.00%
	湖南	计数	31	9	1	41
		省份中的 %	75.60%	22.00%	2.40%	100.00%
合计		计数	362	47	3	412
		省份中的 %	87.90%	11.40%	0.70%	100.00%

从表 7 中可以看出，六省农民工在宅基地的拥有关系上并不成比例。河南、安徽两省的宅基地拥有比例最高，达到 100%；湖南和湖北两省的宅基地的拥有比例相对于其他四省来说比较低。

7.1.2 省份区别与批准宅基地的难度

省份区别与批准宅基地的难度比 **表 8**

			批准难度				合计
			绝对不会批	有难度	很容易	不需要批准	
省份	湖北	计数	3	7	10	5	25
		省份中的 %	12.0%	28.0%	40.0%	20.0%	100.0%
	四川	计数	5	1	2	0	8
		省份中的 %	62.5%	12.5%	25.0%	.0%	100.0%
	江西	计数	1	4	2	0	7
		省份中的 %	14.3%	57.1%	28.6%	.0%	100.0%
	湖南	计数	5	3	1	1	10
		省份中的 %	50.0%	30.0%	10.0%	10.0%	100.0%
合计		计数	14	15	15	6	50
		省份中的 %	28.0%	30.0%	30.0%	12.0%	100.0%

从表8中可以看出，没有宅基地的农民工如果想再申请宅基地，在各省的难度是有区别的。大部分农民工认为没有宅基地如果想再次申请宅基地都会比较困难，其中有62.51%的四川农民工认为村集体绝对不会再批准宅基地，有大约80%的湖南农民工认为批准有难度甚至不能批准。

7.1.3 省份区别与是否愿意有偿退出宅基地

省份区别与是否愿意有偿退出宅基地比 表9

			愿意，村里补偿多少都无所谓	是否愿意有偿退出 愿意，但是要看村里补偿多少钱	给多少钱都不愿意	不确定	合计
省份	河南	计数	2	14	9	17	42
		省份中的%	4.8%	33.3%	21.4%	40.5%	100.0%
	湖北	计数	3	20	21	31	75
		省份中的%	4.0%	26.7%	28.0%	41.3%	100.0%
	安徽	计数	4	23	25	17	69
		省份中的%	5.8%	33.3%	36.2%	24.6%	100.0%
	四川	计数	2	31	31	9	73
		省份中的%	2.7%	42.5%	42.5%	12.3%	100.0%
	江西	计数	3	34	23	8	68
		省份中的%	4.4%	50.0%	33.8%	11.8%	100.0%
	湖南	计数	2	4	10	15	31
		省份中的%	6.5%	12.9%	32.3%	48.4%	100.0%
合计		计数	16	126	119	97	358
		省份中的%	4.5%	35.2%	33.2%	27.1%	100.0%

从表9可以看出，对于是否愿意有偿退出宅基地的问题，大部分的农民工都表示不愿无偿退出宅基地，但是六个省份的态度也有一些区别。其中，湖南、湖北、河南三省有40%以上对于是否愿意有偿退出的态度不明确；江西的农民工较多的选择愿意有偿退出，但是要看补偿额；四川的农民工在不愿意以及需要视补偿额而定所占比例一样。

7.2 务工时间与相关因素的关系

7.2.1 务工时间与学历关系

从表10可以看出，农民工的整体教育学历主要是在初中，而务工的时间有一些区别。出外工作在3年以上的农民工学历大部分集中在初中；外出工作1年以下以及1～3年的农民工中，拥有初中学历的比例有所下降，而拥有1～3年学历的比例有所上升，同时，拥有高中以及专科以上学历的比例有所上升。

务工时间与学历关系比　　表 10

			学历				合计
			小学	初中	高中或中专	专科以上	
务工时间	1 年以下	计数	9	12	3	2	26
		务工时间中的 %	34.6%	46.2%	11.5%	7.7%	100.0%
	1～3 年	计数	21	35	23	3	82
		务工时间中的 %	25.6%	42.7%	28.0%	3.7%	100.0%
	3～5 年	计数	13	55	15	2	85
		务工时间中的 %	15.3%	64.7%	17.6%	2.4%	100.0%
	5～10 年	计数	8	58	15	2	83
		务工时间中的 %	9.6%	69.9%	18.1%	2.4%	100.0%
	10 年以上	计数	22	86	20	1	129
		务工时间中的 %	17.1%	66.7%	15.5%	0.8%	100.0%
合计		计数	73	246	76	10	405
		务工时间中的 %	18.0%	60.7%	18.8%	2.5%	100.0%

7.2.2 务工时间与性别的关系

从图 31 中可以看出，外出务工 5～10 年以及 10 年以上的女性比例很低，而外出 10 年以上的基本全是男性。但是 1～3 年的短期务工中，女性的比例超过了男性。

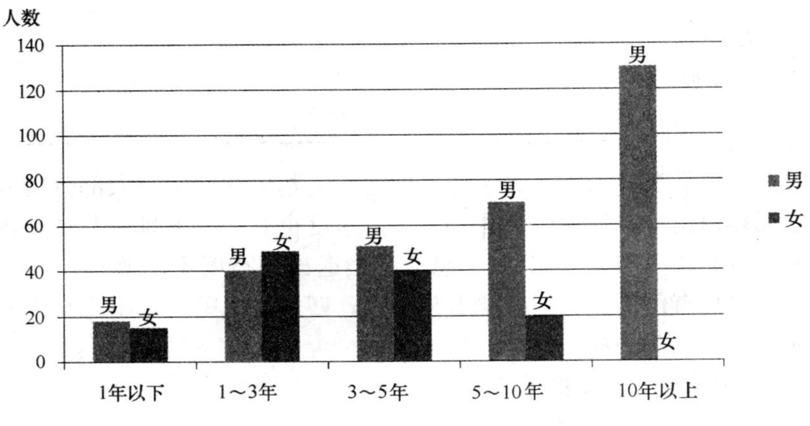

图 31　务工时间与性别比

8　新生代农民工情况分析

2010 年 1 月 31 日，国务院发布的 2010 年中央一号文件《关于加大统筹城乡发展力度 进一步夯实农业农村发展基础的若干意见》中，首次使用了“新生代农民工”的提法，并要求采取有针对性的措施，着力解决新生代农民工问题，让新生代农民工市民化。新生代农民工由于自身生活、教育等背景的不同，使其呈现出与老一代农民工不同的特点。本调研报告重点采用六省调研的数据，对新生代农民工的特点进行描述与总结。另外，本报告中新生代农民工主要指上世纪80 年以后出生、且已满 16 周岁的农民工。

8.1 新生代农民工概况

8.1.1 新生代农民工规模

从六省调研数据来看，目前新生代农民工规模巨大，已逐渐成为外出务工人员的主体（见图 32）。

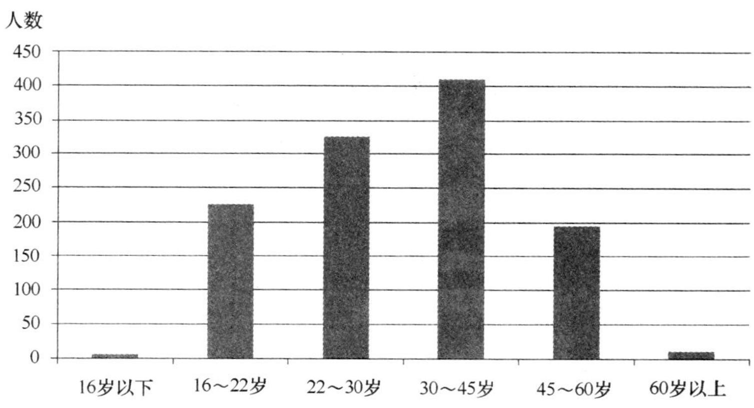

图 32 六省农民工年龄分布图

在所有被调查农民工中，16 岁以下的农民工 2 人，占总人数的 0.17%；16～30岁的农民工 540 人，占总人数的 46.83%；30 岁以上的农民工 611 人，占总人数的 52.99%，由此可见新生代农民工占全部农民工的比例已近半数。

8.1.2 新生代农民工性别比例

从整体来看，男性占农民工总人数 70.4%。而新生代农民工中男性比例有所下降，为新生代农民工总数的 65.6%，由此可见新生代农民工中女性比例较老一代农民工有所提高。

8.1.3 新生代农民工的受教育程度

如表 11 所示，新生代农民工的受教育程度明显高于老一代农民工。

六省新生代农民工受教育程度与所有被访农民工的比较　　表 11

农民工 受教育程度	所有农民工 有效频次	比例	新生代农民工 有效频次	比例
小学及以下	178	29.52%	40	7.49%
初中	329	54.56%	306	57.30%
高中或中专	88	14.59%	159	29.78%
大专及以上	8	1.33%	29	5.43%

新生代农民工受教育程度在小学及以下的比例为 7.49%，比平均水平低 22.03 个百分点；受教育程度在“高中或中专”的比例，新生代农民工为 35.21%，比平均水平高 19.29 个百分点。新生代农民工的受教育程度的提高使其对新生事物的接受能力、融入城市的能力更强，对就业的期望也更高。在制定具体政策时，需要考虑到新生代农民工受教育程度相对较高的特点。

8.2 新生代农民工的职业特点

将新生代农民工与非新生代农民工的职业定位进行比较，如图 33 所示：

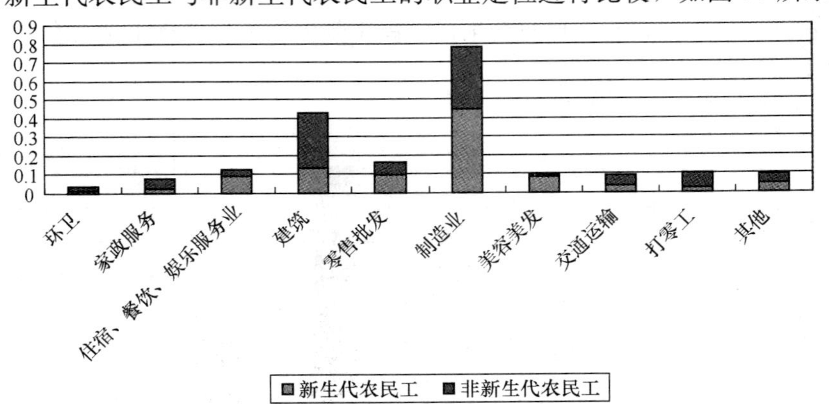

图 33 六省新生代农民工与非新生代农民工职业差异比较

从图 33 中可知，无论是新生代农民工还是非新生代农民工，他们的就业主要集中在在建筑和制造业等劳动密集型产业，就业具有很小的流动性，两者占据了全部就业选择的比例超过了 50%。但是，从图中也可以看到，在建筑行业中，新生农民工所占的比例有所降低，而在住宿，餐饮娱乐服务业和美容美发等服务行业所占的比例逐步上升，分别从 3.6%到 9.0%以及从 1.2%上升到 8.5%，说明随着教育程度的提高，参与单纯体力活的农民工数量在减少，而转变为具有一定技术含量的服务性质的职业。

8.3 新生代农民工的务农与务工经历

将新生代农民工与非新生代农民工的务农时间与进城务工时间进行比较，分别如图 34、图 35 所示。

从图 34 中可知，有超过半数的新生代农民工没有务农经历（在家务农年数为 0），90%以上的新生代农民工务农年数在 3 年以下；相对于新生代农民工来说，老一代农民工务农经验更加丰富，近 35%的非新生代农民工务农时间超过十年，务农时间超过 5 年的非新生代农民工更是占大多数。

从图 35 可知，新生代农民工中务工时间在 5 年以下的近 80%，而非新生代农民工进城务工时间在 10 年以上的为 40.5%，务工时间在 5 年以上的为 65.5%。

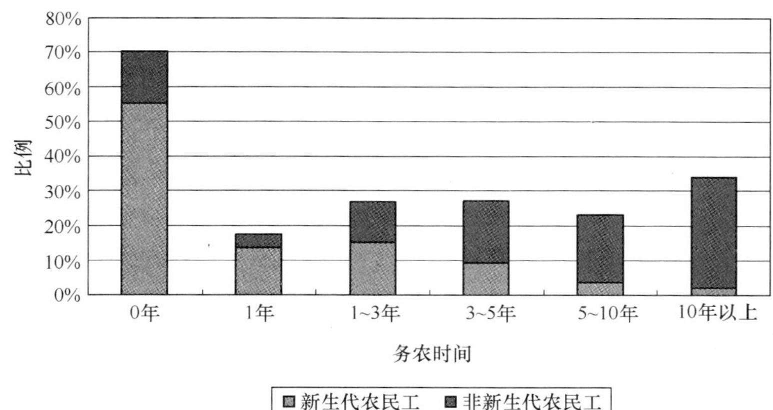

图 34　六省新生代农民工与非新生代农民工的务农时间比较

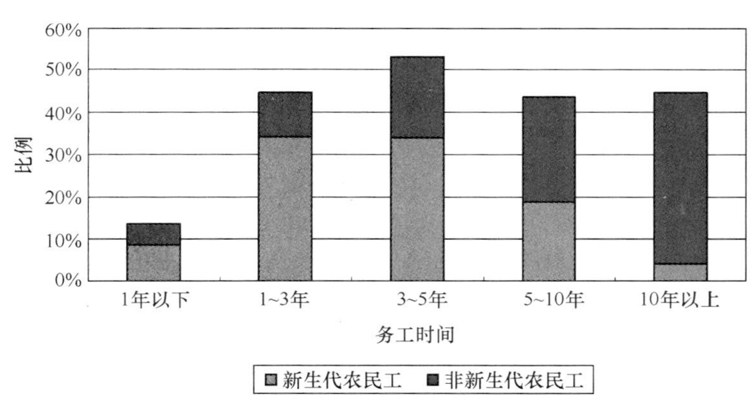

图 35　六省新生代农民工与非新生代农民工的务工时间比较

综合以上数据分析，新生代农民工的务农经验一般较少，其接受新思想、新事物的能力较非新生农民工更强，在城市化迅速发展、经济结构不断调整的宏观背景下，新生代农民工更是倾向于放弃传统的农业劳动而大量涌入城市。而由于非新生代农民工进入城市的时间较早，在城市中的务工时间较新生代更长。

这种不同代际农民工务农、务工时间的差异反映出两方面的问题：首先，近三年进城务工的农民工以新生代农民工为主，在今后一段时间内该趋势会更加明显，即新生代农民工的数目以较快速度发展，其在农民工群体中所占的比重会有所提高；其次，大部分的新生代农民工没有在家的务农经验，其与老一代的农民工有显著差别，今后如若在城市中的就业不顺利，不可能像老一辈农民工那样选择回乡务农。

新生代农民工和非新生代农民工在价值取向、受教育水平、生活经历和态度、家庭经济条件、城市认同等方面有着明显的差别，这些差别直接影响到他们与城市社会的关系。新生代农民工不但年纪轻，而且缺乏务农经验，对农村的情感较少，受教育水平较高，绝大多数没有结婚，因此也没有家庭经济负担，他们的父母也有了更好的经济条件，因此他们外出不只是为了打工赚钱，更重要的是为了改变生活，向往城市生活（王春光，2001）。新生代和第二代农民工具有越来越强烈的市民化和城市化倾向，他们希望获得城市居民的地位和身份，享受市民权利。新生代农民工所呈现出的新特点，需要在就业、住房等政策方面根据其特点予以重点考虑。

8.4 新生代农民工耕地与宅基地拥有情况

六省调研中针对农民工的耕地、宅基地情况进行了调查，新生代农民工拥有耕地、宅基地的情况如图 36、图 37 所示。

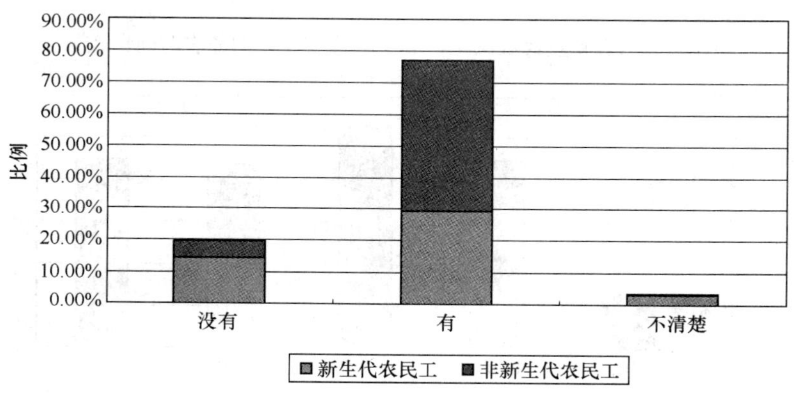

图 36 六省新生代、非新生代农民工拥有耕地的比例

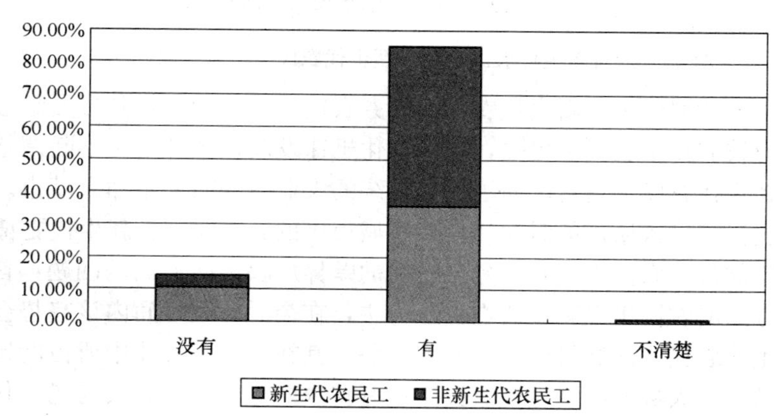

图 37 六省新生代、非新生代农民工拥有宅基地的比例

从图 36 中可知，新生代农民工中拥有耕地的比例远低于非新生代农民工。在所有被访农民工中，拥有耕地的农民工比例为 76.84%，其中，新生代农民工

中拥有耕地者占样本总数的29.40%，非新生代农民工占样本总数的47.44%；没有耕地的被访农民工占总数的19.51%，其中，新生代农民工占样本总数的14.48%，非新生代农民工没有耕地者占样本总数的5.03%。

从图37可知，新生代农民工中拥有宅基地的比例也要低于非新生代农民工。在所有被访农民工中，拥有宅基地的农民工比例为84.83%，其中，新生代农民工中拥有耕地者占样本总数的35.65%，非新生代农民工占样本总数的49.18%；没有耕地的被访农民工占总数的14.13%，其中，新生代农民工占样本总数的10.49%，非新生代农民工没有耕地者占样本总数的3.64%。

新生代农民工对耕地、宅基地的拥有比例均低于非新生代农民工。大量新生代农民工在农村没有耕地、宅基地，其最后一道生存保障丧失，客观上更需要政府为其提供住房等各类保障。

8.5 新生代农民工的城市定居意愿

从表12中可明显看出新生代农民工与非新生代农民工在城市定居意愿上的差别：34.03%的新生代农民工表示今后要努力留城，这一比例几乎是非新生代农民工的二倍；而表示“可能回老家，但不会种地”的新生代农民工也显著高于非新生代农民工。

六省新生代、非新生农民工城市定居意愿对比　　表12

	过几年回去		老了回去		可能回老家但不种地		努力留城	
	有效频次	百分比(%)	有效频次	百分比(%)	有效频次	百分比(%)	有效频次	百分比(%)
新生代农民工	49	14.63	86	25.67	86	25.67	114	34.03
非新生代农民工	120	22.51	225	42.21	93	17.45	95	17.82

结合对新生代、非新生农民工务农、务工时间的分析，对城市住房保障需求的分析、对城市定居意愿的分析可知：新生代较之非新生代农民工在城市中的处境更加困难：由于没有务农经验，在农村没有耕地与宅基地，新生代农民工进入城市后可谓“后无退路”。非新生代农民工如果无法融入城市、无法在城市安居乐业，至少可以回到农村中去，农村中的耕地、宅基地是其最后的生存、生活保障。而非新生代农民工既缺乏在农村的生活技能，又没有在农村生活、生产资料，且在调查过程中了解到，大部分新生代农民工也没有回乡务农的打算，因此，城市中的新生代农民工群体更需要工作、住房等方面的保障。新生代农民工的市民化问题能否及时、顺利地解决直接关系到城乡社会经济的稳定。

9 结论及建议

9.1 结论

第一，出外的农民工大多是以已婚的男性为主，并且由于子女的年龄较小，家庭的负担都比较重；但是由于大多数农民工的学历较低，所从事都是一些低技术含量的体力活。

第二，农民工大多数的住房意愿为租房，比例超过50%以上，其次是单位所提供的集体住房。在影响农民工住房的因素中，务工时间，性别，年龄，教育程度都对其有一定的影响。

第三，农民工务工期间，其所拥有的宅基地基本处于闲置状态，耕地也是交由别人耕种，而根据实地调研，大部分的耕地一直处于撂荒状态，耕地的利用率较低。

第四，通过省份区别，务工时间和相关因素的交叉分析发现，在实施政策时，要考虑地域的影响，特别是城镇的传统和经济能力的差别。出外务工的性别和学历在务工时间上都有区别，随着务工时间的缩短，女性的比例和学历都会有所提高。

第五，80后出生的新生代农民工越来越占据农民工的主体，随着其教育程度的提高，所从事的职业也开始由原先的以体力为主开始向需要一定技术含量转变。

第六，对于新生代农民工而言，由于其拥有宅基地以及耕地的比重较低，以及他们生活态度，价值取向与第一代农民工的差异，他们对于希望居住在城市的愿望更加强烈，这就需要城市城府对于这部分人群给予政策上特殊的照顾。

9.2 建议

城乡发展的差异和制度的障碍使得城镇和农村的住房及其保障还存在诸多问题，且随着城乡人口流动规模的增加，又引发和增加了许多新的矛盾，不论是从土地和住房资源的可持续和合理利用考虑，还是从城乡的整体和统筹发展出发，统一考虑城乡住房保障体系的发展和建设都是非常必要的。

1. 继续推进农用地的流转。农地市场的形成以及农地的自由流转，有助于农地的边际产出在各农户间趋于一致，从而达到土地资源的优化配置。根据问卷调查得知，六省农民工大部分都有自己的耕地，这一部分所占的比例较大。而他们在出外务工的时候多是将自己的耕地交由别人代种，而将其转包出去的较少，农用地的流转市场不发达。

2. 对于农村的宅基地，促进城乡宅基地的有序置换。绝大多数的农民工都拥有自己的宅基地，在我们所调查的六省范围中，拥有宅基地的占到88%。大多数农民工由于都是个人出去务工，亲人都在家中，都愿意将自己的宅基地保留，而很少将宅基地租出去的。所以，逐渐建立农民工农村住宅基地的指标收购和置换制度，对已经在城市生活多年的农民工，可以收购或置换其农村宅基地用地指标，这样一来可以调整城乡建设用地的指标，利于城乡建设用地的统一管理，二来可以增加其城市住房承租或购买能力，并利用经济机制促进这部分农民工腾退农村房地产，实现城乡住房建设和流转的互动。

3. 要逐步把农民工纳入社会保障体系。在我们所调查的六省农民工中，他们之所以将自己的宅基地和耕地保留着，使农村宅基地市场和耕地流转市场迟迟不能建立的原因，就是因为农民工的社会保障制度没有建立，土地是他们最后的防线，土地承担了大部分农民工的养老等社会保障的作用。

4. 要加强职业培训，提高他们的就业能力。现在的新生代农民工的文化水平都有一定的提高，但是随着社会生产力的发展和职业要求的需要，对于技术能力的要求越来越高，这就需要对新生代农民工的培训。一方面可以将其纳入流入地的职业教育体系，另一方面也可以利用市场的力量，让民间职业培训发挥更大的作用。

5. 提高新生代农民工的住房消费能力，并将其逐步纳入城市居民的范畴。无论是购买经济适用房、限价房、集资房或是普通商品房，购买力都是实现新生代农民工由先租后买的关键。同时，新生代农民工由于在农村很少拥有耕地和宅基地，他们比自己的上一辈有更强烈的愿望留在城市，解决这部分人群在城市的定居和工作问题直接关系到城乡社会经济的发展。

附件 2：

外来务工人员住房问题调查问卷
（东莞、西安）

尊敬的先生/女士：

您好，我们是某地调研小组，我们正在进行外来务工人员住房问题的调查研究，衷心感谢您的配合。此调查不会涉及您的个人敏感问题，您的个人信息不会被公开。我们调查完全是研究需要，绝无商业用途。谢谢您的理解与支持！

（请在与您的实际情况和真实想法相符合的选项后面的"□"内打"√"，如果没有特别说明均为单选题）

一、基本情况

1. 您的性别：

（1）男 □　　（2）女 □

2. 您的年龄：

（1）25 岁以下 □　（2）26～35 岁 □　（3）36～45 岁 □

（4）46～55 岁 □　（5）56 岁以上 □

3. 您从事工作属于：

（1）建筑业（建筑工人）□　（2）工业　（工厂打工）□

（3）服务业（餐饮、娱乐、物业管理、家政、商业等的从业人员）□

（4）个体经营者 □　（5）打零工 □

（6）无业或待业 □　（7）其他 □

4. 目前在本地您的家庭居住情况：

（1）自己一人住 □　（2）夫妻二人住 □　（3）夫妻二人住和孩子住 □

（4）自己和孩子住 □（5）自己和老人住 □　（6）夫妻二人和老人住 □

（7）夫妻分开住 □

5. 您有几个未成年的孩子需要抚养：

（1）0 个 □　（2）1 个 □　（3）2 个 □

（4）3 个 □　（5）4 个或以上 □

6. 您家有几个老人需要赡养：

（1）0 个 □　（2）1 个 □　（3）2 个 □

（4）3 个 □　（5）4 个或以上 □

7. 在本地您一家每年有多少收入：

（1）1 万元以下 □　（2）1～1.5 万元 □　（3）1.5～2 万元 □

（4）2～2.5 万元 □　（5）2.5～3 万元 □　（6）3 万元以上 □

8. 每年的收入都能按时拿到吗：

（1）全部都能按时拿到 □　（2）能按时拿到大部分 □

（3）只能按时拿到一小部分 □　（4）全部都不能按时拿到 □

9. 您一家每年存下来的钱占年收入多少：

（1）三分之一以下 □　（2）一半左右 □　（3）一半以上 □

10. 您现在在老家还有地吗：

（1）有耕地、宅基地 □　（2）只有耕地 □　（3）只有宅基地 □

（4）没有地 □

11. 如果您在老家还有耕地，目前是谁在种：

（1）租给别人种 □　（2）自己的亲属帮着种 □

（3）荒着没人耕种 □　（4）农忙时自己回家种 □

12. 您要定期向老家寄钱吗：

（1）定期寄钱 □　（2）不定期寄钱 □　（3）不向老家寄钱 □

二、住房现状调查

13. 您目前所居住的房屋的来源：

（1）自己租赁他人房屋 □　（2）自有房屋 □　（3）借宿亲属家 □

（4）政府提供的廉租房 □　（5）建筑工地工棚（活动房）□

（6）工厂宿舍 □　（7）老板提供的住处 □（8）其他 □

14. 您目前的住房面积大概多大：

（1）$10m^2$ 以下 □　（2）$10\sim20m^2$□　（3）$21\sim40m^2$□

（4）$41\sim90m^2$□　（5）$91\sim120m^2$□　（6）$120m^2$ 以上 □

15. 在您居住的房屋内有几个人：

（1）1 人 □　（2）2 人 □　（3）3 人 □

（4）4 人 □　（5）5 人 □　（6）5 人以上 □

16. 您对当前的住房状况满意吗：

（1）非常满意 □　（2）比较满意 □　（3）一般 □

（4）不太满意 □　（5）很不满意 □

17. 您目前居住房屋的房租是多少：

（1）50 元/月以下 □　（2）50 元/月～100 元/月 □

（3）100 元/月～200 元/月 □　（4）200 元/月以上 □

（5）不用支付房租（自有房屋或老板支付）□

18. 每天您在从住处去上班地方的路上的车费有多少：

（1）0元 □　　（2）1～2元 □　　（3）2～5元 □
（4）5～10元 □　　（5）10元以上 □

三、住房倾向调查

19. 您所期望的住房面积：
（1）$10m^2$ 以下 □　　（2）10～$20m^2$ □　　（3）21～$40m^2$ □
（4）41～$90m^2$ □　　（5）91～$120m^2$ □　　（6）$120m^2$ 以上 □

20. 您能接受的房租水平：
（1）50元/月以下 □　　（2）50～100元/月 □　　（3）100～200元/月 □
（4）200元/月以上 □

21. 下列住房条件您认为哪些更重要（多选）：
（1）卫生干净 □　　（2）住房面积够用 □　　（3）价格或租金便宜 □
（4）距离工作的地点近 □　（5）住房设施齐全（能洗澡、做饭等）□
（6）安全（周边社会环境良好）□

22. 您有在城市长期居住的想法吗：
（1）有 □　　（2）没有 □　　（3）还未考虑 □

23. 如果在城市长期居住，您老家的住房怎么处理：
（1）留着，自用 □　　（2）留着，出租 □　　（3）不留，出售 □

24. 如果在城市长期居住，下列哪些有利因素您会更看重（多选）：
（1）小孩可以得到良好的教育 □　　（2）有完善的生活设施、医疗设施等 □
（3）城市中挣的钱多 □　　（4）自己未来的发展会比农村更好 □
（5）眼界开阔 □

25. 如果在城市长期居住，下列哪些不利因素您会更看重（多选）：
（1）在城市生活日常花费较高 □
（2）很难融入城市社会，有时会受城里人歧视 □
（3）很难找到固定工作，经济来源不稳定 □
（4）医疗、养老等缺乏保障，看病贵 □
（5）房租贵，住房条件差 □
（6）小孩上学困难 □
（7）没有不利因素 □

四、住房政策倾向调查

26. 你是否听说过政府的“廉租住房”政策：
（1）听说过 □　　（2）没有听说过 □

27. 您认识的人中有没有人在租住政府提供的廉租房：
（1）有 □　　（2）没有 □

28. 您认为目前政府对外来务工人员的住房问题：

（1）重视，解决得很好 □　（2）重视，但是没有得到切实的执行 □

（3）不重视，没有看到什么措施出台□　（4）不清楚 □

29. 你认为在解决外来务工人员住房问题上，哪些因素比较重要：

a. 政府提供优惠政策、廉租住房、租金补贴等

（1）非常重要 □　（2）比较重要 □　（3）一般 □

（4）不太重要 □　（5）很不重要 □

b. 外来务工人员自己的努力，亲戚朋友的支持

（1）非常重要 □　（2）比较重要 □　（3）一般 □

（4）不太重要 □　（5）很不重要 □

c. 打工所在公司或雇主协助解决住房问题

（1）非常重要 □　（2）比较重要 □　（3）一般 □

（4）不太重要 □　（5）很不重要 □

30. 您认为政府在解决外来务工人员住房问题上应当如何做（多选）：

（1）政府提供廉租住房 □

（2）政府规划，由企业来运作和管理廉租住房 □

（3）政府促使雇主为务工人员提供住处，并监督住房条件是否符合要求 □

（4）政府直接为外来务工人员发放住房补贴 □

（5）动员社会力量参与解决外来务工人员的住房问题，鼓励出租房屋给外来务工人员 □

（6）政府可以不干预 □

谢谢您的配合，祝您身体健康，家庭幸福！

附件 3：

外来务工人员住房政策满意度及需求调查（A）（成都）

调查时间：

调查地点：

调查人：

您好！我们是某“外来务工人员住房政策课题组”。这是一份关于外来务工人员住房政策相关情况的调查。可能占用您几分钟的时间，非常感谢您的支持和配合！

1. 请问您是从何地来此务工：

A. 成都市农村　　B. 其他地区农村（请说明）________

2. 您在本地务工时间：

A. 1 年以内　　B. 1～3 年　　C. 3 年以上

3. 您所从事的行业：

A. 环卫　B. 家政服务　C. 住宿和餐饮　D. 建筑　E. 零售批发

F. 制造业　G. 美容美发　H. 交通运输　I. 其他（请说明）________

4. 您现在和谁一起生活在这里（可多选）：

A. 爱人　　B. 父母　　C. 子女

D. 独自一人　　E. 其他

5. 您的月收入：

A. 少于 500 元　　B. 500～800 元　　C. 800～1000 元

D. 1000～1200 元　　E. 1200 元以上

6. 您目前每月花在住房上的消费约为：________元（请填写具体数目）。

7. 您目前的住房状况是：

A. 工地的临时工棚　　B. 单位提供的集体宿舍　C. 政府提供的租赁住房

D. 从当地人手中租住的房子　　E. 住在亲戚家　　F. 其他________

8. 您目前所居住的房子内住着________个人，房子面积大约________ m^2。

9. 您如何评价现在的居住条件？

A. 好　　B. 一般　　C. 差

10. 您计划购房的打算：（选择 A. B. 者跳过第 11 题）

A. 5 年内本地购买　　　　B. 会购买，但还没有详细计划
C. 不会在本地买房　　　　D. 不确定是否购买

11. 您不打算在本地（或城里）购房的主要原因是什么：（可多选）
A. 收入太低　　B. 日常生活开支太高　　C. 缺乏养老、医疗等社会保障
D. 子女入学困难　E. 无法融入当地人圈子　F. 不适应城市的生活习惯
G. 其他________

12. 进城务工人员可以享有多种住房优惠政策，您对以下政策的了解情况和受益情况如何：

关于住房政策　　表 1

住房政策	了解情况		受益情况	
	了解	不了解	受益过	未受益
（1）可以租赁政府提供的公共住房				
（2）可自主从市场租赁住房，政府给予租金补贴				
（3）购买政策性安居住房				
（4）可购买经济适用住房				
（5）购买 $90m^2$ 以下的普通商品住房，可以享受到财政补贴政策				

13. 成都市对外来务工人员的住房政策，您一般是从什么途径了解到的？
A. 报纸　B. 电视　C. 从朋友口中　D. 网络　E. 其他

14. 您对现有的外来务工人员住房政策是否满意：（选择 C. 者，回答第 15 题）
A. 满意　B. 一般　C. 不满意　D. 和我无关

15. 您不满意政府提供的住房政策，主要原因是什么：（多选，最多选两项）
A. 房子太少，难申请　B. 租房手续太复杂　C. 不知道政府提供过
D. 其他________

16. 对于政府提供的租赁住房，您最关注的是什么（多选，最多可选三项）：
A. 居住的面积　　B. 租金　　C. 环境状况　　D. 卫生条件
E. 安全　　　　　F. 离工作地点的距离　　G. 出行是否方便
H. 邻居　　　　　I. 租房限制条件　　　　J. 其他________

17. 您每个月可以承受的房租最高是：________元。

18. 您认为政府应该提供什么形式的低租金住房：
A. 集体宿舍　　　B. 单元房

19. 您是否有缴纳住房公积金：

A. 缴纳　　B. 未缴纳　　C. 不清楚

20. 您是如何使用住房公积金的：

A. 使用住房公积金租房　B. 提取过住房公积金　　C. 从未使用过

21. 您认为住房公积金政策还需要进行哪些改善：

A. 提高最低缴存比例　　B. 单位担负更多的缴存比例

C. 放宽提取限制　　D. 允许在异地使用

E. 其他______

22. 您对以下政策的了解情况和受益情况：

关于相政策　　表2

政　策	了解情况		受益情况	
	了解	不了解	受益过	未受益
（1）在城区务工劳动者的子女依法享有在暂住地接受九年义务教育的权利				
（2）养老保险				
（3）医疗保险				
（4）工伤保险				
（5）失业保险				
（6）生育保险				
（7）技能培训补贴				
（8）就业扶持				
（9）自主创业贷款优惠				
（10）自主创业税收优惠				
（11）成都市制定了“租房入户”和“买房入户”的政策，允许符合条件的外来务工人员实际居住地办理常住户口				

23. 您子女就读中小学的情况

A. 在本地的公立学校　　B. 在本地农民工子弟学校

C. 在外地学校　　D. 没有小孩就读中小学

24. 您如果能够在本地（或城里）居住，将如何处置村里的宅基地和住房？

A. 卖掉　　B. 租出去　　C. 留着

25. 您家里的农用地目前如何处置：

A. 抛荒　　B. 交给别人耕种　　C. 转包

D. 交回村集体　　E. 已没有农用地了

26. 您留着地的原因：（可以多选）

A. 农忙时回去耕种　B. 过几年回去还要种　C. 可以得到政府补贴

D. 其他________

27. 您还计划以后回村里住吗？

A. 过几年回去　　B. 年纪大了后回去　　C. 不回去　　D. 不确定

28. 您认为哪些政策最能解决您和您的工友的居住问题（请按顺序填写您认为最有效的三项政策）：__________

A. 政府提供更多的价格低廉的房子；

B. 政府鼓励企业提供更好的住处；

C. 政府为农民工提供租房补贴；

D. 政府为农民工提供购房补贴；

E. 提高农民工收入水平、增加就业机会；

F. 降低农民工其他方面生活成本；

G. 其他措施（请说明）______________。

请填写您的基本资料

年　　龄：□ 22岁以下　□ 23～37岁　□ 38～50岁　□ 50岁以上

性　　别：□ 男　□ 女

婚姻状况：□ 有配偶　□ 无配偶

子女状况：儿子______人，年龄______；女儿______人，年龄______

对您的支持，再次表示感谢！

附件 4：

外来务工人员住房政策满意度及需求调查（B）（成都）

调查时间：

调查地点：

调查人：

您好！我们是某“外来务工人员住房政策课题组”。这是一份关于外来务工人员住房政策相关情况的调查。可能占用您几分钟的时间，非常感谢您的支持和配合！

1. 请问您是从何地来此务工：

A. 成都市农村　　B. 其他地区农村（请说明）__________

2. 您在本地务工时间：

A. 1 年以内　　B. 1～3 年　　C. 3 年以上

3. 您所从事的行业：

A. 环卫　　B. 家政服务　　C. 住宿和餐饮　　D. 建筑　　E. 零售批发

F. 制造业　　G. 美容美发　　H. 交通运输　　I. 其他（请说明）______

4. 您现在和谁一起生活在这里（可多选）：

A. 爱人　　B. 父母　　C. 子女

D. 独自一人　　E. 其他

5. 您的月收入：

A. 少于 500 元　　B. 500～800 元　　C. 800～1000 元

D. 1000～1200 元　　E. 1200 元以上

6. 您买房子花了__________元（请填写具体数目）。

7. 您买的房子是：

A. 政府提供的住房　　B. 市场上购买的房子　　C. 其他__________

8. 您的房子面积有多大：

A. 小于 $20m^2$　　B. $20～70m^2$

C. $70～90m^2$　　D. $90m^2$ 以上

9. 您如何评价现在的居住条件？

A. 好　　B. 一般　　C. 差

10. 您对以下住房政策的了解情况和受益情况：

关于住房政策　　表1

住房政策	了解情况		受益情况	
	了解	不了解	受益过	未受益
（1）可以租赁政府提供的公共住房				
（2）可自主从市场租赁住房，政府给予租金补贴				
（3）购买政策性安居住房				
（4）可购买经济适用住房				
（5）购买90m²以下的普通商品住房，可以享受到财政补贴政策				

11. 成都市对外来务工人员的住房政策，您一般是从什么途径了解到的？

A. 报纸　　B. 电视　　C. 从朋友口中　　D. 网络　　E. 其他

12. 您对现有的外来务工人员住房政策是否满意：（选择C. 者，回答第15题）

A. 满意　　B. 一般　　C. 不满意　　D. 和我无关

13. 您不满意政府提供的住房政策，主要原因是什么：（多选，最多选两项）

A. 房子太少，难申请　　B. 租房手续太复杂

C. 不知道政府提供过　　D. 其他____________

14. 您是否有缴纳住房公积金：

A. 缴纳　　B. 未缴纳　　C. 不清楚

15. 您是如何使用住房公积金的：

A. 使用住房公积金租房　　B. 提取过住房公积金　　C. 从未使用过

16. 您认为住房公积金政策还需要进行哪些改善：

A. 提高最低缴存比例　　B. 单位担负更多的缴存比例

C. 放宽提取限制　　D. 允许在异地使用

E. 其他____________

17. 您对以下政策的了解情况和受益情况：

关于相关政策　　表2

政策	了解情况		受益情况	
	了解	不了解	受益过	未受益
（1）在城区务工劳动者的子女依法享有在暂住地接受九年义务教育的权利				

续表

政　　策	了解情况		受益情况	
	了解	不了解	受益过	未受益
（2）养老保险				
（3）医疗保险				
（4）工伤保险				
（5）失业保险				
（6）生育保险				
（7）技能培训补贴				
（8）就业扶持				
（9）自主创业贷款优惠				
（10）自主创业税收优惠				
（11）成都市制定了“租房入户”和“买房入户”的政策，允许符合条件的外来务工人员实际居住地办理常住户口				

18．您子女就读中小学的情况

A．在本地的公立学校　　B．在本地农民工子弟学校

C．在外地学校　　D．没有小孩就读中小学

19．您已经在本地（或城里）居住，是如何处置村里的宅基地和住房的？

A．卖掉　　B．租出去　　C．留着

20．您家里的农用地目前如何处置：

A．抛荒　　B．交给别人耕种　　C．转包

D．交回村集体　　E．已没有农用地了

21．您留着地的原因：（可以多选）

A．农忙时回去耕种　　B．过几年回去还要种　　C．可以得到政府补贴

D．其他

22．您还计划以后回村里住吗？

A．过几年回去　　B．年纪大了后回去

C．不回去　　D．不确定

23．您认为哪些政策最能解决您和您的工友的居住问题（请按顺序填写您认为最有效的三项政策）：

A．政府提供更多的价格低廉的房子；

B．政府应鼓励企业提供更好的住处；

C．政府为农民工提供租房补贴；

D．政府为农民工提供购房补贴；

E. 提高农民工收入水平、增加就业机会；
F. 降低农民工其他方面生活成本；
G. 其他措施（请说明）＿＿＿＿＿＿＿＿＿＿＿＿＿＿＿。

请填写您的基本资料

年　　龄：□ 22岁以下　□ 23～37岁　□ 38～50岁　□ 50岁以上
性　　别：□ 男　□ 女
婚姻状况：□ 有配偶　□ 无配偶
子女状况：儿子＿＿＿人，年龄＿＿＿；女儿＿＿＿人，年龄＿＿＿

对您的支持，再次表示感谢！

附件5：

在外务工人员农村宅基地及承包地状况实地调查（六省）

调查时间：

调查地点： 省 市（县） 乡（镇） 村

调查员签名：

您好：

我们正在做一项关于在外务工人员农村宅基地及承包地状况的调查，需要您的配合，我们将对您所填写的内容保密！谢谢合作！

一、基本情况调查

1. 请问您现在是在何处务工：__________省__________市（县）；

您的家乡是________省________（县）__________乡（镇）__________村

*在自己家乡务工的，请答2、3题

2. 您曾经在其他地方务工过吗？

A. 没有　B. 在直辖市务工过　C. 在省会城市务工过

D. 在其他城市务工过

3. 您选择在家乡务工的原因？

A. 在外工作辛苦　B. 在外挣钱少　C. 在外找工作难

D. 亲人都在家里　E. 难以融入外地人的圈子　F. 工厂倒闭了

G. 其他______________

4. 您的父母也外出务工过吗？

A. 曾经外出务工，现在年纪大了，不再劳动了

B. 曾经外出务工，现已回家种地

C. 从未外出务工过

D. 现在仍在外务工

5. 您在家务农总共有多长时间？

A. 0年　B. 1年　C. 1～3年

D. 3～5年　E. 5～10年　F. 10年以上

6. 您在城里务工多久了？

A. 1年以下　B. 1～3年　C. 3～5年

D. 5～10 年　　E. 10 年以上

7. 您目前在城里主要从事何种职业？

A. 环卫　　B. 家政服务　　C. 住宿、餐饮和娱乐服务人员

D. 建筑　　E. 零售批发　　F. 制造业（工厂打工）

G. 美容美发　　H. 交通运输　　I. 打零工

J. 其他（请说明）＿＿＿＿＿＿

8. 您平时经常回农村老家么？

A. 基本不回去了　　B. 只有过年过节才回农村老家

C. 临时打工，没事或农忙时随时可以回去　D. 家在郊区，每天都可回家

9. 您务工期间，和谁住在一起？（可多选）

A. 独自一人　　B. 和工友　　C. 和亲戚朋友

D. 和爱人　　E. 和孩子　　F. 和父母

10. 您的小孩现在做什么？（若您没有孩子，则不用回答此题）

A. 在老家上中小学（含幼儿园）

B. 在我务工的地方上中小学（含幼儿园）

C. 在老家（未上学）　　D. 在我务工的地方（未上学）

E. 在上大学　　F. 在务工　　G. 其他（请说明）＿＿＿＿＿＿

11. 您目前在城里打工时，住房状况是？

A. 买了房　　B. 租房住

C. 家就在郊区农村，每天都回家　　D. 其他（请说明）＿＿＿＿＿＿

12. 您的房子是在哪买（或盖）的？（若您没有买（或盖）新房，则不用回答此题）

A. 务工所在地　　B. 老家县城里　　C. 老家集镇上

D. 其他（请说明）＿＿＿＿＿＿

二、农村集体宅基地情况调查

13. 您农村老家是否有宅基地？

A. 有　　B. 没有　　C. 不清楚

＊在老家有宅基地，则不用回答 14～17 题

14. 没有宅基地的原因是什么？

A. 从来没分到过　　B. 被村集体收回了　　C. 宅基地被征收了

D. 卖了　　E. 自己不想要，放弃了　　F. 其他（请说明）＿＿＿＿＿

15. 您是否打算以后向村里申请宅基地？

A. 打算申请　　B. 不打算申请　　C. 没考虑过这个问题

16. 您认为村里是否会给您批宅基地？

A. 绝对不会　　B. 会批准，但有难度　　C. 会批准，很容易

D. 不需要村里批准

17. 您现在住在哪里？

A. 住在父母家里　B. 在城里买了房子　C. 在城里租了房子

D. 住在政府提供的房子里　E. 住在单位提供的房子

F. 住在村集体提供的房子里　G. 其他（请说明）________

* 在老家没有宅基地，则不用回答18～23题

18. 您的宅基地是怎么得到的？（可多选）

A. 村里无偿分配　B. 从父辈继承得到　C. 从村集体买来的

D. 从村里其他人手中买来的　E. 其他（请填写）____________

19. 您在外务工时，自己的宅基地是怎么处理的？

A. 租出去　B. 自己留着　C. 借给别人住

20. 您现在保留宅基地的原因是？（可多选）

A. 家里还有人住着　B. 自己（或家人）偶尔会回去住

C. 家里的祖屋，不能卖　D. 卖（或租）掉得不了多少钱，不如留着

E. 想处理掉，但是没有人要　F. 村里不准自行处理

G. 以后回去住

H. 其他（请说明）______________

21. 如果您以后在城里买了房，您将如何处置您在村里的宅基地？

A. 卖掉　B. 租出去　C. 自己留着

22. 您在城里买房了，村里的宅基地还留着的原因是什么？（如果您不打算留着，则不用回答）（可多选）

A. 想回去的时候可以随时回去住　B. 卖了或租出去得不到多少钱

C. 祖宅不愿退还　D. 今后城里混不下去了，还可以回来

E. 想处理掉，但是没有人要　F. 其他（请说明）________

23. 您是否愿意用将您的宅基地有偿地退还给村集体？

A. 愿意，村里补偿多少都无所谓　B. 愿意，但是要看村里补偿多少钱

C. 给多少钱都不愿意　D. 不确定

三、承包农地情况调查

24. 您有没有分到过承包地？

A. 分到过　B. 从未分到过　C. 不清楚

* 分到过承包地者，则不用回答25、26题

25. 您为什么没有分到过承包地？

A. 村里不分配承包地了　B. 未达到年龄要求

C. 村里不给妇女分承包地　D. 还没到村里下一次调整承包地的时间

E. 其他（请说明）____________________

26. 您是否打算以后再申请承包地？

A. 打算再申请　　B. 不打算申请　　C. 现在不确定

*没有分到过承包地者，则不用回答27～30题

27. 您在外务工时，是如何处置承包地的？

A. 留着，但荒着　　B. 交给家人或亲戚朋友代种　　C. 转包

D. 交回村集体　　E. 被征收了

F. 农忙时自己回家种　　G. 其他（请说明）________

28. 您今后还会回家种地吗？

A. 过几年就回去种地　　B. 等老了回去种地

C. 可能回老家，但是不可能再种地了

D. 会努力在城里定居下来

29. 如果您以后在城里定居，您打算如何处理您的承包地？

A. 继续留着　　B. 送给亲戚朋友　　C. 交还村集体

D. 转包　　E. 其他（请说明）________

30. 您选择“继续留着”承包地的原因是？（如果您不打算留着，则不用回答）

A. 今后城里找不到工作了，还可以回来种地　　B. 可以得到政府补贴

C. 老了就回来种　　D. 其他（请说明）________

年　龄：□16岁以下　□16～22岁　□22～30岁　□30～45岁
　　　　□45～60岁　□60岁以上

性　别：□男　□女

婚姻状况：□有配偶　□无配偶

受教育程度：□小学　□初中　□高中或中专　□专科及以上

上学的地点：□家乡县城　□家乡农村　□父母曾经务工的地方

子女状况：儿子______人，年龄______；女儿______人，年龄______

附件 6：

唐家岭农民工住房问题调研报告

1 调研背景及目的

1.1 调研背景

唐家岭，位于北京市区西北五环外的西北旺镇，东邻昌平区回龙观，西邻土井村，属于比较典型的城乡结合部。唐家岭村被称为“蚁族”集聚地（大学毕业生聚居村），与上地信息产业基地和中关村软件园只有一路之隔。当地聚集了5万名以上外来人口，包括1.7万名大学毕业生。

随着上地地区的改造和拆迁，唐家岭成了中关村软件园及上地信息产业基地附近的最后一个城中村。由于这里距离中关村、上地等企业密集区比较近、房租便宜，大量外地来京人员选择在此租住，唐家岭由此变得著名起来。唐家岭租房价格在350～700元之间，基本都是20平方米左右单间，带卫生间以及小厨房，适合北漂初级阶段居住。2006年以来，该村很多村民都在新建和扩建新房，以出租给更多的人赚取房租。本地人大都以出租房屋为生，为获利更多，乱搭乱建现象十分严重，违规建筑是合法建筑的5倍；楼房之间的过道狭窄，火灾隐患突出；上班高峰期公共交通拥挤不堪。

目前，北京市唐家岭地区启动整体腾退改造工程，唐家岭地区村民回迁楼及多拆迁宣传广告功能产业用地正式奠基，整个工程建设将于两年后完成。据了解，改造共涉及2099户，4816人，需要新建农民回迁安置房35万平方米。同时将建设18.8万平方米的多功能产业用地，其中包括10万平方米公租房，有关官员表示，“欢迎4万待搬‘蚁族’日后回来”❶。

1.2 调研目的

环境“脏、乱、差”的城中村通常被认为是生长在城市内部的“毒瘤”，也是城市改造的重要对象。然而，在城市住房价格不断上涨的情况下，像唐家岭一样的众多城中村，恰是大城市外来人员的重要聚居地，以其相对低廉的租赁价格容纳了大量的低收入流动人群。本次调研旨在通过实地走访，对农民工群体在城中村中的生活与住房状况进行了解，在此基础之上分析农民工的城中村聚居形

❶ 傅沙沙. 唐家岭启动整体改造［N］. 新京报，2010-3-30（A09）

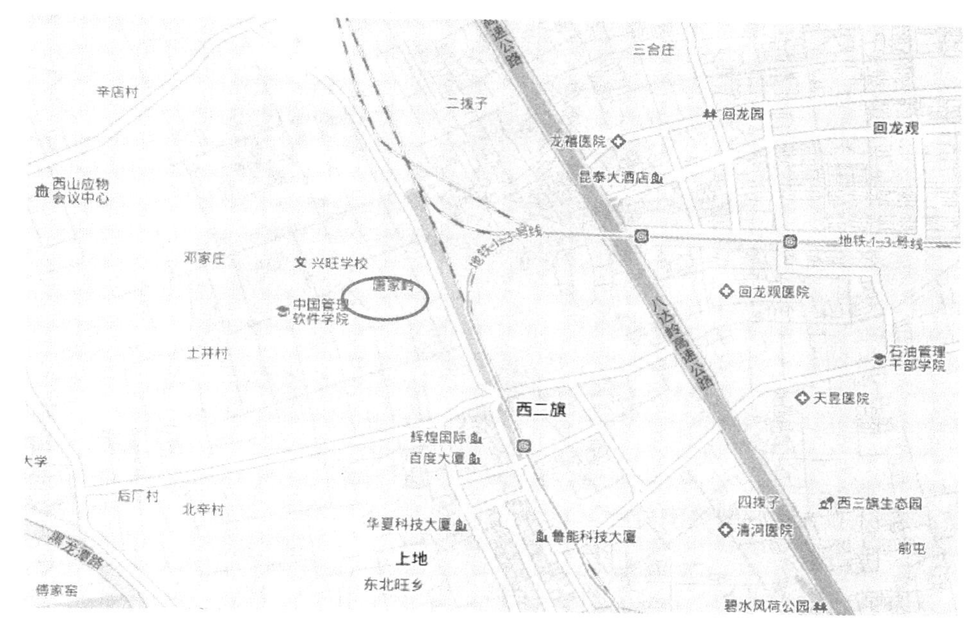

图 1　唐家岭位置图

态、城中村改造面临的困境及今后出路。

本次调研目的有三：

首先，对居住在唐家岭的农民工进行访谈，了解其在唐家岭的生活及住房状况；

其次，了解政府拆迁给居住在唐家岭的农民工所带来的影响，以及他们对拆迁的看法，今后的居住选择；

最后，根据以上了解的实际情况，针对目前进行的唐家岭拆迁改造及其面临的困境，进行理论分析并提出相关政策建议。

2　调研情况概述与典型案例分析

2.1　调研情况概述

2010 年 4 月 2 日下午，课题组一行六人至唐家岭进行调查。本次调查采取随机抽样访谈的形式进行，共访谈在唐家岭居住的农民工八人、当地农民若干，对农民工生活、住房情况、城中村拆迁改造对居住在当地的农民工等群体的影响等问题进行了深入了解。

课题组访谈过程中询问问题包括如下几点：个人基本情况（来源地、年龄、职业、收入水平等）、住房状况、唐家岭拆迁受到的影响、对政府公租房的看法、定居意愿。

图2　唐家岭调研地概况

2.2　农民工访谈典型案例分析

2.2.1　访谈案例

【案例一】　张某，男，28岁，未婚，山东临沂人，待业。

“之前我在临沂当保安，2009年10月来北京的。刚来时候朋友介绍在上地一个公司当文字编辑，一个月挣个2000元吧，因为离唐家岭近嘛，就在这里租房子。房租一个月250元，还是有点贵，比在老家时候贵多了，能再便宜点就好了。不过这里生活倒是方便，周围小吃店啊，理发店啊，网吧啊，小卖部啊啥都有。不过还是觉得工作不咋好，想看看再找个工作。唐家岭拆了还得搬啊，那还能咋办。工作可能要找到劲松那边，到时候也打算在那边租房子。要是以后能留得下，肯定就在北京住啊，现在一步步走，有那个需要了，再看看同学朋友能不能在房子问题上帮一帮。”

【案例二】　李某，男，40岁，已婚，河南周口人，装修工。

“我来北京十来年了，一直干装修。这两年刚把老婆和俩孩子接过来，老婆主要在家照顾孩子，两个孩子都在唐家岭小学上学，大儿子六年级了。我刚来就住唐家岭，那时候房租便宜，独门独院平房，才三十多元钱一个月。这四五年吧，人多了，房租也贵了。现在主要是为了两个孩子读书，房子必须大点，现在的房子可能有30m^2，一个月800元钱，还行，在唐家岭算好房子了，啥都有，可以做饭，有独立卫生间。这里拆了后一家子都打算搬到清河去，我有老乡和朋友在那儿。不过孩子上学麻烦。今后不在北京待着了，以后等孩子们大了，我还是要回村里去住。现在把土地包给别人了，到时回去把地收回来自己种，再给自家修个小楼，就在家乡养老了。”

【案例三】　姓名不详，女，48岁，已婚，湖北黄冈人，家政、同时在建筑工地做饭。

“我是2008年来北京的，现在主要是在帮人搞卫生（家政），有空的话去工地做做饭。每月能赚个1000多元，我现在住的这个房子是房东给的，不交租金。来北京后也没换过工作。知道这一带（指唐家岭）马上要拆了，我们这些人是哪不拆去哪，哪便宜去哪，也没有留京的意愿。”

【案例四】 姓名不详，男，23岁，已婚，在北京某建筑工地打工。

“我前年（2008年）来北京的（注：是案例三中妇女的儿子），现在是在工地上打临工，每天100元，每月去多少天算多少钱。来北京也没换过工作，我主要住在工地上，工地上不花钱，偶尔回来和我妈她们一起住。没有留北京的意愿，这一带拆了后，我们找没拆的地方去，哪便宜去哪住。”

【案例五】 姓名不详，男，59岁，已婚，在唐家岭一带收废品。

“我是河北人，2007年来北京的，现在主要就是在唐家岭这一带收废品。收废品每月能赚1000多元，我和老婆在南边（指着唐家岭的南边）那边租了间房，那边条件差但便宜点，每月房租两三百块钱，儿子和女儿住在通州，由于那边废品不好收，所以也就没有住在一起。现在这边（唐家岭）的废品也不好收，每月要给队里面交卫生费，每月交300元，不交的话，就不让收。这是要拆了，最近可能要开始评估了，所以最近的生意也不太好，大家把东西都放着，等着评估呢。”

【案例六】 姓名不详，男，40岁，已婚，在中关村一带做弱电。

“我是河南许昌人，1992年就已经来北京了，一直在中关村一带做弱电，也没换过工作。现在每月能赚4000多元，我住在肖家河，每月700元房租。我们家就我一个人在北京，北京这地方不让外地小孩上学，高考的时候就让孩子回自己省去考了，所以小孩初中毕业还得赶紧回到各个省，要不然还真跟不上。北京这房子这么贵，没打算定居北京。”

【案例七】 姓名不详，男，35岁，已婚，医生。

“我是河北的，当时是老乡介绍来北京的。北京出名啊，来这里可以长点见识。现在我老婆和小闺女也都来了，现在我在这边当个医生，一家人租个15m^2左右的门脸房，一个月交400元钱，公共厕所和厨房都用公用的。住的还好吧，反正也不比家里的差。但是现在这里要拆了啊，唐家岭幼儿园也关了，孩子没地方上学。在北京待不长，我等我闺女上小学就回去，回家当医生。”

【案例八】 姓名不详，男，20岁，未婚，中关村科技园区某企业做保安。

“我是内蒙古赤峰的，在中关村科技园那边当保安，工资一个月1500元。现在在唐家岭这边租了个单身宿舍，我自己住一间，有独立卫浴，一个月300～400元钱，房子老是老了一点，不过还可以吧。之前我也去过别的地方干，来北京是老乡介绍的，北京出名呗。留不留在这里还没打算好，混得好就留，混不好就回家，还没想好。”

2.2.2 访谈分析

（1）劣质居住环境与高满意度之间的矛盾

通过实地走访发现，唐家岭地区居住环境较为恶劣：卫生状况较差，垃圾随处可见；建筑密度极大，安全隐患严重。然而，在对农民工个体的访谈过程中发现，在此居住的农民工群体对自己的住房状况普遍较为满意，用“还行、不错”进行评价的居多，少许抱怨者也主要针对相对来说已经较低的租金，认为“如果能更便宜就好了”。

可见，对于处于社会收入底层的农民工群体来说，像唐家岭这样的城中村是他们生活的重要载体。由于收入水平的限制，农民工群体对于居住环境通常没有太高的要求，最关键的是低廉的租金及生活成本。这是唐家岭劣质的居住环境与农民工群体对居住条件较高满意度之间矛盾产生的重要原因。而在北京，诸如唐家岭这样的大大小小的城中村，正是由于租金较低，成为大多数农民工的安身立命之所。

图3 唐家岭农民工住房状况

（2）城中村内部的居住分异

课题组在唐家岭的实地走访中发现，城中村内部也存在一定的居住分异。

唐家岭由于与集聚了大量高新技术公司的中关村软件园、上地信息产业基地仅一街之隔，吸引了大量的大学毕业生聚居于此。同时作为城中村，居住及其他方面的生活成本均相对低廉，也是农民工群体的重要聚居地。因此，在城中村内部即可看到两种不同的居住景观：白领公寓、相对低矮简陋的平房。收入水平的差异是导致大学生与农民工之间、农民工的不同收入层级之间在居住选择上存在区别。大学生群体多居住在标准的公寓建筑中，居住环境相对较好，室内设有卫生间，通暖气，可做饭；而农民工多居住在建筑密度较高、低矮简陋的平房中，卫生条件、安全状况相对较差。即使农民工群体内部，也因收入不同而在居住选择上有所差别，从访谈中也可见，部分收入较低的农民工对250元/月的租金仍感觉无力承受，而来京时间较久、收入相对稳定的农民工可承受 800 元/月的租金，居住条件也相对较好。

图 4　唐家岭内住房状况差异

（3）唐家岭拆迁给聚居农民工带来的影响

访谈中发现拆迁给居住在唐家岭的农民工带来的影响不大。面对政府拆迁，大家普遍表示肯定要搬家，“哪便宜去哪儿”反映了农民工群体对于租金的关注；“有老乡和朋友在那儿”反映了农民工在城市聚居形态的原因：“亲缘”、“地缘”关系对其进行居住选择有重要影响。

从访谈来看，当地的唐家岭小学、唐家岭幼儿园有很多学生都是在当地居住的农民工子女，因此，拆迁导致的学校关闭，使很多孩子无法再继续上学。搬迁后重新选择学校等一系列问题，是拆迁给居住在唐家岭的农民工带来的重要影响之一。

（4）留城意愿

从访谈来看，住在城中村中的农民工大部分存有过客心理，只将大城市作为暂时生存的居所，并未有长留的打算。如若细分，访谈中的年长农民工、有小孩的农民工，都确定最终要回到家乡，其中，孩子的教育问题是主要原因之一。而相对来说较年轻的农民工，有在城的定居意愿，但也没有详细的计划或打算，更倾向于“走一步看一步”，“混得好就留，不好就回去”。

2.3　当地农民对拆迁的意见

课题组在唐家岭进行调研的过程中，还对当地农民对唐家岭改造的意见进行了了解。当地农民对唐家岭改造的意见主要反映在以下两个方面：

（1）对于政府村庄建设的意见

受访村民认为村庄的居住环境在卫生、治安、村貌等方面的条件很差。认为这种情况主要是由于村委会不作为造成的。

对于政府进行村庄改造的实际执行效果意见较大。村民认为村委会没有将政府提供的改造资金用到实处。“政府拨了 1800 万的款用于村庄改造，就修了一条路，但是毫无效果。”

（2）对于唐家岭改造的意见

村民对于唐家岭改造基本持反对意见。主要原因在于，由于拆迁改造，大部分原来居住于此的房客已经搬出了这个地区，截断了他们的收入来源，将会对他们的生活水平造成很大的影响。一个村民举例：他家里建了 30 套出租屋，现在连 10 套都没有租出去。更有村民表示：当地许多家的房子都是贷款建设的，甚至有的人借的是高利贷。

村民甚至认为他们提供的住房条件更好，而且租金更便宜。如一个村民举例：居住于他家里的白领已经搬到了附近建设的公租房中。这种公租房月租金为 800 元，加上水电支出，居住于公租房一个月的开销约为 1000 元，远低于他们提供的房租（400～500 元/月），但住房条件相似。

3 城中村拆迁的尴尬与困境

3.1 城中村拆迁——下一个城中村的催化剂

在唐家岭居住的许多居民，其中不少有过多次辗转的经历，有很多人就是刚从新近拆迁北坞、大望京等村庄搬迁过来的[❶]。而在唐家岭拆迁之后，这些聚居在唐家岭的农民工、“蚁族”又将何去何从？据有关报道，唐家岭的租住人群，面对拆迁往城里搬的为数不多，大多数都选择更为偏远的村庄，其中，小牛坊村为重要的扩散地之一。小牛坊的房子本来就不多，唐家岭拆迁之后，很多的农民工、“蚁族”转至小牛坊，现在，小牛坊基本已无空房可租了，价格也与唐家岭相差无异，目前租户的结构也与唐家岭类似[❷]。

在唐家岭的规划中，除农民安置房外，还有 18.8 万平方米的多功能产业用地，其中将建设不少于 10 万平方米的公租房，如果按每套 20 平方米计算，10 万平方米的公租房面积，只能提供 5000 套住房。而唐家岭目前的租户约 5 万人，只能满足十分之一的需求。且这其中很大一部分是能租得起公租房的大学毕业生，对于农民工这样的底层群体，只能选择搬迁到类似的、租金便宜的地区居住。城中村的拆迁，不过是将村内的租户暂时逼到了更远的城市边缘，形成新的聚居区域。而未来越来越少的类似区域，将集中越来越多的底层人口，一个城中村拆除了，加快了其他更多城中村的兴起。仅仅依靠拆迁，无法从根本上解决城中村所面临的各种问题。

---

❶ 兰方，张艳玲. 唐家岭：谁的城市化？［EB/OL］. 凤凰网，http://finance.ifeng.com/news/special/cx-cmzk/20100426/2104472.shtml.

❷ 胡芳洁. 北京唐家岭大撤离公租房无消息［EB/OL］. 金融界，http://house.jrj.com.cn/2010/05/0207257393926.shtml

图5　唐家岭村拆迁标语

3.2　城中村拆迁——多方的尴尬

首先，补偿标准村民难以接受。在唐家岭，三层以上楼房是主力建筑，对于此，在拆迁补偿时如何确定补偿标准，是影响拆迁能否顺利进行的关键问题。有报道称，唐家岭村的拆迁方案第一稿2010年4月份出炉，但在征求意见时被村民代表们全票拒绝。这套方案显示，唐家岭村拆迁将采取房屋安置加货币补偿的方式，安置房面积按村民原有宅基地面积1∶1置换，合法房屋建筑面积每平方米补偿2500～3000元。对于村民扩建房，二层的扩建房屋每平方米补偿800元，没有加盖二层的村民也可获补这笔钱。二层以上的房屋则不再补偿。另外，拆迁方案还设立拆迁奖励期为3个月，村民在期间签订拆迁协议并搬走的，可获得10～30万元奖励费。然而由于不满方案中的补偿条件，村民代表们、村党员代表们当场拒绝接受[1]。另外，从课题组对村民的访谈中也可看出，唐家岭村村民大部分以出租住房为生，政府拆迁等于切断了他们重要的生存来源。

其次，正如上文所提及，拆迁后5000套的公共租赁住房与本村目前50000的外来人口相比，有很大差距，且公共租赁租房的相对高价，客观上排挤出了一大部分诸如农民工这样低收入的“底层群体”。因此，城中村的拆迁改造，对于原本在此安身立命的群体来说，是否提高了其福利水平，仍有待商榷。

[1] 佚名.北京唐家岭拆迁方案被村民代表全票拒绝[EB/OL].中国日报网，http://www.chinadaily.com.cn/dfpd/2010-04/22/content 9759481.htm，2010-04-22.

4 结论与建议

4.1 主要结论

根据此次唐家岭访谈对于村内农民工、农民两个群体的了解及分析，主要结论有如下几点：

唐家岭的居住环境与农民工群体的居住满意度之间存在一定的矛盾，即虽然环境较为恶劣，安全隐患严重，但是由于其价格相对低廉，农民工群体的居住满意度普遍较高；

唐家岭内部也存在一定的居住分异，大学生与农民工之间，农民工群体内部的较高收入与较低收入之间在住房选择上有所区别；

唐家岭拆迁后，“租金便宜的地方”仍是农民工群体的居住选择，拆迁导致的中小学关闭是造成未搬迁居民困扰的重要原因；

在唐家岭居住的农民工，大多数没有定居的打算。

另外，唐家岭本地农民对拆迁的不满主要集中于拆迁补偿的标准上。

4.2 政策建议

从本次调研来看，低租金是农民工在进行住房选择时重要考虑的因素。对城中村进行整体拆迁，是对农民工这一社会底层群体居住空间的挤压。在农民工未完成市民化、整个社会产业结构未发生重大调整（就业结构中仍需要农民工群体时）的情况下，城中村的整体拆迁只能将问题进行转移，客观上造成密度更高、情况更为恶劣的农民工城市聚居区域。

因此，本研究建议对城中村拆迁转变思路，由整体拆迁转变为“部分拆迁”，只拆除其中的危旧房屋，同时政府的工作重点转为对城中村的综合整治，进行基础设施的建设与配套，加强环境治理与治安整顿，保留流动人口的居住空间，改善流动人口的居住环境。

整体拆迁与综合整治的成本收益分析 **表1**

拆迁方式	成　本	收　益
整体拆迁	拆迁成本；农民安置补偿成本；政府解决农民工等低收入群体的支出；新的城中村形成带来的社会成本；本地农民房屋租金的机会成本	居住环境的改善；土地用途转变后的经营收益
部分拆迁、综合整治	部分拆迁成本；综合整治投入	居住环境的改善；众多流动人口居住问题的解决

从以上成本收益分析也可看出，整体拆迁需要耗费大量的人力、物力成本，而综合整治的成本则相对较小。更重要的是，综合整治在改变居住环境的同时，更能解决城市内部数量众多的流动人口的居住问题，而这一问题不是仅仅靠政府资金投入能解决的。从二者的成本收益分析综合来看，进行综合整治是更好的选择。

参 考 文 献

中文文献

[1] 阿列克斯·施瓦兹．美国住房政策[M]．北京：中信出版社，2008.

[2] 安格斯·迪顿，约翰·米尔鲍尔著，龚志民等译．经济学与消费者行为[M]．北京：中国人民大学出版社，2005.

[3] 保罗·萨缪尔森，威廉·诺德豪斯．微观经济学(第十七版)[M]．北京：人民邮电出版社，2003.

[4] 蔡昉．特征与效应——山东农村劳动力迁移考察[J]．中国农村观察，1996(2).

[5] 蔡昉，都阳．迁移的双重动因及其政策含义——检验相对贫困假说[J]．中国人口科学，2002(4).

[6] 蔡昉．劳动力迁移的两个过程及其制度障碍[J]．社会学研究，2001(4).

[7] 蔡昉等．人口与劳动绿皮书(2008)——中国人口与劳动问题报告 NO. 9[M]．北京：社会科学文献出版社，2008.

[8] 蔡禾，王进．“农民工”永久迁移意愿研究[J]．社会学研究，2007(6).

[9] 蔡新会．风险、不确定性与社会资本对促进农民工迁移的重要作用[J]．经济论坛，2008.

[10] 常文涛．城乡收入差距的现状及对策[J]．经济研究导刊，2009(7).

[11] 陈光金．身份化制度区隔——改革前中国社会分化和流动机制的形成及公正性问题[J]．江苏社会科学，2004(1).

[12] 陈星博．结构挤压与角色缺位——社会转型期我国城市青年农民工群体中“问题化”倾向研究[J]．改革，2003(4).

[13] 陈秀山，张可云．区域经济理论[M]．北京：商务印书馆，2005.

[14] 陈雁雁．青年务工农民居住状况与城市融入的实证分析——以南京市为例[J]．山东省农业管理干部学院学报，2008(3).

[15] [美]丹尼斯·迪帕斯奎尔，威廉·C·惠顿．城市经济学与房地产市场[M]．北京：经济科学出版社，2002，P153.

[16] 丁富军，吕萍．转型时期的农民工住房问题——一种政策过程的视觉[J]．公共管理学报，2001(01).

[17] 董振国，梁鹏，张军．双重边缘化：新生代农民工调查[J]．检察风云，2009(9).

[18] 丰雷．论土地要素对中国经济增长的贡献[J]．中国土地科学，2008(12).

[19] 高发．中国居民收入差距基于制度变迁视角的分析[M]．北京：知识产权出版社，2007.

[20] 高国力，季任钧．区域经济发展过程中的人口迁移研究——以广东省珠江三角洲地区

为例[J]. 经济地理，1995(2).
[21] 国家统计局农村司. 2009年农民工监测调查报告[EB/OL]. 国家统计局网站，http://www.stats.gov.cn/tjfx/fxbg/t20100319_402628281.htm，2010-03-19.
[22] 国务院研究室课题组. 中国农民工调研报告[M]. 北京：中国言实出版社，2006.
[23] 赫广义. 城市化进程中的农民工问题[M]. 北京：中国社会科学出版社，2007.
[24] 洪小良. 城市农民工的家庭迁移行为及影响因素研究——以北京市为例[J]. 中国人口科学，2007(6).
[25] 侯风云，付洁，张凤兵. 城乡收入不平等及其动态演化模型构建——中国城乡收入差距变化的理论机制[J]. 财经研究，2009(1).
[26] 胡必亮. "关系"与农村人口流动[J]. 农业经济问题，2004(11).
[27] 黄进. 资本建设：农民工政策范式的新走向[J]. 农村经济，2009(06).
[28] 黄坤明. 城乡一体化路径演进研究：民本自发与政府自觉[M]. 北京：科学出版社，2009.
[29] 黄乾. 农民工迁移意愿影响因素的实证分析[J]. 江西财经大学学报，2007(6).
[30] 黄乾. 农民工定居城市意愿的影响因素——基于五城市调查的实证分析[J]. 山西财经大学学报，2008(4).
[31] 简新华，黄锟等. 中国工业化和城市化过程中的农民工问题研究[M]. 北京：人民出版社，2008.
[32] 贾晓华. 影响农民工定居城市的利益格局分析及路径选择[J]. 商业时代，2009(12).
[33] 康永平. 对农民工迁移的经济学分析[J]. 商业经济，2009(20).
[34] 李斌. 社会排斥理论与中国城市住房改革制度[J]. 社会科学研究，2002(3).
[35] 李晶. "农民工"住房问题及市民化发展趋势下的住房政策调研[J]. 现代经济探讨，2008(09).
[36] 李竞能. 现代西方人口理论[M]. 上海：复旦大学出版社，2004.
[37] 李培林. 中国进城农民工的经济社会分析[M]. 北京：科学文献出版社，2003.
[38] 李伟东. 新生代农民工的城市适应研究[J]. 北京社会科学，2009(4).
[39] 李英东. 阻碍农民工在城市定居的因素及其解决路径[J]. 经济与管理研究，2005(2).
[40] 刘传江，徐建玲等. 中国农民工市民化进程研究[M]. 北京：人民出版社，2008.
[41] 刘金石. 中国转型期地方政府双重行为的经济学分析[D]. 西南财经大学，2007.
[42] 刘双良. 农民工城市住房保障问题分析与对策研究[J]. 经济与管理研究，2010(01).
[43] 柳思维. 现代消费经济学通论[M]. 北京：中国人民大学出版社，2006.
[44] 吕萍，周滔. 农民工住房保障问题认识与对策研究——基于成本-效益分析[J]. 城市发展研究，2008(3).
[45] 吕萍，丁富军，马异观. 快速城镇化过程中我国的住房政策[J]. 中国软科学，2008(08).
[46] 吕萍，周滔. 城市农民工住房保障与政策取向探索[J]. 公共管理与政策评论，2009(04).
[47] 吕萍，甄辉. 城乡统筹发展中统一住房保障体系的建设[J]. 城市发展研究，2010(01).
[48] 陆学艺. 当代中国社会流动[M]. 北京：社会科学文献出版社，2004.

[49] 罗霞，王春光. 新生代农村流动人口的外出动因与行动选择[J]. 浙江社会科学，2003(1).
[50] 马广海. 社会排斥与弱势群体[J]. 中国海洋大学学报(社会科学版)，2004(4).
[51] 马九杰，孟凡友. 农民工迁移非持久性的影响因素分析——基于深圳市的实证研究[J]. 改革，2003(4).
[52] 莫连光，郭慧芳. 廉租房建设的社会路径研究[J]. 特区经济，2006(8).
[53] 穆怀中. 中国社会保障水平研究[J]. 人口研究，1997(1).
[54] [美]阿瑟·奥沙利文著，周京奎译. 城市经济学(第6版)[M]. 北京：北京大学出版社，2008.
[55] 欧文·M·费斯(Owen M. Fiss)著，刘擎，殷莹译. 言论自由的反讽[M]. 北京：新星出版社，2005.
[56] 潘冬青，樊丽淑，胡松华等. 我国农民工政策的效应分析——以浙江省宁波地区为例[J]. 农村经济，2008(02).
[57] 潘泽泉. 国家调整农民工政策的过程分析：理论判断与政策思路[J]. 理论和改革，2008(05).
[58] 彭敏学. 厦门市住房市场的空间分割及其成因解析[J]. 地理学报，2010(4).
[59] 钱雪飞. 进城农民工收入的实证分析——基于南京市578名农民工的调查[J]. 南通师范学院学报(哲学社会科学版)，2004(01).
[60] 任远，邬民乐. 城市流动人口的社会融合：文献述评[J]. 人口研究，2006(3).
[61] 上海《社会稳定指标体系》课题组. 上海社会稳定指标体系纲要[J]. 社会，2002(12).
[62] 石振，林锟. 建筑业农民工收入影响因素计量分析[J]. 求索，2005(6).
[63] 世界银行. 2020年的中国[M]. 北京：中国财政经济出版社，1997.
[64] 苏群，周春芳. 农民工人力资本对外出打工收入影响研究——江苏省的实证分析[J]. 农村经济，2005(7).
[65] 唐有财. 新生代农民工消费研究[J]. 学习与实践，2009(12).
[66] 王春光. 新生代农村流动人口的社会认同与城乡融合的关系[J]. 社会学研究，2001(3).
[67] 王东，秦伟. 农民工代际差异研究——成都市在城农民工分层比较[J]. 人口研究，2002(5).
[68] 王全民. 房地产经济学[M]. 大连：东北财经大学出版社，2002.
[69] 王桂新. 上海人口规模增长与城市发展持续性[J]. 复旦学报，2008(5).
[70] 王格玮. 地区间收入差距对农村劳动力迁移的影响[J]. 经济学，2004(10).
[71] 王毅杰，高燕. 社会经济地位、社会支持与流动农民身份意识[J]. 市场与人口分析，2004(2).
[72] 王治河. 福柯[M]. 长沙：湖南教育出版社，1999.
[73] 魏立华，阎小培. 中国经济发达地区城市非正式移民聚居区——"城中村"的形成与演进——以珠江三角洲诸城市为例[J]. 管理世界，2005(8).
[74] 文政. 中央与地方事权划分[M]. 北京：中国经济出版社，2008.
[75] 吴红宇. 现行社会保障制度对农民工迁移行为的影响研究[J]. 农村经济，2008(01).

[76] 吴良镛. 中国城乡发展模式转型的思考[M]. 北京：清华大学出版社，2009.
[77] 吴兴陆. 农民工定居性迁移决策的影响因素实证研究[J]. 人口与经济，2005(1).
[78] 吴漾. 论新生代农民工的特点[J]. 东岳论丛，2009(8).
[79] 肖云，郭峰. 农民工就业及其可持续发展——对重庆市1083位样本农民工的调查[J]. 统计与决策，2005(7下).
[80] 熊波，石人炳. 农民工定居城市意愿影响因素——基于武汉市的实证分析[J]. 南方人口，2007(2).
[81] 熊彩云. 农民工城市定居转移决策因素的推—拉模型及实证分析[J]. 农业经济问题，2007(3).
[82] 薛在兴. 社会排斥理论与城市流浪儿童问题研究[J]. 青年研究，2005(10).
[83] 杨云善，时明德. 中国农民工问题分析[M]. 郑州：河南人民出版社，2007.
[84] 阳大胜，刘范一. 广州与深圳农民工政策比较研究[J]. 特区经济，2009(04).
[85] 姚俊. 农民工定居城市意愿调查——基于苏南三市的实证分析[J]. 城市问题，2009(9).
[86] 姚上海. 中国农民工政策的回顾与思考[J]. 中南民族大学学报(人文社会科学版)，2009(04).
[87] 于宝钗. 新生代农民工的市民意识与行为——以辽宁省沈阳市为例[D]. 兰州大学，2007.
[88] 于丽敏，王国顺. 如何建立我国农民工政策评价体系[J]. 经济纵横，2009(04).
[89] 袁浩，许定国. 刍议改革开放以来党关于农民工政策的基本经验[J]. 社科纵横(新理论版)，2009(02).
[90] 袁志明. 经济发达地区农民工权益保障及政府责任——以浙江省嘉兴市为例[J]. 农业经济问题，2008(01).
[91] 臧旭恒. 中国消费函数分析[M]. 上海：上海三联书店，上海人民出版社，1994.
[92] 张国胜. 中国农民工市民化：社会成本视角的研究[M]. 北京：人民出版社，2008.
[93] 张国胜，王征. 农民工市民化的城市住房政策研究：基于国别经验的比较[J]. 中国软科学，2007(12).
[94] 张庭伟. 美国住房政策的演变及借鉴[J]. 中外房地产导报，2001(7).
[95] 张永岳，陈伯庚. 新编房地产经济学[M]. 北京：高等教育出版社，1998.
[96] 张跃进，蒋祖华. "农民工"的概念及其特点研究初探[J]. 江南论坛，2007(8).
[97] 张展新. 城中村、外来人口与城市发展——关于北京城中村改造的思考[J]. 北京规划建设，2005(3).
[98] 张兆伟. 新生代农民工的符号消费与社会认同研究——基于某高校外来务工群体的个案研究[D]. 山东大学，2008.
[99] 赵芳. "新生代"，一个难以界定的概念——以湖南省青玄村为例[J]. 社会学研究，2003(6).
[100] 周晓益. 城乡一体化的"成都模式"研究[D]. 西南交通大学，2008.
[101] 周毅. 中国人口流动的现状和对策. [J]社会学研究，1998(3).
[102] 朱丘祥. 分税与宪政——中央与地方财政分权的价值与逻辑[M]. 北京：知识产权出

版社，2008.

[103] 庄佳. 不确定性影响我国居民消费行为的实证分析[J]. 世界经济情况(World Economic Outlook)，2006(8).

[104] 中共中央关于构建社会主义和谐社会若干重大问题的决定[EB/OL]. 人民网，http://politics.people.com.cn/GB/1026/4932440.html，2006-10-18.

[105] 中共中央十七届三中全会. 中共中央关于推进农村改革发展若干重大问题的决定，2008-10-12.

[106] 中共中央国务院关于2009年促进农业稳定发展农民持续增收的若干意见[EB/OL]. 人民网，http://politics.people.com.cn/GB/1026/8731450.html，2009-02-02.

[107] 中共中央，国务院. 中共中央国务院关于加大统筹城乡发展力度 进一步夯实农业农村发展基础的若干意见，2009-12-31.

[108] 国务院. 国务院关于解决农民工问题的若干意见(国发[2006]5号)，2006-03-28.

[109] 国务院. 国务院关于解决城市低收入家庭住房困难的若干意见(国发[2007]24号)，2007-08-07.

[110] 建设部等三部委. 关于住房公积金管理若干具体问题的指导意见(建金管[2005]5号)，2005-01-07.

[111] 建设部等五部委. 关于改善农民工居住条件的指导意见(建住房[2007]276号)，2007-12-05.

[112] 人力资源和社会保障部. 就《农民工参加基本养老保险办法》公开征求意见，2009-02-06.

[113] 成都市房产管理局. 促进进城务工农村劳动者向城镇居民转变的意见，2008-04-11.

[114] 成都市房产管理局. 关于促进我市进城务工农村劳动者进城定居的实施办法，2008-04-11.

[115] 成都市房产管理局. 进城务工农村劳动者申购经济适用房，2008-05-04.

[116] 中共嘉兴市委市人民政府. 嘉兴市城乡一体化发展纲要[EB/OL]. http://china.zjol.com.cn/05jx/system/2005/12/10/006397816.shtml，2009-12-3.

[117] 广东省建委汇报材料《广东省流动人员住房现状汇报材料》.

[118] 南京市房管局汇报材料《多方协调解决农民工住房问题》.

外文文献

[1] Abu-Lughod, Janet. Migrant adjustment to city life: the Egyptian Case [J]. American Journal of Sociology, 1961 (1).

[2] Alexander. Housing the Poor: The Case for Heroism [M]. Cambridge: Ballinger Publishing Company, 1978.

[3] Amin, S. Accumulation and Development: A Theoretical Model [J]. Review of African Political Economy, 1974.

[4] Anderson , Nels. The slum: a project for study [J]. Social Forces, 1928(1).

[5] Anneli Kährik, Ene-MargitTiit, Jüri Kõre, Sampo Ruoppila. Access to housing for vulnerable groups in Estonia [M]. PRAXIS Working Papers , 2003(10)

[6] Blair Badcock. Unfairly Structured Cities [M]. Oxford: Blackwell, 1984.

[7] Canter, Wheatley. Land Uses and Social Areas: 19-century change in the small town[J]. Transaction of the Institute of British Geographers, 1979 (4).

[8] Carroll, C. D., Kimball, M. S. On the Concavity of the Consumption Function [J]. Econometrica, 1996(64).

[9] Chan, K. W. Post-Mao China: A Two-Class Society in the Marking [J]. International Journal of Urban and Regional Research, 1996, 20(01).

[10] Chester Hartman. On Poverty and Racism, We Have Had Little to Say[J]. Journal of American Planning Association, 1994 (2).

[11] Costello, Michael A.. Slums and squatter areas as entrepots for rural-urban migrants in a less develop society[J]. Social Forces, 1987 (66).

[12] Diane Diacon, Ben Pattison, Jim Vine. Home from Home: Addressing the Issues of Migrant Workers' Housing [M]. The Building and Social Housing Foundation (BSHF), 2008.

[13] Erin T Mansur, John M. Quigley, Steven Rapael, Eugene Smolensky. Examining policies to reduce homelessness using a general equilibrium model of the housing market[M]. Journal of Urban Economics, 2002.

[14] Frank, A. G. Dependent Accumulation and Underdevelopment [M]. London: Macmillan, 1978.

[15] Geinwen Giles. The Autonomy of Thai Housing Policy, 1945-1996 [J]. Habitat International, 2003(27).

[16] John M. Quigley, Semen Raphael. The Economics of Homeless ness: The Evidence From North America [J]. European Journal of Housing Policy, 2001(3).

[17] Lee, E. A Theory of Migration [J]. Demography, 1966, 03 (01).

[18] Loo Lee Sim, Shi Yu and Sun Sheng Han. Public Housing and Ethnic Integration in Singapore [J]. Habitat International, 2003 (7).

[19] Mayhew Susan. Oxford Dictionary of Geography [M]. 上海:上海外语教育出版社, 2001.

[20] Michael J. White. American Neighborhoods and Residential Differentiation[M]. New York: Russell Sage Foundation, 1987.

[21] N. Cinsburg, B. Koppel, T. G. McGee. The Extended Metropolis: Settlement Transition in Asia [M]. Honolulu: University of Hawaii Press, 1989.

[22] Peter Mann. An Approach to Urban Sociology [M]. London: Rutledge, 1965.

[23] Piore, M. Birds of Passage: Migrant Labor and Industrial Societies [M]. Cambridge: Cambridge University Press, 1979.

[24] R. G. Pryor. Delininy the Rural-urban Fringe [J]. Social Forces, 1968(407).

[25] Ravenstein, E. G. 1885. The Laws of Migration. Journal of the Royal Statistical Society, 48.

[26] Ravenstein, E. G. 1889. The Laws of Migration. Journal of the Royal Statistical Society, 52.

[27] Raymond J. Struyk, Marc Bendick Jr. (editors). Housing Vouchers for the Poor: Les-

sons from a National Experiment[M]. Washington D. C: The Urban Institute Press, 1981.

[28] Roberts, K. D. China's"Tidal Wave"of Migrant Labor: What Can we Learn from Mexican Undocumented Migration to the United State? [J]. International Migration Review, 1997, 31(02).

[29] Sassen, S. The Mobility of Labor and Capital: A Study of International Investments and Labor Flow [M]. Cambridge: Cambridge University Press, 1988.

[30] Shanin Teodor, Chris Hann. Peasants and Peasant Societies [M]. Oxford: Blackwell , 1971.

[31] Solinger, D. J. China's Urban Transient in the Transition from Socialism to the Collapse of the Communist"Urban Public Goods Regime"[J]. Comparative Politics, 1995,27(02).

[32] Todaro, M. A Model of Labor Migration and Urban Unemployment in Less Developed Countries [J]. American Economic Review, 1969,59 (01):.

[33] Wallerstein, I. The Capitalist World Economy [M]. Cambridge: Cambridge University Press, 1979.

[34] Yaw A. Debrah. Migrant Workers in Pacific Asia (Studies in Asia Pacific Business)[M]. UK: Frank Cass Publishers, 2002.